U0798385

大匠出而百业隆，百业隆则国运盛。

「大国工匠工作法」丛书

罗昭强工作法

——动车组调试

中国工人出版社

图书在版编目（CIP）数据
罗昭强工作法：动车组调试/罗昭强著.—北京：
中国工人出版社，2019.9
ISBN 978-7-5008-7270-2
Ⅰ.①罗… Ⅱ.①罗… Ⅲ.①动车—调试方法
Ⅳ.①U266
中国版本图书馆CIP数据核字(2019)第209404号

罗昭强工作法——动车组调试

出 版 人 王娇萍
责任编辑 习艳群 时秀晶
责任印制 栾征宇
出版发行 中国工人出版社
地　　址 北京市东城区鼓楼外大街45号 邮编：100120
网　　址 http://www.wp-china.com
电　　话 （010）62005043（总编室）
（010）62005039（印制管理中心）
（010）62382916（职工教育分社）
发行热线 （010）62005049 （010）62005042（传真）
经　　销 各地书店
印　　刷 北京美图印务有限公司
开　　本 880毫米×1230毫米 1/32
印　　张 15.5
字　　数 320千字
版　　次 2019年11月第1版 2019年11月第1次印刷
定　　价 49.00元

大国工匠工作法丛书｜编委会

序

劳动是人类的本质活动，也是人类最伟大的生存行为，更是人类进化的必然手段。但不得不说，并不是所有人都能理解劳动的含义，漠视劳动甚至于歧视劳动的思想及行为在当下仍然十分普遍。这对我国产业工人队伍建设和成长产生了不利的影响，我国产业工人队伍整体素质偏低、结构不合理的现状就是后果之一，制约了我国经济发展的步伐。

高素质劳动力的产生和成长需要土壤、温度和环境，“劳动最光荣、劳动最崇高、劳动最伟大、劳动最美丽”的理念以及“尊重劳动、崇尚创造”的观念，应当成为我国走向现代、富强和文明过程中的共识，并且落实到所有和劳动、劳动者有关的社会活动中。

中国工人出版社出版《大国工匠工作法》丛书，就是尊重劳动、尊重劳动者、尊重劳动者首创精神的积极举措。阅读这套丛书，相关行业的劳动者能有启发，能记住或许还能直接用上，提升自我的职业技能水平。通过这套丛书的出版，激起各行各业技术工人钻研技术的兴趣，展示产业工人在技术技能创新方面的更多价值，那就是这套丛书出版的最大收获和惊喜，值得为此点赞！

2013年4月28日，习近平总书记在和全国劳动模范座谈时提出：我国工人阶级要增强历史使命感和责任感，立足本职、胸怀全局，自觉把人生理想、家庭幸福融入国家富强、民族复兴的伟业之中，把个人梦与中国梦紧密联系在一起，始终以国家主人翁姿态为坚持和发展中国特色社会主义作出贡献。当代工人不仅要有力量，还要有智慧、有技术，能发明、会创新，以实际行动奏响时代主旋律。

工人是普通劳动者，劳动者的责任和使命不是一句空话，是体现在劳动和劳动成果中的。就劳动而言，现在看也远不是过去意义上的简单劳动。

愚公移山是一个家喻户晓的寓言故事。愚公带领他的子孙每天不停地挖山，要搬走门前的太行、王屋两座大山。最终是愚公的精神感动了天帝，天帝派神仙把山背走了。假设穿越一下，回到没有炸药、没有机械工程的那个年代，愚公的后代大概到现在还在挖山。

这个寓言故事给我们的启迪应当多一层，吃苦耐劳、艰苦奋斗的劳动精神我们绝不能丢，但是劳动的方式、方法和劳动工具更值得我们去研究和运用。换句话说，当今的工人应当具备与岗位工作相适应的职业能力，否则承担责任和使命都是空的。

我以码头装卸生产为例。早的不说，20世纪70年代码头生产已经是机械化操作了，1万吨的矿石船，我们用5台抓斗门机，100多号人三班不停地干，搞大会战，要干1个星期。而现在，3台大型卸船机、皮带运输机一开，用不了24小时，20多个人就能卸完一条装载了20多万吨矿石的巨轮，生产效率几十倍、上百倍地提高。靠什么？靠技术、靠现代化装备。这就是知识、科学技术的力量，不服不行。

读者细心阅读琢磨这套丛书后，会找到不少类似的实例。丛书里记录的都是顶级技术工人从业几十年来的经验体会和智慧结晶，而在背后支撑的就是他们的责任感和使命感。他们能成为大国工匠，靠的不仅是精益求精的工匠精神，更是丰富的知识和过硬的科学技术技能。可以这么说，要做一个合格的、优秀的当代技术工人，不学习不行，不掌握现代劳动技术技能更不行。

当今世界，劳动的观念在更新和重建，内容、方式都在发生变化，所以对劳动者自身能力和素质也有新的更高要求。《大国工匠工作法》丛书将帮助有志于投身中国工业现代化建设的产业工人提升自身职业能力，也期望这套丛书能得到越来越多产业工人的喜爱。

许振超

2018年8月7日

目录

第一章

『复兴号』CR400BF型动车组的基础知识

第一节

“复兴号” CR400BF 型动车组概述

一、“复兴号”CR400BF 型动车组项目来源

2013 年 6 月，中国铁路总公司科技管理部和运输局车辆部在北京共同组织召开了中国标准动车组推进会暨动车组前瞻性技术方案研究项目启动会。

2014 年 6 月，中华人民共和国国家发展和改革委员会下发“批复发改产业〔2014〕1373 号”，批复了大西示范工程项目可行性研究报告。

2014 年，中车长春轨道客车股份有限公司与中国铁路总公司签订课题“动车组关键技术自主创新深化研究——时速 350 公里中国标准动车组样车研制”。

二、“复兴号”CR400BF 型动车组研制历程

2016 年 7 月 15 日，两列中国标准动车组在郑徐线成功完成时速 420 公里的交会试验（如图 1-1 所示），该动车组

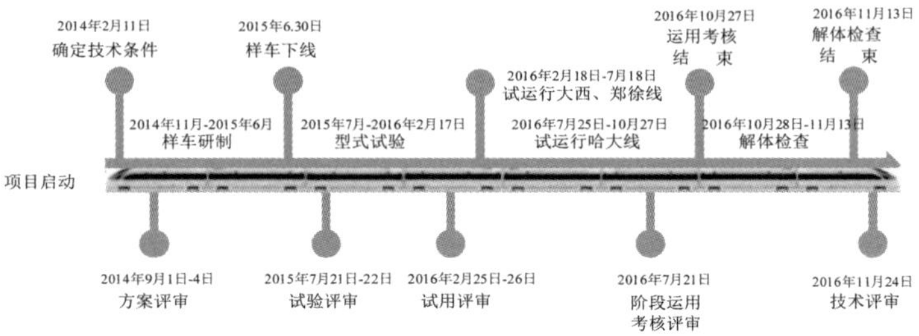

图 1-1
“复兴号” CR400BF 型动车组研制历程

交会试验的时速为世界最高速度。

2017 年 6 月 25 日，中国标准动车组被正式命名为“复兴号”。“复兴号”中国标准动车组有“CR400AF”和“CR400BF”两种型号。按照中国铁路总公司最新动车组编制规则，新型自主化动车组均采用“CR”开头的型号，“CR”是中国铁路总公司的英文缩写，是指覆盖不同速度等级的中国标准动车组系列化产品平台。型号中的“400”为速度等级代码，代表该型动车组试验速度可达时速 400 公里及以上，持续运行时速为 350 公里；“A”和“B”为企业标识代码，代表生产厂家；“F”为技术类型代码，代表动力分散电动车组。另外，有些动车组型号中包含“J”“N”，“J”代表动力集中电动车组，“N”代表动力集中内燃动车组。

2017 年 6 月 26 日，“复兴号” CR400BF 型动车组在京沪高铁两端的北京南站和上海虹桥站双向首发，车次为 G123、G124。

2017 年 9 月 21 日零时起，7 对“复兴号”（CR400BF 型动车组）高铁列车首次在京沪线进行达速运行，即最高时速 350 公里，从北京南站抵达上海虹桥站的时长缩短至 4 小时 30 分钟。我国成为高速铁路商业运营速度最快的国家。

三、“复兴号” CR400BF 型动车组的编组图及技术参数

“复兴号” CR400BF 型动车组编组图见图 1-2，技术参数见表1-1。

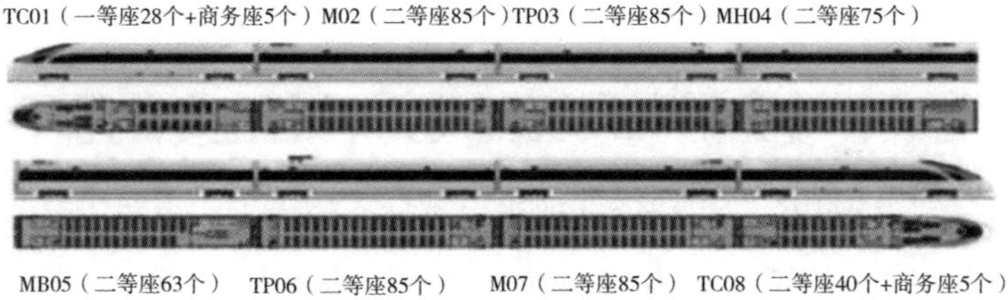

图 1-2
“复兴号” CR400BF 型动车组编组图

表 1-1
主要技术参数

主要项点	参数	主要项点	参数
最高运行速度	350km/h	地板面距轨面高度	1260mm
最高试验速度	385km/h	受电弓落弓时高度	≈4500mm
定员	556 人	轴重	≤17t
编组形式	4M4T	转向架中心距	17800mm
长度	≈210m	转向架轴距	2500mm
中间车体长度	25000mm	轮轴牵引功率	10140kW
车辆间距	650mm	0~200km/h 平均加速度	≮0.4/m^2
车体宽度	3360mm	350km/h 剩余加速度	≮0.05/m^2
车辆高度	4050mm		

四、“复兴号”CR400BF 型动车组的主要配置

CR400BF 型中国标准动车组采取 8 辆编组，由两个“二动二拖”的牵引动力单元组成“四动四拖”（4M4T）的结构。列车轮周牵引功率为 10140kW，设计速度为 350km/h。

如图 1-3 所示，1、8 车为头车亦为拖车，配置蓄电池、充电机、辅助变流器等设备；2、7 车为动车，配备牵引变流器；3、6 车为变压器车，配备受电弓、主断路器、牵引变压器、辅助变流器等设备；4、5 车为动车，配备牵引变

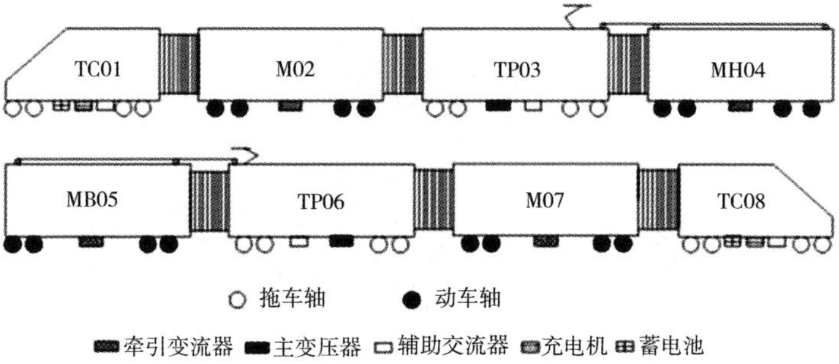

图 1-3
“复兴号” CR400BF 型动车组主要配置

流器。

五、“复兴号” CR400BF 型动车组的典型特征

CR400BF 型时速 350 公里中国标准动车组从创新、智能、安全、人性、绿色、经济六方面进行技术提升，见图 1-4。

1. 创新——互联互通、统型

互联互通是中国标准动车组顶层功能指标之一。通过互联互通的设计，可以实现不同厂家生产的相同速度等级动车组的重联运营以及不同速度等级动车组的相互救援，有效提升动车组的利用效率，实现运营组织的灵活性，解决不同动车组的互联、互通、互操作问题。见图 1-5。

为减少配备备件种类，降低检修维护成本，将 96 项零

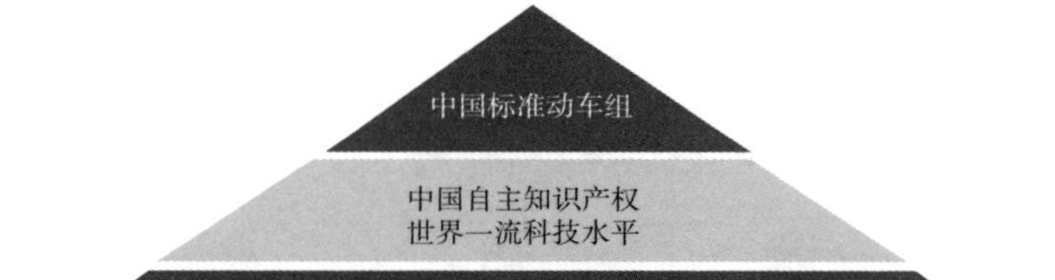

创新	智能	安全	人性	绿色	经济
·自主知识产权 ·打造中国动车的标准体系 ·整合四大平台实现互联互通 ·中国特色气动头型 ·平顺化车体外形	·采用TCN+以太网控制与诊断列车 ·设置故事识别手段，故障时自动控车 ·设置智能控制终端，指导日常维护检修	·主动安全防护 ·接近预警系统 ·地震预警系统 ·被动安全防护 ·碰撞吸能装置	·人性化舒适乘坐体验 ·乘坐空间加大 ·座车设阅读灯 ·照明设多种模式 ·设电子票务显示 ·无线Wi-Fi ·旅客财产安全保护措施	·节能环保设计理念 ·轻量化车体 ·废物集中处理 ·材料环保	·零部件统型 ·合理的修程，降低检修成本及故障率

图 1-4
“复兴号”CR400BF 型动车组科技创新

部件统型，统一修程修制。

部件统型：座椅、侧门、车窗、车钩、滑板、闸片、车轴、锁类等，实现完全统型，满足整机和维护部件完全互换。

接口统一：电视、内外信息显示器、蓄电池、电压电流互感器、受电弓等，统一电气、机械接口，满足整机互换。

维护部件统一：空调、便器、水箱、开水炉等，实现维

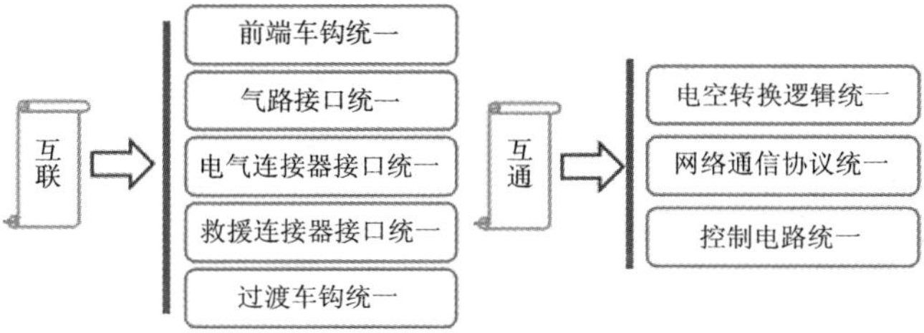

图 1-5
“复兴号”CR400BF 型动车组互联互通

护部件和易损易耗件的统一。

修程修制统一：一级维修里程 6000 公里或 48 小时，二级维修里程 2 万—120 万公里（不含 120 万公里），三级维修里程 120 万公里或 3 年，四级维修里程 240 万公里或 6 年，五级维修里程 480 万公里或 12 年。

2. 智能——TCN 网+以太网、4G 移动技术

采用新一代列车网络控制系统（TCN 网+以太网），首次构建百兆级以太网列车网络，提升信息处理技术。动车组检测点 2500 余项，故障导向安全。采用智能移动终端、WLAN 无线设备、以太网单点维护、故障自动识别等技术手段，提高动车组可维护性以及运用、检修效率。提供无线上网服务、新闻资讯、旅行信息、列车动态信息服务、旅客座席及乘务工作管理等智能化服务。采用 4G 移动通信技术，

优化车—地无线传输系统，提升动车组故障信息、状态信息实时传输能力。全车部署了2500余项监测点，能够对走行部状态、轴承温度、冷却系统温度、制动系统状态、客室环境进行全方位实时监测。

3. 安全

在确保走行安全的基础上，增加主动安全与被动安全措施。设置碰撞吸能装置，耐碰撞设计全面满足EN15227全工况要求，见图1-6，在列车发生碰撞时为司乘员提供基本的安全保障。

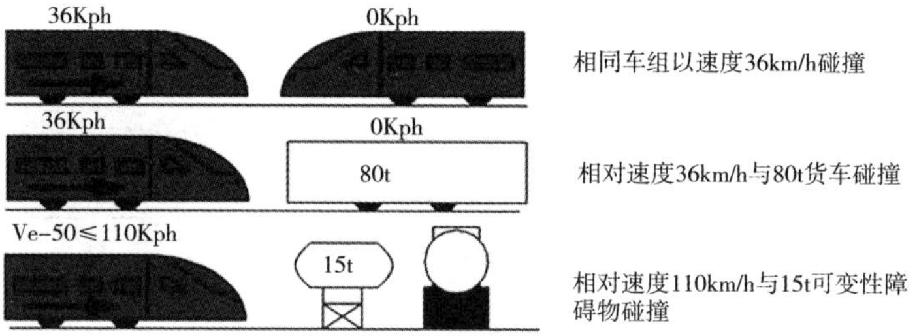

图1-6
“复兴号”CR400BF型动车组碰撞设计

设置高速铁路列车追踪接近预警系统（TCAS）。该系统具有实时显示前方列车位置、速度、状态等信息功能，并能够进行计算分析，确定预警提示级别，实施语音报警。工作原理见图1-7。

具备列车失稳检测、烟火报警、轴温检测、受电弓视频

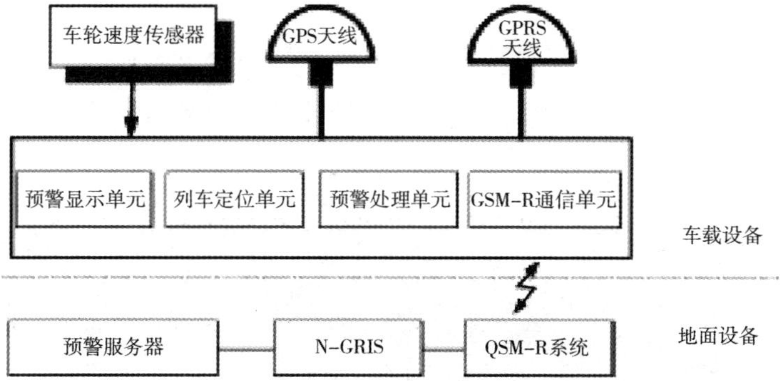

图 1-7
TCAS 系统工作框图

检测等安全防护措施，安全防护设计完善。

“复兴号”中国标准动车组设有智能化感知系统，并建有强大的安全监测系统，动车组还增设碰撞吸能装置，以提高动车组被动防护能力。为适应中国地域广阔、环境复杂（-40℃至+40℃）、长距离、高强度运行的需求，“复兴号”中国标准动车组按最高等级（设计寿命为 30 年或 1500 万公里）考核动车组主要结构部件，整车进行 60 万公里运用考核（欧洲的标准一般为 40 万公里）。

4. 人性

坚持以人为本的理念，结合人机工程学原理，优化旅客界面与司乘界面。

一等座椅间距统一加大到1160mm，二等座椅间距统一加大到1020mm。车座增设阅读灯、照明设多种模式。增设电子票务显示，增设旅客大件行李安全保存措施。见图1-8、图1-9、图1-10。

图1-8
商务舱

图1-9
全新设计的驾驶室

图1-10
“复兴号”CR400BF型动车组样车

“复兴号”中国标准动车组车厢内实现了 Wi-Fi 网络全覆盖；列车设有不间断的 220V 电源插座供旅客使用；空调系统充分考虑减小车外压力波的影响，通过隧道或交会时减轻耳部不适感；设有多种照明控制模式，可根据旅客需求提供不同的光线环境；采取多种减振降噪措施、改进洗漱设施、设置无障碍设施等，为旅客提供更好的乘坐体验。

5. 绿色

采用轻量化及零排放设计、高效牵引/制动系统、环保材料，并强化减振降噪措施。

轻量化设计：优化设计结构，同时采用碳纤维、镁合金、预浸料等先进的轻量化材料，在确保综合性能指标的前提下，降低整车自重，实现定员最大轴重小于 16.5t（设计轴重 17t）的目标，以达到减重、降耗、环保、安全的综合指标。

高效率牵引系统：牵引系统效率 0.85 以上。

零排放：所有污水、污物均集中收集，到站段后集中排放，实现全程零排放。

6. 经济

“复兴号”与“和谐号”CRH380 相比，总能耗下降了 10%。“复兴号”从时速 300 公里提高到 350 公里，能耗增加 20%—30%。

车体采用低阻力流线型、平顺化设计，不仅能耗大大降低，车内噪声也明显下降。“复兴号”中国标准动车组列车阻力比 CRH380 系列降低 7.5%~12.3%，350km/h 速度级人均百公里能耗下降 17%左右，有效减少了持续运行能量消耗。在车体断面增加、空间增大的情况下，“复兴号”中国标准动车组按时速 350 公里试验运行时，列车运行阻力、人均百公里能耗和车内噪声明显下降，表现出良好的节能环保性能。

第二节

“复兴号”CR400BF 型动车组的主要结构

CR400BF 型中国标准动车组采用正向设计思路，全面加强自主化过程控制，实现了软件自主化，硬件可自主代替，具有自主知识产权；动车组九大关键技术和十大配套技术部件均为国内企业研发和制造。

关键系统包括：车体、设备舱、转向架、高压系统、牵引系统、辅助系统、网络系统、制动系统、给水卫生系统、空调系统、旅客信息系统、塞拉门系统等。

一、 车体

1. 车体的组成

根据车窗及车内设施不同，车体分为6种车型，分别为TC01、M02/07、TP03/06、MH04、MB05、TC08，其中4辆是动车。车体由大型中空铝合金型材组焊而成，为桶型整体承载结构。车体具有很好的防振、隔音效果，尤其是侧墙。车体所使用的材料为可焊接铝合金，具有良好的防腐性。车体承载结构是由底架、侧墙、车顶、端墙及设备舱组成的一个整体。头车设有司机室，头车的车体结构设计能够为司机提供一个安全空间。见图1-11、图1-12。

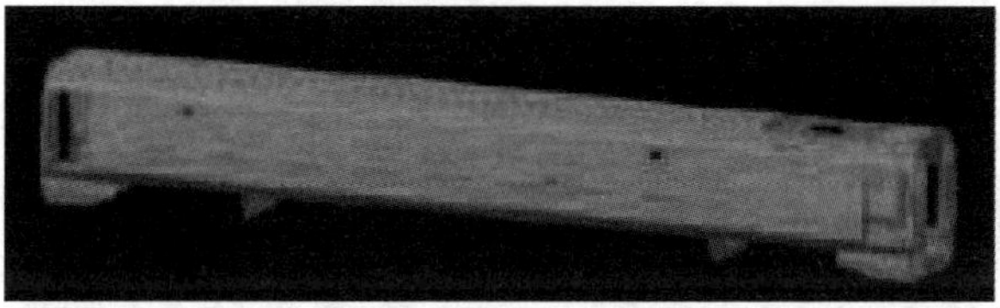

图 1-11
中间车车体结构

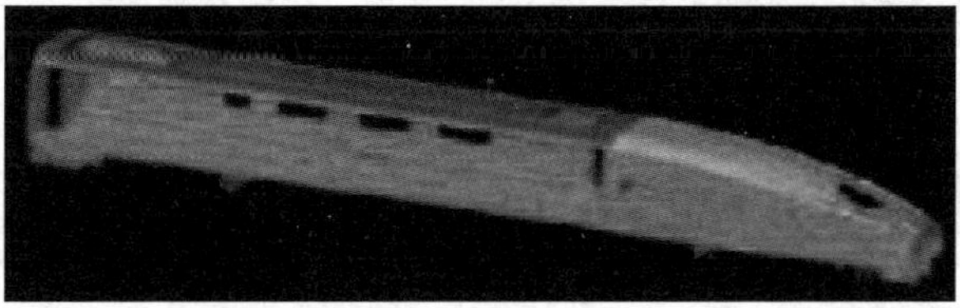

图 1-12
头车车体结构

2. 技术特点

采用整体承载结构，由6系铝合金通长薄壁中空大型材焊接而成；采用边梁承载的底架安装；车头采用型材蒙皮与承载梁焊接结构，焊接变形小；按照车钩、防爬及主吸能块三级吸能原理研制了高速车耐撞结构，碰撞试验结果满足EN15227标准要求。

二、设备舱

1. 设备舱的组成

设备舱由裙板、底板、裙板支架、端板组成，与底架隔墙形成一个密闭型舱体，将车下设备置于其中，降低风阻，提升整车的空气动力学性能。见图1-13、图1-14。

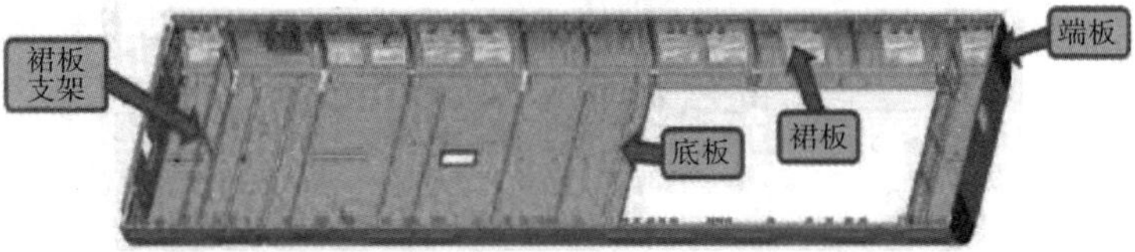

图1-13
设备舱整体结构

图1-14
设备舱布局

设备舱防护的车下设备包括牵引电机通风机、废排单元、牵引变流器、辅助变流器、变压器、制动风缸和蓄电池箱等。

2. 技术特点

采用全密封式结构，格栅和滤网防水、防雪、防柳絮；主体材料为铝型材，轻量化程度较高；裙板采用双舌锁结构，检修操作方便；设备舱裙板、底板设计具有防松脱功能，见图 1-15。

裙板防松脱：裙板锁带自锁功能，每块裙板设一把安全碰锁，当裙板锁失效后确保安全，裙板两侧设安全绳。

图 1-15
裙板整体结构

底板防松脱：底板锁加安全销，有指针防松脱标记，均失效后通过安全销达到防松脱功能，见图 1-16。

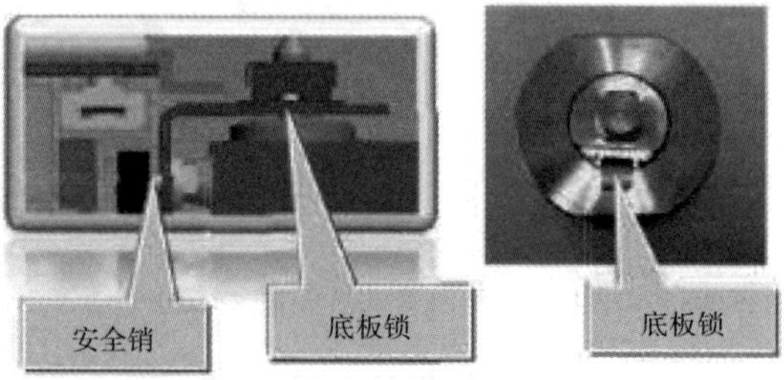

图 1-16
底板锁结构

三、 转向架

1. 转向架的组成

转向架由构架、枕梁、轮对、一系悬挂、二系悬挂、牵引传动装置等部件组成。转向架主要技术参数见表 1-2。

表 1-2
转向架技术参数

设计参数	CW350（D）转向架技术参数
最高运行速度	350km/h
最高试验速度	385km/h
固定轴距	2500mm
轨距	1435mm
轮对内侧距	1353(0,+2)
车轮直径（新/旧）	Φ920/850mm
最大设计轴重	17t
车轮踏面形式	LMB_10
动力学性能指标	符合《高速电动车组整车实验规范》

2. 技术特点

转向架主要结构特点：电机采用4点弹性架悬结构（横向解耦），有利于提高踏面磨耗后车辆稳定性；齿轮箱采用吊杆吊挂方式；轴箱采用分体式结构，便于轮对更换；采用LMB_10踏面，改善了轮轨匹配关系。见图1-17、图1-18。

图1-17
动车转向架

图1-18
拖车转向架

构架采用H型焊接构架，采用DVS1612对构架母材和所有焊缝进行疲劳寿命评估，并结合UIC615和S-N曲线法，增加疲劳寿命评估的可靠性；轮对采用LMB_10踏面，统型车轴、车轮及轴承等，可实现互换；一系悬挂系统采用钢弹簧+叠层橡胶，隔振性能高，分体式轴箱体便于更换轮对；二系悬挂系统由大曲囊空气弹簧、横向减震器、双抗蛇行减震器、扭杆组成，故障安全性更高；中央牵引装置采用

Z 型拉杆，变刚度弹性节点，启动平稳；牵引电机采用反对称布置，弹性架悬，稳定性更高；轴向采用单级传动设温度监控，更优的迷宫密封结构；辅助设备有撒砂装置、轮缘润滑装置、踏面清扫装置、扫石器，设防脱线装置安装接口；监测设备由温度传感器、熔断器、失稳检测装置等组成。

四、 高压系统

1. 高压系统的组成

CR400BF 中国标准动车组由两个对称的牵引单元（01 至 04 车和 05 至 08 车）组成，通过车顶高压电缆相连接。高压系统位于车辆顶部，除了车顶高压电缆和高压跨接电缆，高压系统所有组件都位于 03 车和 06 车。车顶高压部件包括：受电弓、避雷器、线电压互感器、主断路器、接地开关、避雷器、线电流互感器、高压隔离开关。见图 1-19。

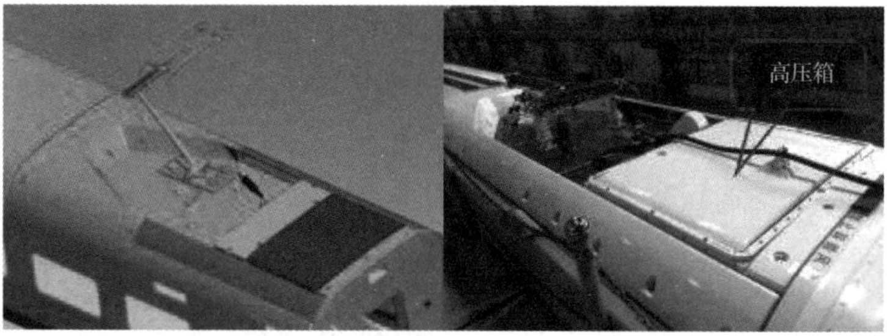

图 1-19
车顶高压系统组件布置图及高压箱

高压箱采用高压部件集成车顶高压箱方案，具有耐候性、免清洗、检修维护方便、气动阻力和气动噪声小等特点。各高压部件名称与缩写见表1-3。

表1-3
高压部件名称与缩写对照表

缩写	高压部件名称	缩写	高压部件名称
ECT	接地回流互感器	RA	车顶区域
M	牵引电机	RLDS	隔离开关
LCT	线电流互感器	SA1、SA2	避雷器
LVT	线电压互感器	TC	牵引变流器
MCB	主断路器	TCT	牵引单元电流互感器
MT	牵引变压器	UA	地板下区域
P	受电弓		

高压箱箱体尺寸为2000mm×1500mm×570mm，采用方钢铝框架结构，强度设计满足UIC566，高压箱自带绝缘顶盖，底面铺8mm厚的GPO-3层压板，箱体防护水平要求不低于IP65，连接器防护等级IP68。

对外接口包含高压接口3个、低压接口2个（互感器和其他）、气路接口1个。车顶25KV高压电路布局见图1-20。

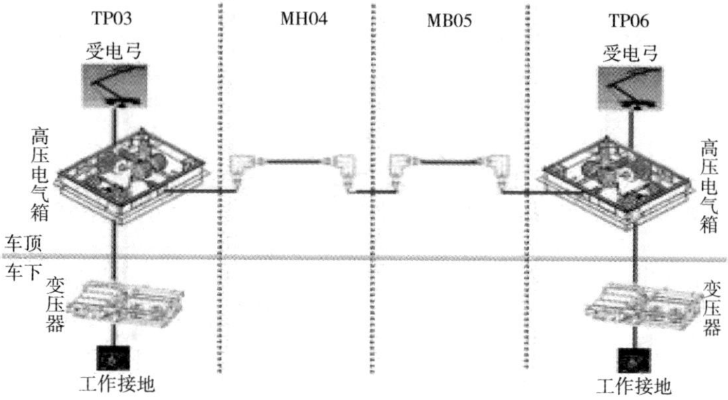

图 1-20
车顶高压主电路

2. 技术参数

高压部件雷电冲击耐受电压 185KV，高压箱整体雷电冲击耐受电压 170KV。高压系统配合因数 Kc≥1.6。高压电气连接采用内绝缘终端方式。系统具备为全车供电、电气保护、检测网压及工作电流的能力。

五、 牵引系统

1. 牵引系统的组成

（1）牵引系统由两个牵引单元组成，每个牵引单元由两个动车和两个拖车构成，两个牵引单元采用对称式设计。电气系统结构见图 1-21。

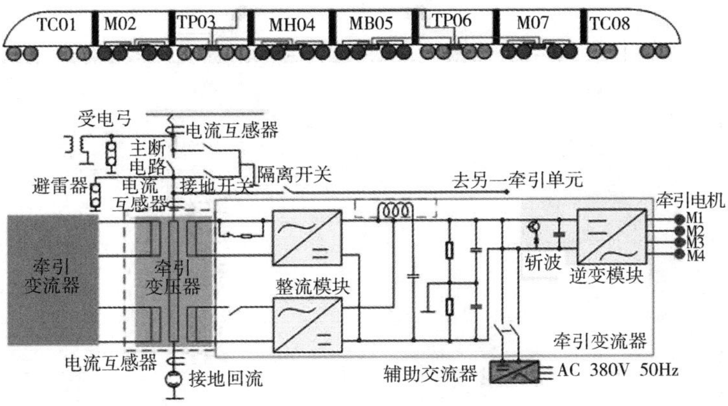

图 1-21
一个牵引单元电气系统示意图

一个牵引单元包括一台牵引变压器及其冷却单元、两台牵引变流器及其冷却单元、四台牵引电机、两台牵引电机冷却风机。动车组共设置两台牵引变压器，为单系统变压器，设计在 25KV 50Hz AC 电源电压下使用。该电源用于生成牵引电压，它将一次绕组上的触线电压转换为四个二次绕组（牵引绕组 TW1—TW4）。安装在 03/06 车，为相邻两个动力车的两台牵引变流器分别提供单相交流电源。牵引变压器技术参数见表 1-4。

表 1-4
牵引变压器技术参数

名称	参数	
型号	单相变压器	
输入频率	50Hz	
额定功率	原边：6433KVA	次边：4×1608KVA
额定电压	原边：25KV	次边：1850V
额定电流	原边：257A	次边：4×869A
漏电感	29mH	
短路阻抗	43%	
冷却方式	强迫导向油循环风冷	
额定功率下的效率	95.7%	

（2）每个动车包含一台牵引变流器，牵引变流器采用交—直—交变换，可供本车四台牵引电机正常运行，并可实现牵引电机的变频调速。此外，牵引变流器通过中间直流环节为辅助变流器提供电源。牵引电机采用三相鼠笼式异步电动机，在驱动模式下可将电能转换成机械能，制动时将机械能转换成电能。结构及实物见图 1-22。

动车组的牵引系统部件：牵引变压器及其冷却系统、牵引变流器及其冷却系统、牵引电机及冷却风机。牵引电机结构及实物见图 1-23，牵引电机技术参数见表 1-5。

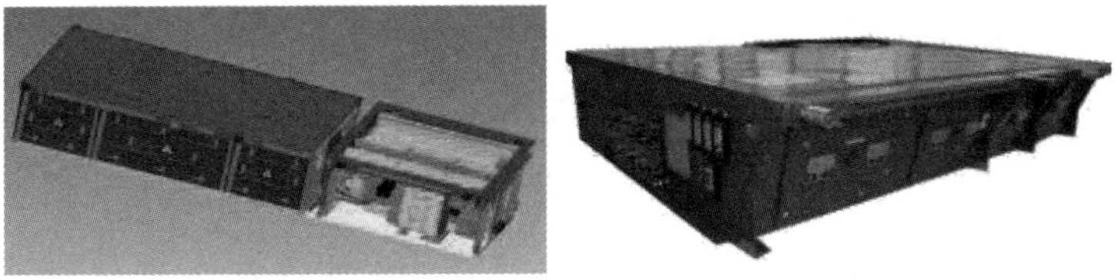

图 1-22
牵引变流器结构及实物

图 1-23
牵引电机结构及实物

表 1-5
牵引电机技术参数

名称	参数	名称	参数
额定功率	650kW	最高转速	5505r/min
电制动功率	845kW	最大牵引转矩	3000Nm
额定电压	2800V	启动电流	<250A
额定效率	≈94%	绝缘等级	200 级
重量	≈700kg		

牵引控制单元（TCU）是电传动系统核心控制部分，由外部 DC110V 供电，通过检测电压、电流、速度、温度、压力等量，完成对牵引变流器的闭环实时控制，实现列车所需要的牵引功能。TCU 具备完整的牵引系统故障保护功能；具有符合列车通信网络（TCN）IEC61375 标准的 MVB 通信接口，与中央控制单元等形成控制与通信系统。同时，当列车控制与诊断系统出现故障时，可用硬线控制方式实现紧急牵引功能。牵引控制单元具有牵引变流器逻辑控制、四象限整流器控制、牵引逆变器控制、粘着利用控制四大控制功能模块。见图 1-24。

2. 技术参数

轮周最大牵引功率 10140kW，再生制动为牵引功率的 1.3 倍。牵引变流器采用主辅分离结构，二重四象限整流，过分相不断电，具备无火回送自发电功能；采用成熟 6500V/750A IGBT 功率模块。

六、 辅助系统

辅助供电系统由辅助变流器、充电机、蓄电池和应急逆变器等组成。

1. 辅助供电结构

辅助变流器通过供电母线向整列动车组输出同相位 3AC380V 50Hz 电源，整列车供电母线分为 3 段，在正常情

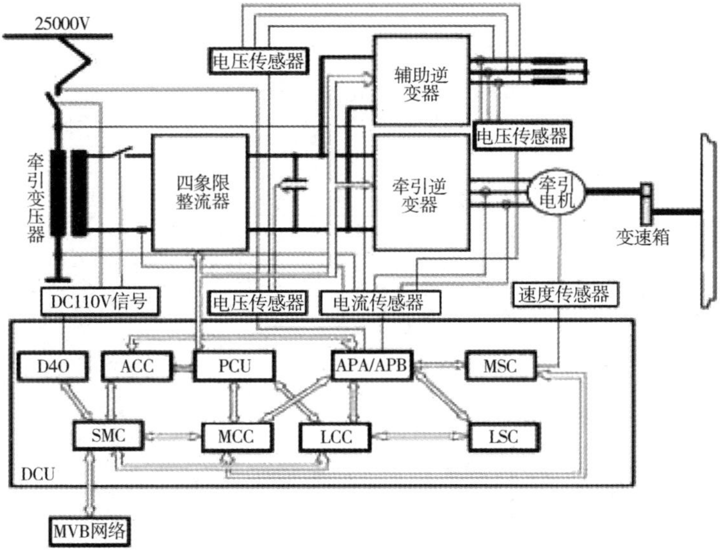

图 1-24
牵引系统原理框图

况下，供电母线贯穿整列车，当某段供电母线发生故障时，可以通过打开位于中间车辅助变流器箱中的接触器隔离故障区间的供电，确保每个区间的供电母线都能提供最大载荷。辅助系统主电路供电原理见图 1-25。

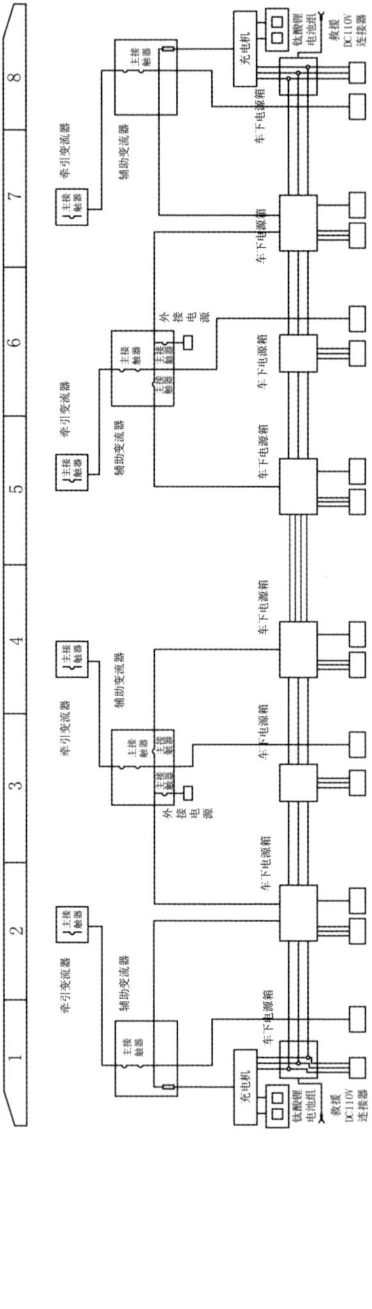

图1-25
辅助系统主电路供电原理框图

（1）8 辆编组的动车组设置 4 台辅助变流器，在 TC01 车、TC08 车，为 A 型辅助变流器；在 TP03 车、TP06 车为 B 型辅助变流器。每台辅助变流器的输出功率为 200KVA，全列共 800KVA。正常情况下，所有辅助变流器同时向母线输出同相位 3AC380V 50Hz 电源，实现并网供电。

地面（维修库）的 3AC380V 50Hz 也可以为车上辅助负载供电，图 1-26 为车间库用电源的插头与动车组外接电源插座相连接。动车组外接电源插座与受电弓设置连锁机构，动车组由外部电源供电时受电弓不能升起。外接电源为以下负载提供电源：充电机、采暖、空调系统和其他 AC380V 负载。插座最大容量为 300A。

图 1-26
JF-S4/400 型辅助变流器外接电源插头

（2）辅助变流器、充电机和蓄电池遵守设备诊断管理规范，故障事件、上载下载数据可以通过 MVB 或以太网总线传送到列车中央控制单元（CCU）。

在 TC01 车、TC08 车分别配置了两台充电机和两个蓄电池组，充电机通过 3AC380V 50Hz 母线获得供电，经整流变换后为蓄电池和与 DC110V 系统相连的负载供电。DC110V 母线贯穿整列动车组。每个充电机输出功率为 30kW，全列车为

120kW。在每节车上设一台逆变器，由 DC110V 系统逆变获得电能，输出 AC220V 50Hz 电源提供给旅客插座，该电源仅供本车使用，不贯穿整列车。每车设一台由 3AC380V 50Hz 3AC 母线获得的 AC220V 50Hz 变压器，供本车低功率加热设备使用。

2. 技术特点

采用母线并联供电方式；过分相/无火回送工况满足供电需求，动车组在无火回送速度满足 55km/h 的情况下，能够向辅助系统供电。当速度低于 35km/h 时退出供电状态；配置库内外接电源插座，钛酸锂离子电池：环保易回收、低温可用、轻量化、免维护，应急通风 2 小时后单组电池剩余容量大于 60%。

七、 网络系统

1. 网络系统的组成

网络及辅助监控系统主要由列车网络控制系统、数据记录及无线传输装置、电子标签设备、烟火报警系统以及安全视频监控设备组成。

（1）列车网络控制系统由中央控制单元、网关、司机室输入输出模块、客室输入输出模块、高压控制单元、显示器、以太网交换机/网关等构成。列车通信和控制的特点是使用了基于 TCN 模块的清晰结构。TCN 是一个分为两级的通信网络，由列车总线 WTB 和车辆总线 MVB（多功能车辆总线）组成。动车组由两个牵引单元组成，在每个牵引单元内由 MVB 总线通信，牵引单元间通信由网关通过 WTB 总线通信。

各子系统的控制设备通过 MVB 通信接口直接连接至 MVB，MVB 上的各子系统控制单元主要包括：牵引控制单元、制动控制单元、辅助控制单元、空调控制单元、门控单元、充电机控制单元、PIS 系统等。当子系统或子系统控制器不具有 MVB 通信接口时，允许子系统通过带有 MVB 接口的输入输出设备接入车辆网络。动车组人机接口显示屏通过 MVB 接口与网络系统交换数据，可显示整车设备状态、故障诊断信息。

（2）数据记录及无线传输装置由主机、合路器及车顶天线组成，与车辆信息控制系统中央装置通信，实时采集车辆 VCB 合/断、受电弓升/降、复位、开/关门、保护接地开关、关门安全、关门连锁等开关或按钮信息，通过以太网接口实现数据的快速下载和实时输出，通过 GPRS/WLAN 无线网络按照车地通信协议及时传输相应的数据。

（3）电子标签设备主要包括安装在头车底部的电子标签和安装在车上配电柜内的车载信息编程器，同时包括配套线缆，地面自动识别设备通过天线向电子标签发射连续的射频载波信号，标签内存储的数据按 FMO 编码对射频载波信号进行反射调制，并反射回地面天线，由地面自动识别设备接收并解调、译码和进行数据处理。

（4）烟火报警系统由烟火主机及烟火探头等组成，烟火报警主机和中央控制单元之间通过 MVB 总线进行通信。客室、司机室、电气柜、厨房、卫生间及其他重点防火区域设置火灾探测器，各火灾探测器与本车厢烟火报警主机通过 CAN 总线进行通信。

（5）车厢视频监控系统主要硬件包括网络摄像机、车厢视频监控服务器、连接电缆。主要功能包括对车厢内公共区域监视、对采集的视频信息进行实时存储、具有使用外接授权终端设备进行单车厢预览、查询、回放及下载的功能。网络拓扑见图 1–27。

2. 技术特点

网络控制系统采用符合 GB/T28029（IEC61375）标准 TCN 网络的两级总线。

列车级总线为 WTB 总线，车辆级总线为 MVB 总线，WTB 总线采用两根互为冗余的双绞线，传输速率为 1Mbit/s，两个牵引单元之间通过 WTB 总线和冗余的网关连接，通过网关与本单元的多功能车辆总线（MVB）进行数据交换。MVB 总线的传输介质为 EMD，物理层上采用两对冗余的双

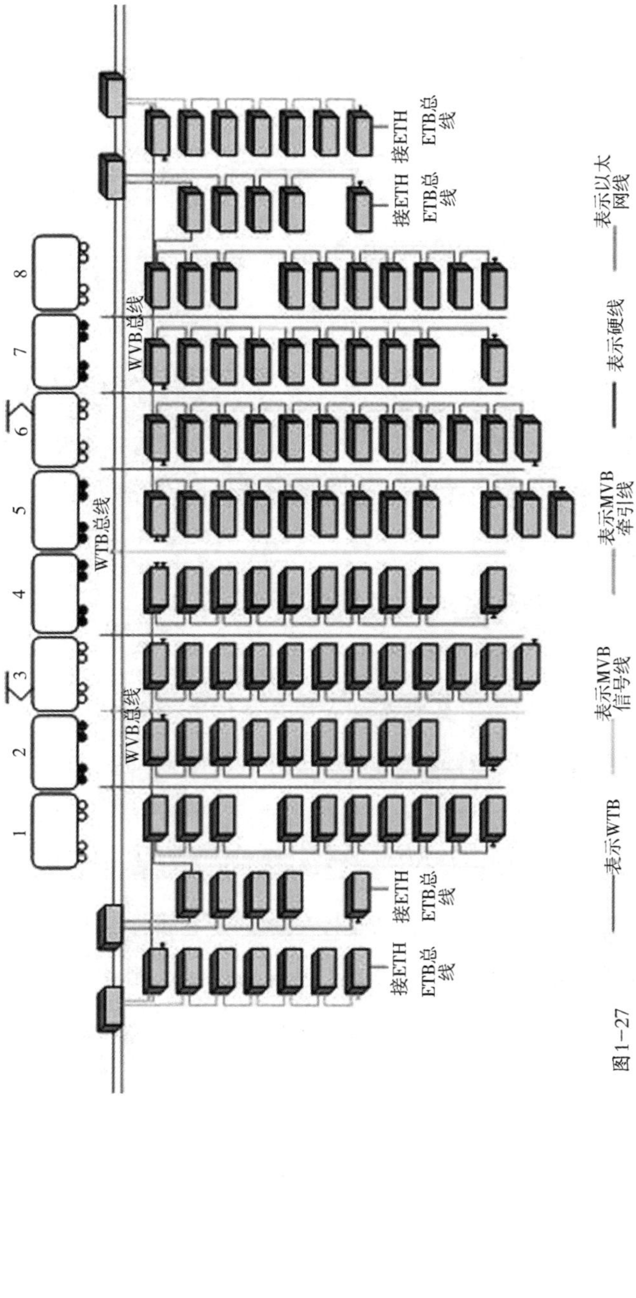

图1-27 车厢视频监控系统网络拓扑图

绞线总线结构，MVB 总线的传输速率为 1.5Mbit/s。通过总线连接器和输入输出模块实现各子系统与 CCU 之间的数据通信，每个牵引单元采用两个互为冗余的中央控制单元。

动车组按照牵引单元设置两个网段，每个网段设有列车节点。每个牵引单元为一个或多个 MVB 网段，当某个 MVB 网段出现故障时，只影响本网段内子系统的通信，不影响其他网段中子系统通信。

列车同时布设以太网列车总线（ETB）。ETB 总线的传输速率为 100Mbit/s。ETB 总线主要用于传输状态数据和故障数据。设有无线传输装置，实现数据的存储及远程数据无线发送功能。

八、 制动系统

1. 制动系统的组成

制动系统采用直通式电空复合制动系统+救援转换装置；采用主从控制、列车级制动管理方式，电制动优先；各车制动控制单元通过网络和硬线冗余接受制动指令；防滑符合 UIC541-05，具有冗余轴抱死检测功能；具有常用制动、紧急制动 EB/UB、坡起制动、停放制动、救援回送和故障诊断记录等功能。转向架基础制动装置采用盘形制动，动车每轴两套轮盘，拖车每轴三套轴盘。技术参数见表 1-6。

表 1-6
制动系统技术参数

额定参数		
制动控制系统	350km/h	
风源系统	3AC 380V50Hz	
辅助压缩机	DC110V	
总风管	800~900kPa	
制动响应时间		
常用制动	≤3	s
紧急制动 UB	≤2.3	s
紧急制动 UB	≤1.7	s
常用制动和紧急制动 EB 冲动限制的极限值≤0.7m/s³		
平直道上紧急制动的制动距离满足《铁路技术管理规程》的要求		
制动初速 350km/h 时	≤6500	m
制动初速 300km/h 时	≤3800	m
制动初速 250km/h 时	≤3200	m
制动初速 200km/h 时	≤2000	m
制动初速 160km/h 时	≤1400	m
制动初速 120km/h 时	≤800	m
停放制动能力：定员载荷下，20‰的坡度上不溜逸，安全系数不小于 1.2		

2. 主要设备布置

（1）司机室中的制动控制主令设备包含停放制动施加按钮、停放制动缓解按钮、清洁制动按钮、保持制动按钮、比例制动按钮和紧急制动 UB 按钮，用于司机根据控制要求按动对应按钮对制动系统发出控制指令。具体位置见图 1-28、图 1-29、图 1-30。

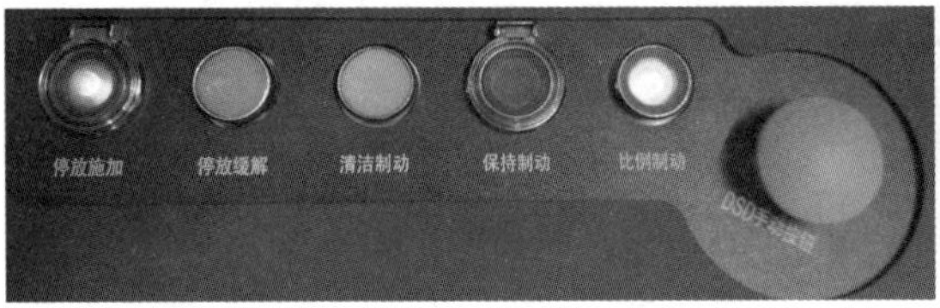

图 1-28
左侧制动按钮区布置

图 1-29
紧急制动 UB 按钮

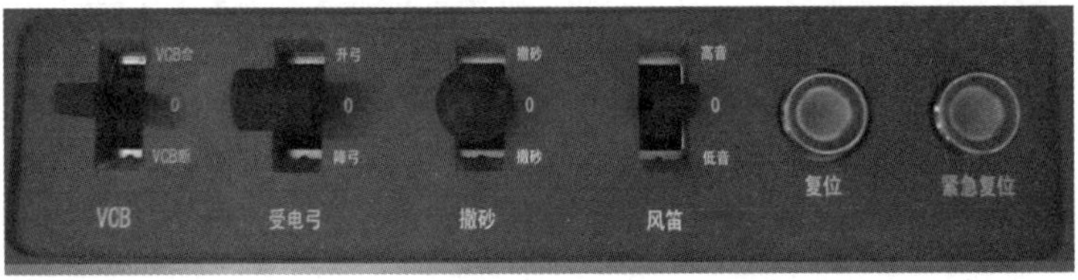

图 1-30
中央操作区布置

动车组制动系统配备背光的双针压力表，以显示总风管及端车制动缸力；配备背光的单针压力表，以显示列车管压力，见图 1-31。动车组救援回送时，需要在司机显示屏上显示列车管压力，见图 1-32。

图 1-31
仪表区的双针压力表和单针压力表

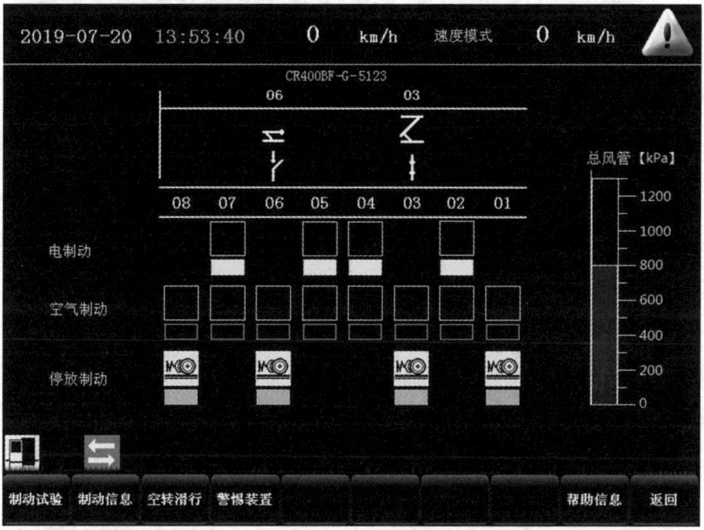

图 1-32
司机显示屏制动界面

客室中的制动设备包含在TC01车和TC08车的观光区设置乘客紧急制动拉手，在所有客室两端设置乘客紧急制动拉手，见图1-33。

图1-33
乘客紧急制动拉手

在MB05车机械师室和乘务员室设置乘客紧急制动拉手和紧急对讲机，见图1-34、图1-35。

图1-34
机械师室紧急制动拉手

图1-35
乘务员室紧急制动拉手

各车 BCU 均与该车客室电气柜中的车辆控制面板相连。BCU 服务接口位于车辆控制面板上，开展维护工作时将使用该接口。单车空气制动隔离开关和单针压力表均位于车辆控制面板上，见图 1-36。

图 1-36
车辆控制面板

（2）制动系统主要由制动控制装置（核心为制动控制模块）、BP 救援转换装置、供风单元、辅助供风装置、撒砂装置、基础制动装置等组成，分布情况见图 1-37。

制动系统采用直通电空制动、电制动和弹簧储能式停放制动三种制动模式。常用制动和紧急制动 EB 采用微机控制的直通电空制动系统，空电复合，电制动优先；紧急制动 UB 由紧急制动电磁阀失电控制；电制动由牵引系统提供；

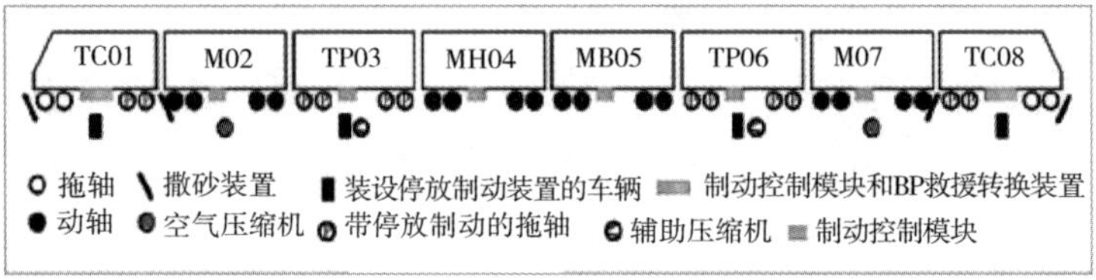

图 1-37
动车组制动系统分布图

弹簧储能式停放制动由硬线逻辑控制。头车设置 BP 救援转换装置和列车管，用于回送和救援。

3. 制动系统原理

动车组制动系统由司机制动指令设备、直通式空气制动系统、风源系统和基础制动装置等组成。直通式空气制动系统由电子制动控制单元（EBCU）、气动控制单元（PBCU）、防滑控制单元及附件组成。

（1）司机控制器手柄作为司机控制动车组牵引力和制动力大小的关键部件，是实现常用制动和紧急制动（EB）的控制器件。

中国标准动车组司机控制器依据 TB/T1391 进行设计，采用牵引制动一体结构，设主操纵手柄和操纵模式选择按钮。主操纵手柄分为牵引控制区、“0”位、制动控制区、紧急制动 EB 位。操纵模式选择按钮采用自复位按钮形式实现速度和级位操纵模式的切换。主操纵手柄在牵引控制区可自复位到牵引保持位，在其他区域不可复位，见图 1-38，各级位功能见表 1-7。

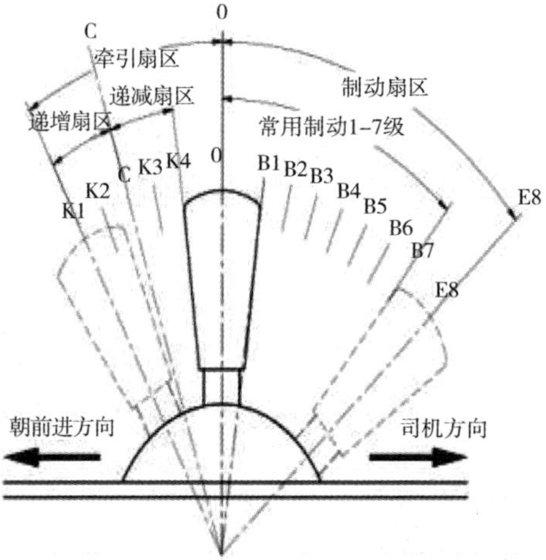

图 1-38
司控器手柄级位

表 1-7
司机控制器级位设置及功能

控制区	级位	功能描述	挡位保持
牵引控制区	K1	大速度/级位递增位	可自复位到牵引保持位
	K2	小速度/级位递增位	可自复位到牵引保持位
	C	保持位	可定位
	K3	小速度/级位递减位	可自复位到牵引保持位
	K4	小速度/级位递增位	可自复位到牵引保持位

续表

控制区	级位	功能描述	挡位保持
0 位	0	零位	可定位
制动控制区	B1	制动 1 级	0~200km/h 平均加速度
	B2	制动 2 级	350km/h 剩余加速度
	B3	制动 3 级	可定位
	B4	制动 4 级	可定位
	B5	制动 5 级	可定位
	B6	制动 6 级	可定位
	B7	制动 7 级	可定位
	EB	紧急制动位	可定位

（2）风源系统为全列车制动系统及空气弹簧等使用压缩空气的装置提供压缩空气。所提供的压缩空气应干燥、清洁，满足各用风设备的要求。每列动车组设有两套压缩机组，包括空气压缩机、干燥器、安全阀、压力开关等，空气压缩机采用螺杆式。动车组总风最大压力为 1000kPa，正常压力范围为 800~950kPa。当救援或回送时总风管风压为 600kPa 时，动车组制动系统应能正常工作。列车的空压机组经列车总风管相连通，供风能力满足编组列车各种工况的用风要求，并适当留有裕度。列车的初充风时间小于 25 分钟。当列车初充风时，所有空压机组启动，以缩小初充风时间。当总风压力降至 780±20kPa 规定值时，启动部分或全部

空压机组。空压机组单元结构见图 1-39。

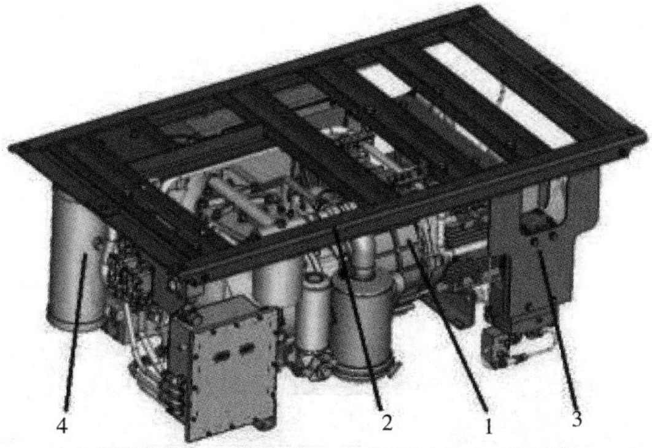

1 空压机机组　2 整体吊架　3 预过滤器　4干燥器

图 1-39
空压机单元结构

（3）电子制动控制单元（EBCU）是接收与处理司机制动指令，并控制各车的制动的元件，见图 1-40。电子制动控制单元采用微处理器控制，具有数字量输入输出接口、模拟量输入输出接口、驱动模块及电源模块等。每辆车的电子制动控制单元，通过列车网络或者硬线接收司机控制器、相应的按钮开关产生的制动指令信号。电子制动控制单元同时采集车辆载荷信号，并根据车辆载荷自动调整制动力。载荷信号来源于空气弹簧压力，由压力传感器监测。如载荷信号发生异常，按定员载荷计算制动力。电子制动控制单元与气动制动控制单元构成闭环微机制动控制系统，使实际输出的制动缸压力偏差不超过20kPa，并保证在任何单个车辆的电子制动控制单元发生故障时不会导致其他车辆制动力丧失。

气动制动控制单元（PBCU）受电子制动控制单元控制，见图1-41，包括电—空转换阀、中继阀、空重车调整阀、紧急制动电磁阀、压力开关、压力传感器等。制动系统将上述零部件集成在机电一体的装置中。

图1-40
电子制动控制单元

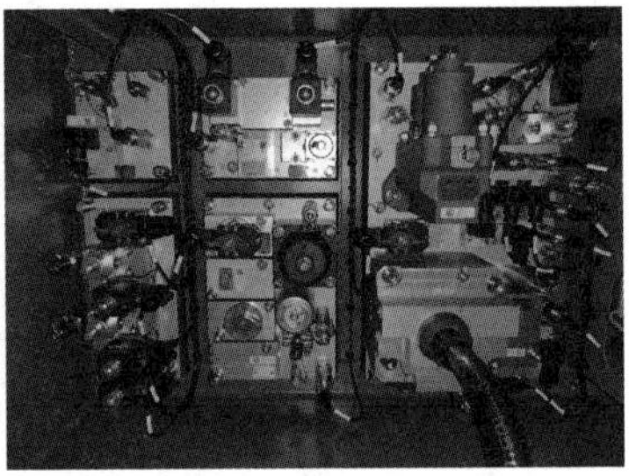

图1-41
气动制动控制单元

（4）基础制动装置采用盘形制动形式，是最终实现制动力的装置，由制动盘、闸片、夹钳单元组成，见图1-42。制动盘热容量需满足动车组最高运营速度下连续两次紧急制动的热负荷要求，并需满足最高试验速度下的紧急制动能力要求。动轴每轴配置2个轮盘，拖轴每轴配置3个轴盘。制动盘采用铸钢材料，在满足拖车轮对、动车车轮互换、制动盘、闸片互换的要求下，可采用锻钢材料，见图1-43。

图 1-42
盘型制动装置

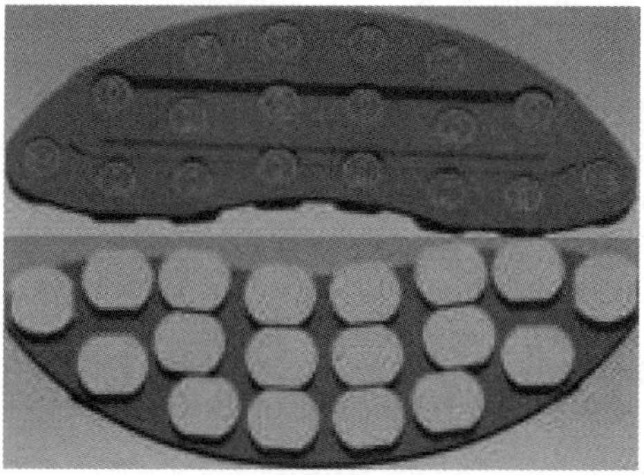

图 1-43
闸片

九、 给水卫生系统

1. 给水卫生系统的组成

给水卫生系统主要包括净水箱、净水管路、卫生间模块、洗面间模块、集便系统、排污管路、电开水炉、排水管路等，见图 1-44。

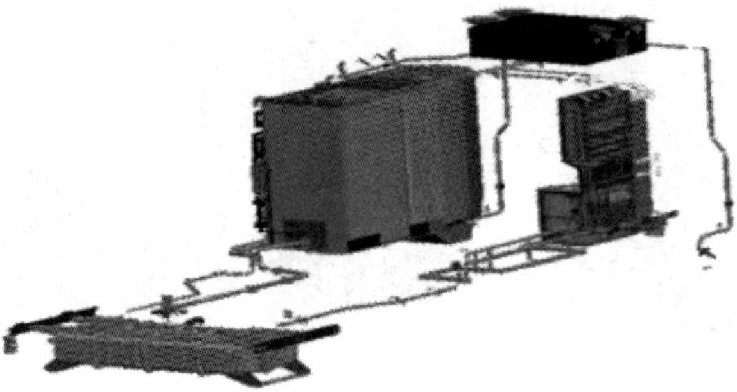

图 1-44
卫生间模块结构

2. 给水卫生设备的布置

（1）动车组全列设置 6 个容量为 400L 的净水箱、2 个 300L 的净水箱。全列设置 5 个蹲式卫生间模块、7 个座式卫生间模块、7 个洗面间模块、1 个拖布池、5 个容量为 600L 的污物箱、3 个容量为 400L 的污物箱；采用真空集便系统。排污管路缠伴热线并包裹防寒材。全列设置 7 个电开水炉。具体设置见图 1-45。

（2）供水系统包括 300L/400L 净水箱、注水管路、供水管路和排水管路。本车型采用重力供水方式，水箱处于高点，利用液位高度差产生的压力通过供水管路实现向车辆各卫生间、开水炉供水。

净水箱内 0%、25%、50%、75%、100% 位置设置摆杆

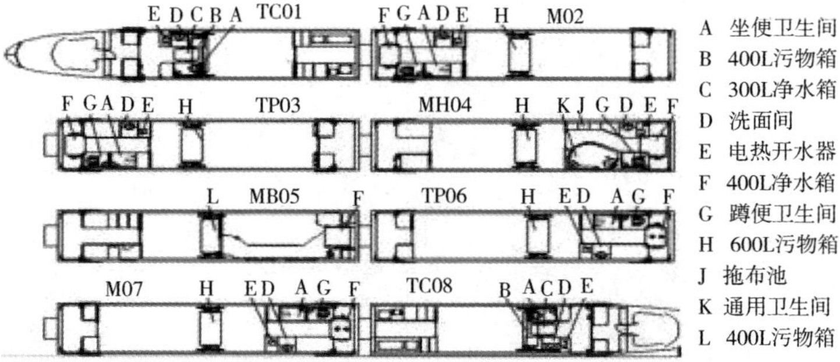

图 1-45
动车组给水卫生设备布置

式液位传感器，当内部存水达到相应液位，对应液位开关导通，输出液位信号并在车下液位显示装置、车上信息显示装置以指示灯方式显示液位信息，见图 1-46。车下液位显示装置设置在车体两侧，采用 LED 灯的组合显示的结构，可显示净水箱、污物箱液位情况，见图 1-47。清水箱 25%为黄色，50%及以上液位指示灯为绿色，0%液位指示灯为红色；污物箱 0%、25%、50%液位指示灯为绿色，75%为黄色，100%液位指示灯为红色。

净水箱加热通过温控开关（开：5±1℃，关：7.5±1℃）控制，闭合时车上信息显示装置对应净水箱加热指示灯亮。净水箱控制箱内设电流互感器，分别检测箱体底部各加热装置电流，在与设定值比对后，当任一电流异常时，车

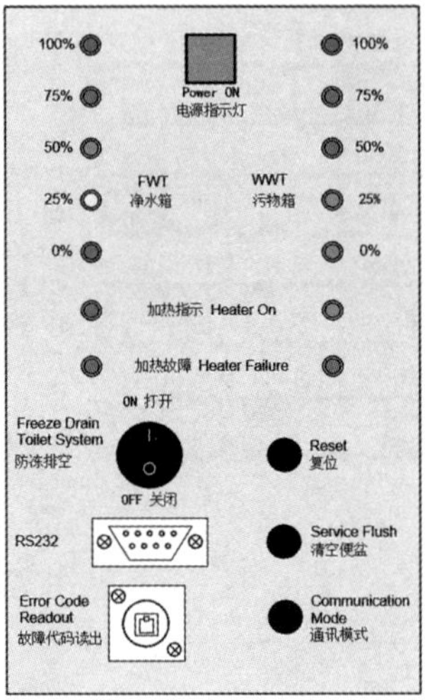

图 1-46
车上液位显示装置

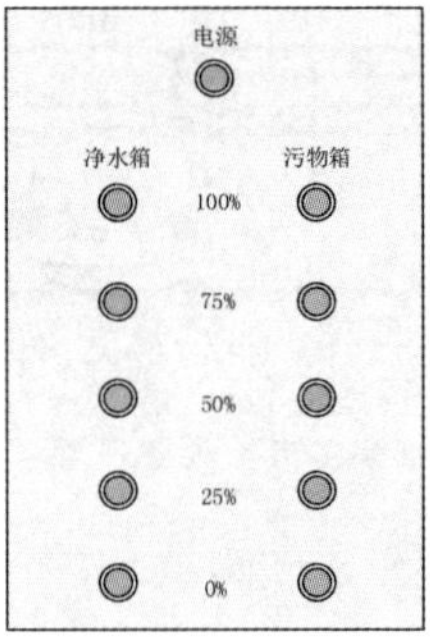

图 1-47
车下液位显示装置

上信息显示装置的净水箱加热故障指示亮红灯。

（3）污物箱采用不锈钢板焊接而成，箱体两端设排水凸轮锁紧接头，两端设冲洗管并有相应的球阀，箱体上设置液位传感器。箱体底部铺设加热管，同时整个箱体外部粘贴防寒材。见图 1-48。

箱体安装加热棒用于对箱体加热，同时安装伴热线用于管路加热。自动温控器控制加热棒和加热线的工作状态，温度低于 3°C 时，加热装置开始工作，温度高于 7. 5°C 时，加热装置停止工作。箱体接线盒侧面有冬夏季转换开关，用

图 1-48
污物箱结构

于伴热线的通断电，夏季时需将转换开关关闭。只有在列车通电时，加热装置才可工作。如果列车停止供电，箱体必须排空，避免污物冻结损害箱体。

（4）电热开水器采用沸腾翻水式原理、电磁加热方式的柜式整体结构，主要由框架、电控箱、加热元件、加热箱、储水箱、进水电磁阀、过滤器、排水电磁阀、磁控管等组成，具有缺水保护、防干烧保护、漏电和过载保护功能。面板设置三个指示灯：电源指示灯为绿色、加热指示灯为黄色、缺水指示灯为红色。见表 1-80。

电热开水器系统的主要功能有产水功能、电磁加热功能、自动封水功能、缺水自动报警功能、满水自动停止加热、满水自动保温功能、漏电保护功能、防干烧保护功能、集控排空和单车排空功能等。

表 1-8
电热开水器主要参数

部位	参数
主电路额定电压	3 相 4 线 AC380V（±15%）50Hz
控制电路电压	DC110V（77~137.5V）
额定功率	4.5kW
进水水压	≤120kPa
储水腔容积	≥18L
降温速率	≥4℃/h
出水温度	≥95℃

车辆供水通过进水电磁阀控制进入产水箱，由于产水箱与储水箱的内部是隔离的，当产水箱水位达到上水位时，进水电磁阀关闭，停止进水动作，水箱间隔高于产水箱高水位，避免水进入储水箱，出现冷、热水的混合。进水完毕，加热箱开始加热，沸腾后部分水翻入储水箱，产水箱水位低于中水位，进水电磁阀打开进行补水。主电路经整流（整流桥）—逆变（IGBT）—电磁线圈—加热箱涡流发热。

（5）标准卫生间分为标准蹲式卫生间和坐式卫生间，见图 1-49。卫生间采用模块化设计，地板、墙板、洗手系统、便器等集成为一个模块，减少了卫生间与车上的接口，而且接口形式简单，便于安装与调整。蹲式卫生间是卫生系统的主模块（卫生系统的主控制板安装在此间里），坐式卫生间是辅件。卫生间内部结构由地板、墙板、顶板、门、洗手系统、坐便器以及内部的设备件组成。见图 1-50。

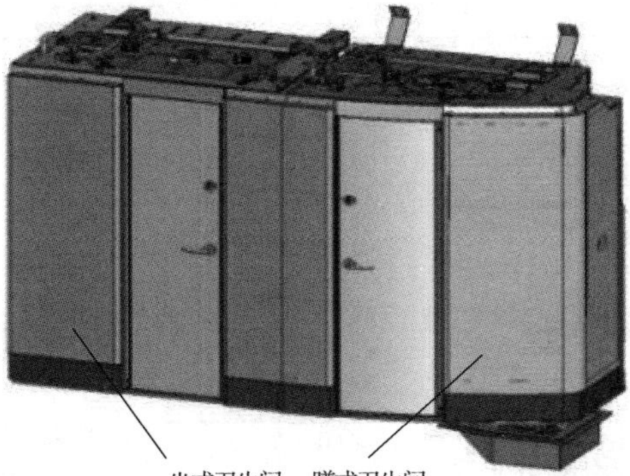

图 1-49
标准卫生间

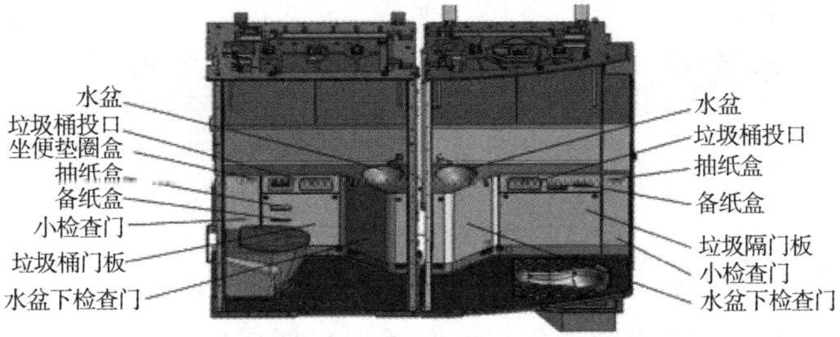

图 1-50
卫生间结构

卫生间内设备包括蹲便器、真空废水收集单元、喷射器组件、气动板等，见表 1-9。

表 1-9

卫生间内设备

序号	描述	图片	功能	序号	描述	图片	功能
1	蹲便器		冲洗污物	6	坐式便器		冲洗污物
2	控制板	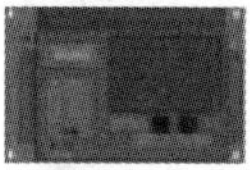	便器控制	7	气动控制板		气源输入、过滤和稳压
3	辅助控制板	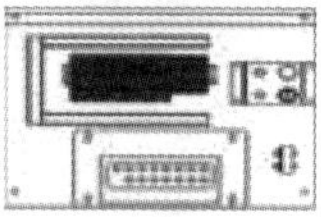	连接周边设备	8	废水收集单元		收集洗手盆的废水
4	水增压器		增加冲洗水压力	9	喷射器组件		抽真空
5	洗手器		满足乘客卫生需求	10	温水板		提供洗手温水

3. 集便装置

动车组采用中转式集便装置，集便装置由两套便器、冲洗按钮、车上排污管及伴热、车下排污管及伴热、车下污物箱以及系统控制板（安装在卫生间墙板后）组成。两套便器工作相对独立，共用一个污物箱。

中转式真空集便系统的工作原理：当按下冲洗按钮后，压缩空气流过真空发生器并在中转箱内产生真空；冲洗喷嘴冲洗，便盆底部的阀打开，便盆内的污物排入中转箱，阀关闭；当便器冲洗累计次数达到设定值或中转箱液位仪被激活时，中转箱入口阀关闭，中转箱内产生正压，中转箱出口阀打开，污物被压入污物箱内，进口阀打开，出口阀关闭。即中转式真空集便系统工作时，便盆内的污物不直接排送到污物箱，而是先被抽吸到中转箱，从中转箱再被排放到污物箱。见图 1-51。

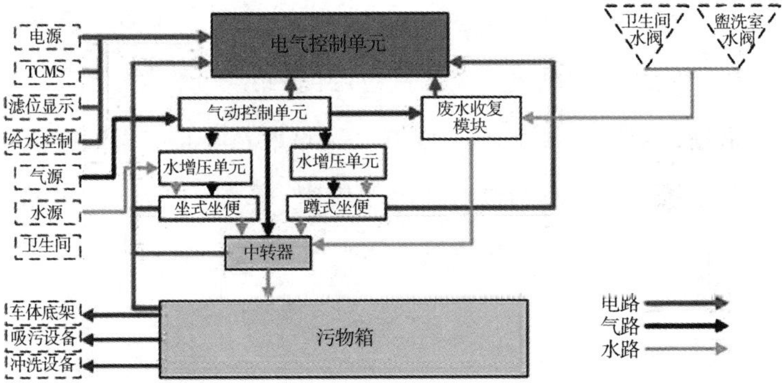

图 1-51
真空集便系统组成

中转式真空集便系统的主要工作过程：当按下冲洗按钮后，喷射器工作，在污物中转箱内产生真空；当真空开关检测到中转箱内的真空度达到预设值时，水增压器内带有压力的水从冲洗喷嘴喷出冲洗便盆；便盆内部的蝶阀打开，污物被抽吸到中转箱内，蝶阀打开时间达到设定时间后关闭；水增压器再次冲洗在便盆内形成“水封”；水增压器被注满水，便器冲洗系统进入待命状态；当便器累计使用次数达到设定次数或中转箱内的液位被触发，压缩空气进入中转箱产生正压，把污物排放到污物箱内；至此，便器系统在车内的冲洗及排污过程结束。

十、 空调系统

空调系统主要包括装在车顶的单元式空调机组，贯穿整车的供风道、软风道，空调机组两侧的新、回风混合箱，新风格栅，安装在车下的废排单元，布置在车内的废排风道，控制系统和布置在通过台风扇加热器，安装在车顶的单元式司机室空调机组。结构见图 1-52。

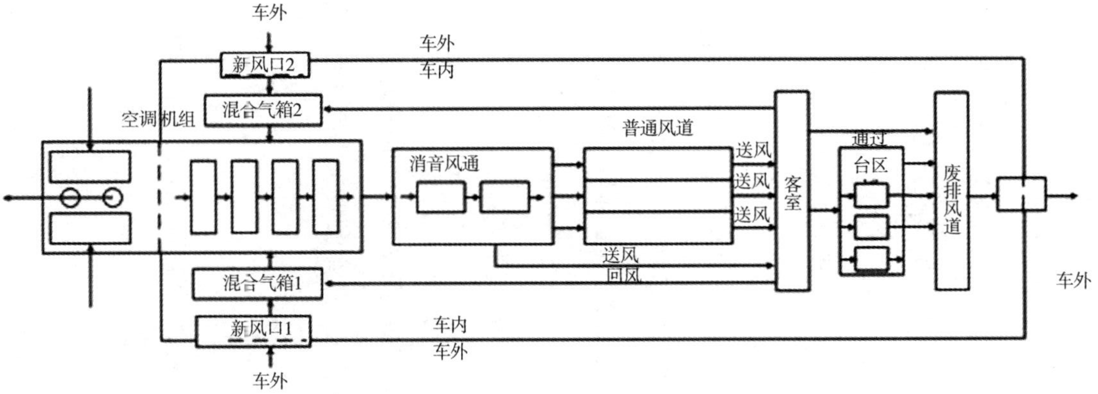
车外
新风口2
车外
车内
混合气箱2
空调机组
普通风道
消音风通
送风
送风
送风
客室
通过
台区
废排风道
送风
回风
混合气箱1
新风口1
车内
车外
车外
车外

图1-52

客室空调系统

1. 空调系统的组成

新鲜空气经客室外部机组两侧新风口进入。回风主要通过位于通过台的平顶板处。回风和新鲜空气在机组两侧混合箱中混合，这两个混合箱位于新鲜空气栅格和空调机组侧面之间。混合空气由两边进入空调单元，经过蒸发器制冷或经过电阻式加热器加热，经过供风道及各出风口进入车厢。

废排空气由废排风道统一输送至车下废排单元，并由废排单元统一排出。废排空气是通过车下的排气装置排出并通过排风管系统连接到旅客车厢。门廊的风扇加热器为这些区域供暖。控制器读取新鲜空气、回风、补给空气和旅客车厢等部位温度传感器的值，决定不同部件的运行。

客室空调机组位于车顶端部（TC01、MH04、MB05、TC08 位于二位端，其他车位于一位端），空调机组两侧分设新、回风混合箱和新风格栅（带压力保护功能），废排单元安装在车下，司机室空调机组安装在司机室通过台顶部。每车还设有空调控制柜、通过台加热器和温度传感器等。空调系统设备布置见图 1-53。

整列车合计布置 10 台空调机组，每个车厢均配备废排单元，当列车在运行过程中遇到紧急情况且 380V 电源故障时，可以通过司机室电器柜中全列紧急通风开关进入紧急通风模式，紧急通风模式下，新风门、废排风门处于打开状

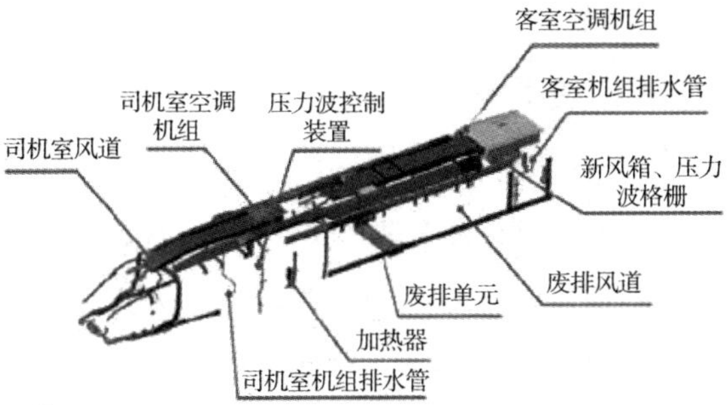

图 1-53
客室空调系统

态，回风门关闭，废排风机开启进入全新风模式。

2. 空调系统的工作原理

空调系统从车外引进新风与车内的循环空气进行混合后进入空调机组，经空调机组制冷或加热后送入客室，同时车内电气柜、卫生间、厨房等一部分废气经废排风道和废排单元排到车外。

空调系统通过列车组成网（MVB）接口与中央车辆控制系统（CCU）进行通信，传输空调系统故障诊断等信息。每车设有一台空调控制器，司机室空调控制与头车客室空调控制集成在一个控制器内，另设有压力波控制。空调控制分为列车控制和本车控制两级，列车级控制具有紧急通风、紧急关闭、洗车、能量管理等功能，本车级控制主要是控制单车空调的关闭、自动工况、手动工况和单车紧急关闭等功能。

3. 列车级手动控制功能

列车级手动控制功能是可以控制全列空调动作的硬线信号功能，即在紧急情况且空调控制器失效时，可以通过此开关控制全列空调。列车级手动控制功能主要是指操作设在司机室内的全列紧急通风开关。可通过全列紧急通风硬线开启紧急通风功能，保证车厢内有一定的新风供给。

4. 全列空调集控控制功能

全列空调集控控制功能是指设在司机室或乘务员室的对整列空调进行集中控制的 HMI 功能，主要有全列空调自动开启、通风、紧急通风、紧急关闭、停机、各车厢的温度调节等功能，便于司乘人员对全列空调进行操作。

在司机室或乘务员室 HMI 上的空调操作界面上选择“全车厢”按钮，再执行空调运转模式命令，可对全列空调统一执行自动模式、通风、紧急通风、紧急关闭、空调停机、温度调节的功能。

司机和乘务员可通过 HMI 空调状态界面查看全列空调机组工作状态，见图 1-54。

5. 动车组洗车功能

在动车组洗车时，可通过司机室的 HMI 执行“洗车模式”，空调系统在收到此信号后，将关闭空调系统运行的部

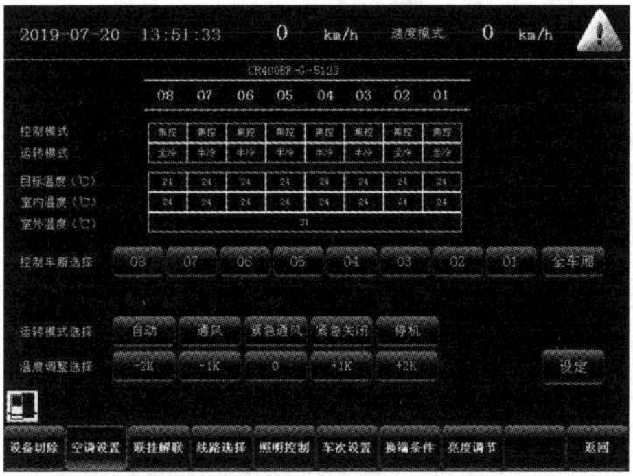

图 1-54
HMI 空调控制与状态界面

件，关闭所有车的新风门和废排风门，以防洗车时有水渗入车辆。然后将洗车就绪状态反馈给列车网络，在 CCU 收到就绪信息后执行洗车命令。

6. 动车组压力波保护功能

列车行驶时速超过 200km/h 且进出隧道时，车外会产生很大的压力波动，此时如果不做压力波保护，车内压力也会产生很大波动，这种情况会让人的耳膜很不舒服。因此需设压力波保护系统。

中国标准动车组采用以被动为主、主动为辅、主被动结合的压力波保护方式，在列车进入隧道或会车时，空调控制系统会发出执行“隧道模式”的命令，将新风门和废排风门关闭，以免车外的压力波动传到车内。

当列车进入隧道或会车时，安装在头车的压力波传感器检测到车外的压力波动信号后传递给压力波控制单元，压力波控制单元发出执行“隧道模式”的指令，新风门和废排风门关闭的动作信号将传递给空调控制器，空调系统执行“隧道模式”时的状态如下：回风门全开，其他风门保持当前状态；废排风机停止或保持运行；新风与废排压力保护阀（PPV）关闭。

7. 列车空调的网络通信与故障诊断功能

各车控制器通过与列车的网络接口实现信息传输，由控制器处理空调系统内部信息，通过网络传输到车内监控系统。动车组通过网络将各车空调机组的状态信息传递给列车监控系统，持续监视各空调机组控制器的状况，传输空调机组故障记录信息给列车。如果出现重要故障，能够在监视器上弹出故障提示，空调机组控制器也能够记录故障信息。动车组空调机组网络采用 MVB 网络进行通信。每辆车设置一个控制器，列车和各控制器通过 MVB 网络进行信息传输。

8. 制冷系统的作用

制冷系统的作用是在夏季对进入车内的空气进行降温、减湿处理，使夏季车内空气的温度与相对湿度维持在规定的范围内。空调机组的制冷分为全冷、半冷两种工作状态，两个制冷循环系统能够独立工作。在环境温度达到制冷的条件以及空调自动模式下，空调系统进入制冷调节，此时空调系统通过比较温度传感器反馈的新风温度、回风温度以及车内温度，根据内部存储的温度曲线来自动设定车内的温度，并将此信号通过网络发给各车控制器，空调控制器根据列车网络信号开启冷凝风机、压缩机及蒸发风机等，风道内的风门处于制冷状态，进入全冷或半冷模式，使客室和其他区域达到设定的目标温度。

设定点温度（Tsp）根据新风温度计算：

新风温度 Text≤20℃时，Tsp＝22℃＋△T；

新风温度 20℃<Text<35℃时，Tsp＝22℃＋0.2×（Text－20℃）＋△T；

新风温度 Text ≥35℃时，Tsp＝25℃＋0.4×（Text－35℃）＋△T。

△T 通过 HMI 设定，范围是－2℃～＋2℃。

9. 制热设备

制热设备由空气预热器和车厢内的辅助加热器组成。冬季通风机将吸入的空气经过空气预热器的预热后送入车内，同时车内辅助加热器对车内空气加热，以补偿车体和门窗的热损失。在环境温度达到制热的条件以及空调开启模式下，空调系统进入制热调节，此时空调系统根据温度传感器反馈的新风温度、回风温度及车内温度，并根据内部存储的温度曲线自动设定温度目标值，并将此信号通过网络发给各车控制器，空调控制器根据列车网络信号开启设置在空调机组、通过台、送风道、卫生间等处的加热器。

空气预热器即空调机组内电加热器共30kW，分2挡控制，车内其他通过台、送风道、卫生间等辅助加热器分为4路，根据运行环境条件需要进行统一控制。

10. 紧急通风模式

当车辆AC380V供电电源故障时，空调控制器收到主电源故障信号后会进入紧急通风模式，保证车内一定新鲜空气的进入。在紧急通风过程中，如果空调检测到380V电源恢复，则关闭紧急逆变器供电，空调自动进入正常模式。

通过司机室或乘务员室HMI以及单车控制屏的紧急通风按钮可以实现紧急通风功能，或者由列车中央控制单元（CCU）通过网络将主电源故障信号传递给空调控制器，空调控制器收到信号后进入紧急通风模式，通过蓄电池提供110V直流电源并经紧急逆变器转换为交流电源给废排风机或供风风机供电。在此模式下，风机的性能将会下降而所有的加热器和压缩机、冷凝风机都将被关闭，新风门及废排风门打开，回风门处于关闭状态。

紧急通风模式下，空调系统提供的人均新风量将被减少，每人不小于 $10m^3/h$，紧急通风时间不小于 90 分钟。

11. 标准动车组空调系统技术特点

标准动车组空调系统采用车顶单元式空调机组，安装后与车体轮廓一致；客室风道采用冬夏季节冷暖风分开送风结构。其特点：温度场更均匀；采用隐藏式送风结构；装有被动式压力波保护装置。

十一、 旅客信息系统

旅客信息系统（Passenger Information System）简称 PIS，主要目的是通过声音和视觉信息使旅客在旅途中及时准确地掌握旅途相关信息（比如，在各车内部显示器中显示时间、列车号、车厢号、列车运行路线等相关信息，并在到站时用语音给乘客提示），引导旅客顺利地抵达目的地，同时使旅客在旅途中更安全、更舒适。

1. 旅客信息系统的组成

旅客信息系统由以下几部分组成：旅客信息显示、列车内部通信和广播通告、旅客音视频娱乐系统、车载无线系统、座位信息显示。见图 1-55。

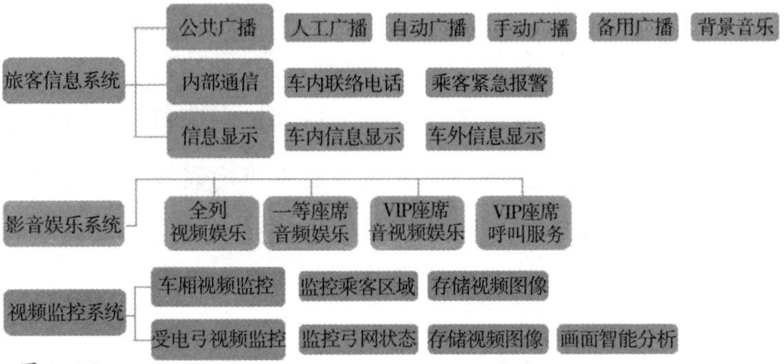

图 1-55
旅客信息系统

旅客信息系统设置千兆以太网总线和 UIC568 音频总线，主要由安装在司机室和车厢内部的车内联络电话、乘客紧急报警装置、驱动扬声器的车厢控制器组成。功能包括人工广播、自动广播、手动广播、备用广播、背景音乐、公共视频、内部通信、信息显示、监控乘客区域、监控弓网状态、画面智能分析等。

2. 内部通信系统

内部通信包括司机和司机、司机和机械师、司机和乘务员、机械师和乘务员、乘务员和乘务员对讲，以及司机和紧急报警装置对讲。见图 1-56。

（1）车载电源启动后，列车内部通信系统进入初始化，此时即可实现列车内部通信的基本功能。旅客信息系统启动后，列车内部通信系统扩展功能即可实现。通过配置在各个客车室内的电车内联络电话，司机或乘务员可以进行全列人工通告，各个电话设备之间可直接实现通话。

通过旅客信息系统控制器，可以人工触发预录的广播通告。通过GPS数据和预先设置的线路数据，可以自动触发预录的广播通告。

列车内部通信子系统设置专门的UIC568音频总线传输广播和对讲音频，人工广播具有硬件优先级信号，保障列车网络故障时，紧急广播信息可以正常播出。同时列车UIC568音频总线具有邻车交叉功能，即当本车车厢控制器故障时，将本车扬声器音源切换为相临车车厢控制器。

图 1-56
车内联系电话和紧急对话装置

（2）本车电话广播时，该电话外接的扬声器静音，与司机室电话连接的扬声器只播放广播音频，不播放娱乐音频。

每个乘客紧急制动拉手附近设一个乘客紧急报警装置，当乘客拉下紧急制动拉手后，将有DO信号自动触发乘客紧急报警装置，此时乘客可以与司机进行全双工对讲。对讲由司机话筒端挂断复位或通过紧急制动拉手复位。当有多个乘客紧急报警装置触发时，将按照时间先后顺序排队等候，依次触发与司机的通话。

车载联络电话操作界面见图 1–57。

4位7段数码管	第1位	车厢号：01–16
	第2位	
	第3位	车厢内设备位号： 01–非机械师联络电话 02–机械师联络电话 11–一位端乘客紧急报警器 12–二位端乘客紧急报警器
	第4位	
功能键	广播	带灯薄膜按键
	司机	
	对讲	
	数字键（0–9）	薄膜按键
	回车	
	清除	
指示灯	RUN（绿）	运行
	TOC（红）	对讲占用
	AOC（红）	广播占用

图 1–57
车载联络电话操作界面

3. 视频监控系统

视频监控系统可分为车厢视频监控和受电弓视频监控两部分。

（1）车厢视频监控。每个车厢设置一台视频监控服务器，服务器内包含视频存储硬盘，客室内设置 2 台半球网络摄像机，通过台处设置全景网络摄像机，摄像机连接到本车的视频监控服务器，将监控数据传输到硬盘进行录制储存。同时在餐车的机械师室设置监控屏，以4分屏轮询各车厢的监控画面。

（2）受电弓视频监控。受电弓监控摄像机安装在受电弓开口方向的车顶导流罩内，可实时监控受电弓和接触网的工作状态，摄像机连接受电弓车的视频监控服务器，视频监控服务器录制存储受电弓的监控画面，并通过以太网将实时画面传输至机械师室监控屏和智能分析主机，监控屏显示实时画面，智能分析主机对实时画面进行智能分析，将报警信息传输至监控屏。

受电弓监控部分设备有视频监控服务器NVR、受电弓摄像机（摄像头、补光灯）、监控屏等设备。摄像机采集视频信号传输到视频监控服务器NVR进行编码和存储。视频监控服务器NVR将编码后的数据通过与本车厢内视频监控服务器相连的以太网线传输至以太网总线，监控屏对以太网总线上的视频数据进行解码并输出显示。同时可以通过监控屏操作受电弓摄像机实现云台旋转和电动变焦，录像回放、下载等功能。

监控屏通过车站接发列车程序安全控制及记录系统STC获取当前GPS信息，显示在监控画面上，防止数据篡改。

通过部署全景摄像机和客室摄像机实现对车厢内的视频

监控。为减少设备数量，车厢级的监控与受电弓监控功用同一套视频监控服务器 NVR 和监控屏。

十二、 塞拉门系统

1. 塞拉门系统的组成

中国标准动车组塞拉门为电控电动单扇外开塞拉门，塞拉门系统主要由驱动装置、门扇、锁闭装置、紧急解锁装置、隔离装置等构成。图 1-58 为塞拉门系统原理框图。

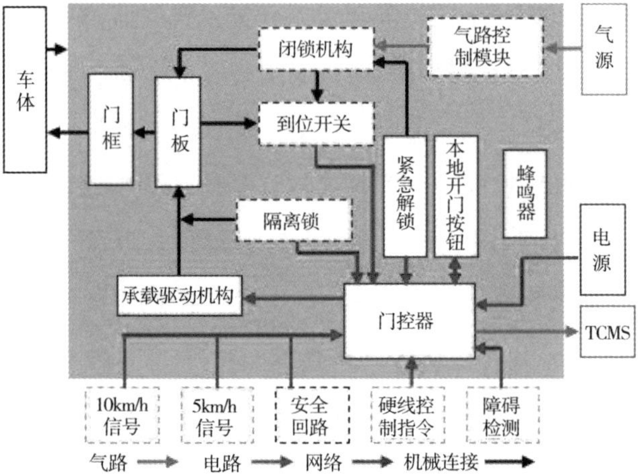

图 1-58
塞拉门系统原理框图

塞拉门控制指令用硬线传输，开门控制两步操作，防误操作；锁闭装置采用多点压紧、锁闭，安全可靠；优化门锁材料、结构，采用铸铝替代铸钢件，轻量化设计。

2. 塞拉门系统的主要功能

塞拉门系统的主要功能有开关门控制功能、车门动作警示功能、故障隔离功能、紧急开门功能、障碍检测功能、牵引互锁功能、零速保护功能、网络通信与故障诊断功能、整列锁车功能等。

3. 塞拉门系统的工作原理

塞拉门在动车组车上采用集中控制和本地控制两种方式来开关门，司机通过设置在驾驶台上的集控开关控制整列车门的动作；同时在每个门口设置有本地的开关门按钮，进行本地开关门控制。

动车组两端司机室设置塞拉门集控按钮，见图 1-59。按钮分左右两侧设置，分别控制单侧车门集中开关；每侧有 3 个按钮，分别为释放按钮（黄色带保护罩带灯）、开门按钮（红色带保护罩带灯）和关门按钮（绿色颜色按钮），按钮均为自

图 1-59
司机室塞拉门集中控制按钮

复位式，释放按钮带灯用于显示当前的车门释放状态。

图 1-60
本地开关门按钮

每扇车门设置本地开关门按钮，见图1-60。其中，车外塞拉门板上设置开门按钮，车内塞拉门口旁设置开门按钮和关门按钮。“打开所处位置外车门”乘客按钮只有在门未出现问题时关闭、门处于释放可操作状况下、没有中央的关闭命令、列车停车情况下使用。如果满足上述条件，按钮是亮的，按下按钮，门打开时，按钮呈现出一个亮的光环。“关闭所处位置外车门”乘客按钮只有车门出现故障并且车门处在打开状态时才能工作。一旦车门进入关闭状态，按钮就会发亮，如果按下此按钮，车门关闭后会出现一个亮环。门在动作时蜂鸣器会发出提示音。

车门各操控按钮只能在主控端有效，在到达终点站换端操作时，司机拔掉主控钥匙后，所有车门保持当前状态不动，该司机室的各按钮失去对门的控制功能，释放信号断开。司机达到另一端司机室，投入主控后，该司机室的门控按钮控制车门动作。

(1) 集控工作原理。

安装在驾驶台上的开门按钮、关门按钮、释放按钮均采用自复位式，释放按钮上设有指示灯，释放信号有效时，指示灯亮。动车组上设置释放列车线、开门指令列车线、关门指令列车线，所有塞拉门的门控器连接到列车线上，接收上述信号，司机集控操作时车门统一接收信号，执行相应动作。

释放信号受5公里信号控制，只有速度低于5km/h释放信号才能有效。释放信号触发后只能通过关门按钮来打断，不能单独操控释放信号。车速大于5km/h时，也能自动切断释放信号。

司机操作释放按钮，释放信号一直保持有效，指示灯亮，此时每个车门的单控开关可以操控车门，司机也可以集中打开车门。司机操作关门按钮，释放信号断开，车门执行集控关门指令。

（2）操作过程。

动车组进站停车，司机操作站台侧门释放按钮，驾驶台释放按钮灯亮，各车门门口的内、外开门按钮灯亮。司机操作相应侧的开门按钮，集中控制打开整列车单侧车门；或者每个车门处的乘客操作门口开门，打开单个车门；乘客登车完毕，司机操作相应侧关门按钮，自动打断该侧释放信号，释放指示灯灭，整侧车门会集控关闭。

开门时，开门指令蜂鸣器发声，1s后开始开门，然后继续响 4s，频率 2Hz；关门时，关门指令蜂鸣器发声，1s 后开始关门，然后继续响 4s，频率 4Hz。

在监视屏上能够查询显示各个车门的开状态、关状态，见图 1-61。

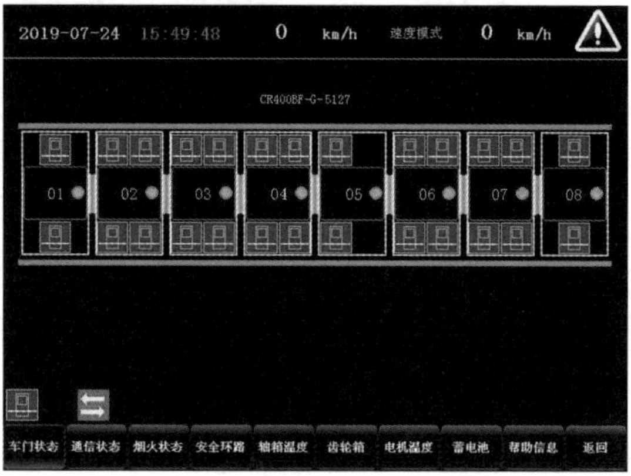

图 1-61
监控屏上的门状态信息界面

（3）塞拉门故障隔离。

故障隔离功能由塞拉门系统自身完成，但塞拉门的隔离状态需通过网络传输，在司机室监视器可查询监测。每套塞拉门内部设置有隔离装置，隔离装置可以机械锁闭车门，同时可将门设置为非使用状态。被隔离的车门不执行列车的开关门控制指令，在隔离锁锁闭的情况下，任何方式都不能打开车门，同时本门的牵引连锁回路被旁路。在塞拉门供电、供气正常时，操作隔离锁后辅助锁供气压紧塞拉门。该功能用于单个车门故障无法正常动作时，隔离后可保证动车组的继续运行。

（4）障碍检测功能。

障碍检测功能由塞拉门系统采用敏感边缘检测、电机电流检测和车门的时间位移检测三种方式来判断障碍物的存在，任何一个信号检测到障碍物都能激活障碍返回功能。

塞拉门障碍返回次数达到 3 次后，在司机室监视器可查询监测车门状态，弹出信息提示。

车门设有障碍返回功能，通过塞拉门系统的自身控制系统保证在开、关门过程中遇到障碍物时，车门能停止关闭并打开。因障碍物检测功能引起的开关门同时伴随有警示音的提示。

关门过程中当检测到障碍物时，车门停止关闭重新打开，停留 1s 后再次尝试关门，3 次后停留在开门位等，监控系统报车门故障。操作关门开关并关闭到位后，可解除故障状态。

（5）塞拉门与牵引互锁功能。

安全互锁功能由列车控制系统完成，塞拉门提供车门关闭到位触点信号。为保证行车安全，车门关闭状态与动车组的牵引在电路上设置互锁功能，所有车门关闭安全回路闭合后方能启动动车组，若有塞拉门未关闭情况，动车组将无法牵引。运行中若车门关闭安全回路断开，则动车组失去牵引动力。为防止在运用中单个车门隔离不能闭合安全回路的故障，动车组设牵引互锁旁路功能，通过此功能可以不检测车门关闭状态直接闭合牵引回路。在需要开门牵引开车的特殊工况下，也可使用此功能。

第三节

"复兴号"CR400BF型动车组的技术提升

一、总体性能提升

使用寿命的提升。标准动车组设计寿命30年或1500万公里，其他型号动车组设计寿命20年。

噪声性能提升。车内噪声性能提升采用分频段控制和等声压级设计策略，使用隔声材料（隔音垫、消音涂瓷等）和优化结构等措施提升各区域隔声量，使用密封材料和优化措施提升各区域密封，车内噪声较其他型号动车组在司机室、观光区和风挡区域大幅降低。

车外噪声从声源控制入手，重点解决轮轨、集电系统、噪声传递路径（车端连接等位置）和车身表面气动噪声（优化车头、车下和车上倒流位置）等问题，车外噪声相对

CRH380B 型动车组大幅降低。

二、 牵引系统性能提升

轮周牵引功率为 10140kW，其他型号动车组为 9200kW，涉及的相关牵引系统部件包括主变压器、牵引变流器和牵引电机对应的容量、功率均提升。增加无火回送功能，动车组牵引变流器具有救援回送再生发电功能，动车组在救援回送速度超过 55km/h 时，牵引电机开始发电维持牵引变流器中间直流电压，辅助变流器能够启动，向充电机、主空压机等负载供电；当速度低于 35km/h 时，牵引电机停止发电。发电容量满足救援回送条件下动车组辅助系统供电需求，实现动车组无火回送自发电功能。

三、 网络系统性能提升

标准动车组增设以太网用于传输故障诊断、事件记录、显示信息、软件更新和数据下载等用途。网络系统采用 TCN+以太网网络，增加交换机、终端设备、以太网电缆等部件。

CR400BF 型中国标准动车组网络控制系统为完全国产化产品，硬件及软件工具供应商是国内供应商，网络系统控制软件为自主开发，拥有完全自主知识产权。其他型号动车组网络控制系统为国外产品，无自主知识产权。标准动车组实现了“不同厂家生产的相同速度等级动车组能够重联运营、不同速度等级的动车组能够相互救援”的设计目标，即不同主机厂生产的时速 350km/h 的动车组能够进行重联运营。

四、 转向架性能提升

增设踏面清扫装置。每个转向架 4 套，全列共计 64 套，同时每台车设置 2 套踏面清扫控制单元，共计 16 套。可有效提高轮轨黏着力，防止车轮因空转、打滑造成的损伤，缩短制动距离；清扫踏面水膜、杂质等，修正车轮踏面形状，消除车轮踏面疲劳裂纹，消除安全隐患；修正车轮踏面形状，对车轮多边形形成有一定的抑制作用。

五、 旅客信息系统性能提升

新增乘客紧急对讲装置，拉动乘客紧急制动设施，将在司机室中产生声光报警信号并可显示具体车辆位置，启动旅客信息系统的双工通信功能，同时列车自动触发紧急制动 EB，并可由司机手动缓解，以选择适当位置停车。

动车组客室座椅上方区域增设电子座位信息显示器。座位信息显示系统由座位信息接入点、座位显示网关、座位信息显示器以及 3G/4G 天线组成。座位信息显示系统通过与地面的售票信息服务器通信获取本车次各座椅的售票信息。

标准动车组增设千兆以太网通信系统，作为动车组车辆的基础以太网通信系统，为旅客列车无线局域网系统、受电弓视频监控（含 3C 检测装置）、旅客信息及娱乐系统等各系统提供全列通信传输的骨干网络。

动车组车内设置吊顶电视和间壁电视，与其他型号动车组比较，每列增加19个电视。CR400BF型中国标准动车组电视采用18.5寸液晶屏。

六、 高压系统性能提升

CR400BF型中国标准动车组高压设备采用集成高压设备箱方案，将除受电弓、绝缘子、网侧避雷器外的其余高压部件放置于集成高压设备箱内。高压设备箱内集成安装电压互感器、电流互感器、主断路器、高压隔离开关、避雷器等高压部件。其他型号动车组车顶高压部件以敞开的方式直接布置在车顶平台上。

车顶布置高压箱具有如下优点：通过高压箱体隔离了外界雨雾、污秽、气流等因素的影响，有效地改善了高压电气设备的工作环境，极大地避免了发生污闪、冰闪等事故，提高了线路适应能力；高压箱与车顶平齐，有利于降低车辆运行阻力；高压系统采用高压部件集成在高压箱体里的设计方式，节省车顶安装空间；高压部件集成在高压箱内，可减少对高压部件的擦拭次数，节约人工、水源和检修维护周期；高压箱集成后的绝缘性能达到国际先进水平，雷电冲击耐受电压可达到170kV。

车顶电缆采用完全密封式的内绝缘终端连接方式，为了提升车顶电缆连接处环境适应性，并实现车顶平顺化设计，

CR400BF型中国标准动车组车顶电缆采用完全密封式的内绝缘终端连接方式，其他型号动车组采用的是绝缘子螺栓固定安装方式。

七、车体及附件性能提升

自动车钩增加后置压溃管，中间车钩配有前置式压溃管，参数为阻抗1500kN，行程350mm，代替以刚性杆。前端车钩和中间车钩均配有免维护的轴承套，减少维护作业工作量，节约维护成本；可吸收重联列车运行过程中产生的纵向冲击，提高列车运行的舒适性。

设置全包外风挡，与其他型号动车组外风挡相比，有以下提升：增加下部导流部件；外风挡在车顶与侧墙连接处无缝隙，隔音降噪效果好。

耐撞性按照EN15227标准中C-1类要求设计。头车按照车钩、防爬吸能装置、主吸能装置三级吸能设计。主吸能装置安装在车体前端碰撞梁处，车钩安装在车体中心固定座上，车钩两侧分别设置防爬吸能装置。

八、给水卫生系统性能提升

水箱容积为400L，其他型号动车组为300L。增加分离器，设置卫生间的车型，每台车设置一套，用于减少卫生间集便系统抽真空的等待时间。具有单车集中排空功能，以保证必要时彻底排空系统存水（污水）和对系统进行有效清洗，管路系统利于排空，方便运用部门使用。标准动车组普通卫生间采用手动拉门，增加了拉门滑道机构，门内部采用手动锁闭，外部使用统型四角 RIC 钥匙锁闭。

九、 辅助供电系统性能提升

充电机每台箱体内设置两个模块，可以对不同类型的电池进行充电（锂电池和镍镉电池），具有自动识别电池类型功能。

采用钛酸锂离子电池系统，与镍镉蓄电池组相比有以下优点：轻量化、无污染、寿命长、低温可用，容量 190Ah。

十、 新增能量统计装置及车体平稳性检测功能

新增能量统计装置使动车组具有耗电量统计功能，以分别统计动车组总耗电量及再生制动电量，每列车 2 套，设置于受电弓车。

新增车体平稳性检测功能，标准动车组在每个转向架上方设置车体平稳性检测加速度传感器，全列共计 16 个，每台车内设置一台平稳性检测主机，用于检测车体平稳性。

第二章

动车组功能图和逻辑图的使用方法

第一节

动车组的电气元件

一、高速断路器

1. 高速断路器的作用

高速断路器是一种高压快速保护电器。它在结构上与电空接触器有点相似，只是多了一些过流保护快速脱扣机构，在传动操纵机构上也有些不同（信号控制方面），在分断性能上要求较高。在动车组上，高速断路器既是主保护开关，又是电源的控制总开关，因而它兼有一般接触器与断路器两种工作性能要求。

高速断路器作为动车组从接触网取电的总开关，其使用特点决定它在电路中工作时必须满足传递动车组所需要的全部电能；闭合或迅速切断电路故障时可能出现的各种过电流（包括短路电流），分断故障电流时应有较低的限流系数；闭合或切断电路中出现的正常工作电流与正常过载电流；能适应频繁操控，有较高的电寿命与机械寿命等要求。

由上述要求可见，高速断路器集高断流性能、高寿命于一身，这无疑对设计、制造提出较高的要求。

2. 高速断路器操作系统的基本任务

高速断路器操作系统是断路动作的执行机构，也是断路器动作特性的主要执行机构。它包括传动、保持、脱扣、联锁信号等，基本任务是能够准确无误地分、合闸；使断路器可靠地保持在合闸位置和分闸位置；出现故障电流时能以极短的动作时间分断主电路；正确执行操作顺序和发出控制信号。

3. 高速断路器操作系统动力源的直接影响

高速断路器操作系统的动力源直接影响传动系统的结构方案。传动系统一般由电力控制，而操作传动系统的动力有电与压缩空气两种。断路器分、合闸装置需要的动力源容量比较大，它除了保证正常合闸所需要的功，还要保证储能装置储备足够能量所需的功。采用电力来进行操控有直接利用电动机进行操作的，也有利用电磁铁进行操作的，无论什么样的操作机构所需的电能均比较大，往往机车控制电源蓄电池的容量无法承担，因此在动车组中的高速断路器大多数采用压缩空气传动方式。压缩空气作动力源的优点是合闸功率大，合闸迅速，可多次连续操作：动力源容量大，操作平稳，而且控制功率小，节省能量。

4. 保持机构

保持机构是高速断路器的重要部件，它决定了断路器动作的稳定性与快速程度，保持机构的锁闭保证了断路器处于闭合状态。压缩空气传动机构的合闸装置就是靠压缩空气产生推力来达到保持目的。

电磁式操作系统的断路器其保持机构在动车组上多数采用电磁保持式。电磁保持式是利用保持线圈，使衔铁处于吸合状态，保持线圈要有一个稳定的直流电源来供电。释放时靠去磁线圈来抵消保持磁通，在释放力的作用下使衔铁释放。此外，也可利用其他电流信号来改变保持磁通的分布以达到提前动作的目的，一般其固有动作时间为3~5ms。这种保持式结构较复杂，体积大，需用电源大，近年来已被机械式代替。

5. 脱扣机构

脱扣机构是操作系统中促使断路器自动分闸并获得速动性能的重要组成部分。当断路器在合闸过程中或处在合闸位置时，脱扣机构的作用好比一个力的支点，当脱扣机构受到脱扣装置的操纵时解除这个支点，使断路器进入自由分闸状态。对脱扣机构的基本要求，首先是工作稳定可靠，脱扣力稳定；脱扣装置动作时传动机构动作明确，在受到振动时处在闭合位置的脱扣装置不会受振动影响而解扣；其次，脱扣机构应具有足够的机械强度和较小的脱扣力及短的解扣时间。这些要求使脱扣机构必须具备大的减力作用、小的行程和较小的运动质量。

为了使断路器达到速动的目的，广泛采用储能式脱扣机构。所谓储能式，即利用合闸时积蓄的能量，由电磁铁、压缩空气传动气缸或锁扣保持，当需要跳闸时解扣而将储能释放出来进行分闸。储能式脱扣机构又分为机械储能与电容储能两种，用电、磁铁、压缩空气传动气缸或锁扣保持的操作系统均可采用机械（弹簧）储能式或电容储能式脱扣机构。

电容储能脱扣机构需要一套电子设备，因此也称为电子式脱扣装置，见图 2-1。它从直流互感器读取信号，经分压后触发晶闸管导通，电流经脉冲变压器升压后使电极火花球隙或闸流管导通，把储存电能的电容通过球隙或闸流管向分闸线圈放电，利用感应电动斥力使保持机构释放或直接推动断路器触头杆使触头断开。这种脱扣装置动作值准确，整定方便，动作速度极快，动作时间可达 2~3ms，但该装置附带部件较多，动作时冲击力较大，影响寿命。

机械储能脱扣机构最常用的脱扣方式为电磁铁脱扣，如图 2-2 所示。给电磁铁励磁可以是主电路分路的电流；增加

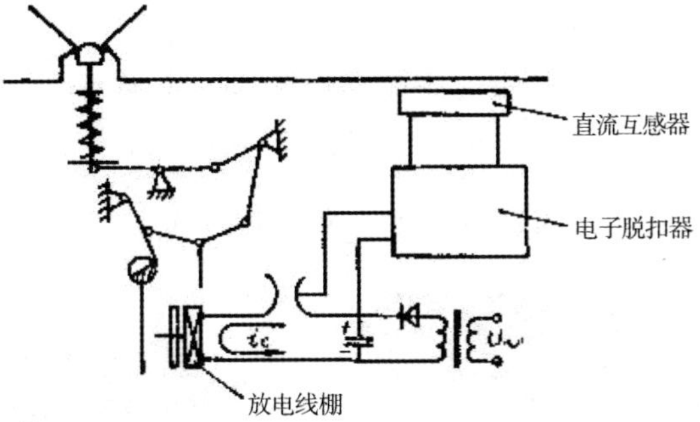

图 2-1
电子式脱扣装置

附加电感铁芯，可使 di/df 比较大（短路电流）而提前动作。这种脱扣装置结构简单，动作可靠，动作时间可达 10ms 以下。

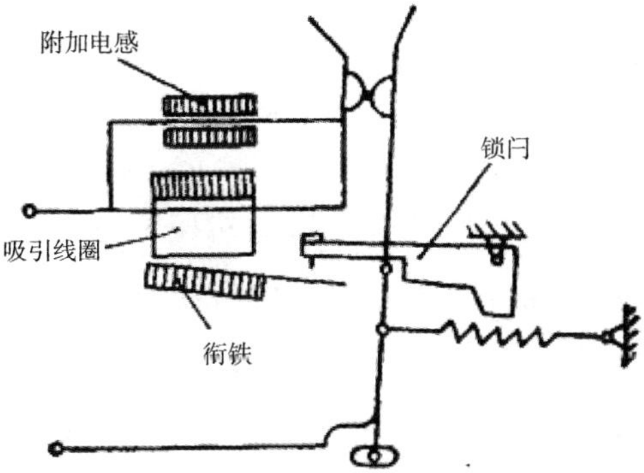

图 2-2
电磁铁脱扣装置

6. 新型动车组主断路器

新型动车组采用的主断路器主要动作对象是高压 25kV 电压，其动作主要由低压 DC110V 电源来控制，其动作直接动力是由气路提供，其结构如图 2-3 所示。

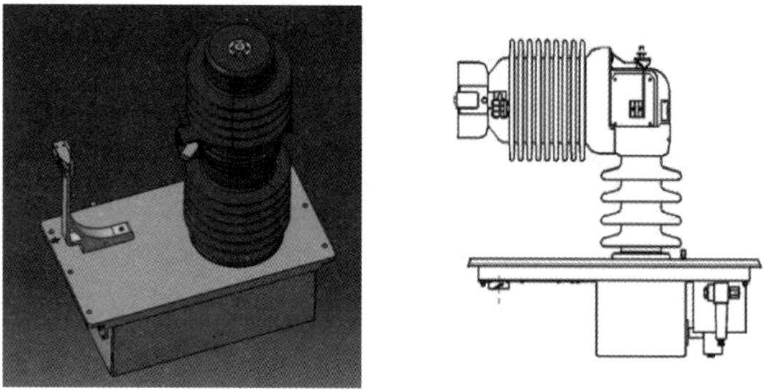

图 2-3
动车组主断路器结构

动车组主断路器可用于接通大功率电路。在检查和维修过程中必须隔离连接断路器的所有电源，以免发生电击事故。在某些特定情况下，电源断开时也可能还存在危险电压。要避免人身伤害，接触部件前应断开电源，给电路放电，并断开外接电源。在断路器上执行的所有检查、维护和安装操作都必须在电源断开、断路器接地的前提条件下进行，在高压断电并且实现接地装置保护之前，切勿接触断路器。

7. 主断路器控制

主断路器是连接接触网 25kV 电压到列车上的主要设备，控制结构原理图如图 2-4 所示。

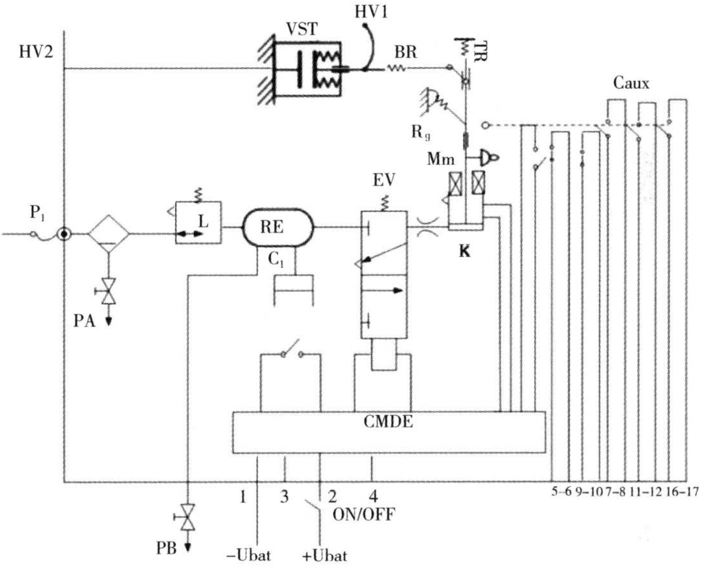

图 2-4
主断路器控制结构图

主断路器控制结构图的各部分说明见表 2-1。转向架主要技术参数见表 1-2。

表 2-1
主断路器控制结构说明

名称	说明	名称	说明
HV1	断路器高压接头	K	压力缸
HV2	断路器高压接头	EV	电磁阀
VST	真空开关管	RE	气缸
BR	压力接点机构	C_1	压力开关
TR	限制跳动机构	L	压力调节器
R_g	快速跳闸机构	P_1	供气入口
Mm	吸持电磁线圈	PA	压力调节器排气旋塞
CMDE	控制单元	PB	气缸排放塞
Caux	辅助触点	ON/OFF	断路器控制开关
+Ubat	控制电源（正极 DC）	-Ubat	控制电源（负极 DC）
LV 连接器上的针位			
1	控制电源（DC）	2	控制电源（正极 DC）
3	控制电源（DC）	4	控制电源（正极 DC）
5-6	NC（常闭）辅助触点	7-8	NO（常开）辅助触点
9-10	NC（常闭）辅助触点	11-12	NO（常开）辅助触点
16-17	NO（常开）辅助触点		

低压电路由控制单元（CMDE）和辅助触点（Caux）组成。见图 2-5，闭合断路器有两个阶段，如果通断开关闭合，将给电磁阀（EV）和吸持电磁线圈（Mm）供电。持续 Δt EV≈0.6s 后，电磁阀（EV）的供电被中断，而只给吸持电磁线圈供电，直到控制电源中断（通断开关断开）。

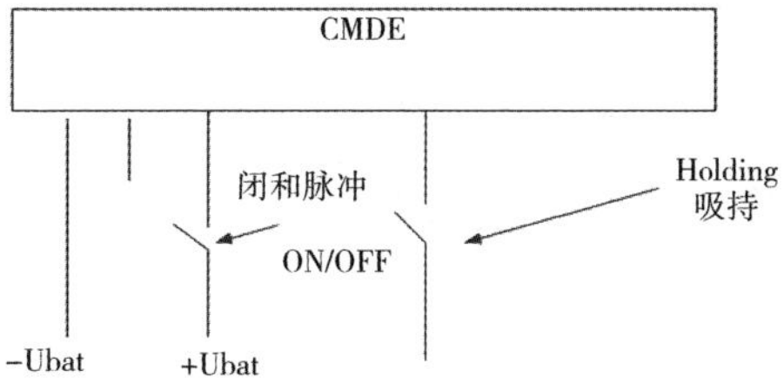

图 2-5
真空断路器控制略图

主断路器的工作气源必须在主断路器入口处过滤、干燥。断路器配备了气缸，其空气储备容量足够满足一个断路器的闭合操作需求。气缸中的压力在生产试验中设定为定值，确保动态工作条件不变。车辆供气管中的允许压力为4.5bar至10bar，如果供气压力小于断路器闭合时的最小建议值，压力开关将打开，避免断路器闭合。

主断路器闭合时，电磁阀（EV）控制压力缸中的气流，压力缸可将气压转化为激活机构的机械力。调节器气流需与驱动系统的移动成比例，确保闭合速度正确。断路器的闭合位置可通过吸持电磁线圈（Mm）保证。电磁吸持允许压缩空气从压力缸中逸出。此系统允许断路器快速跳闸和断开。当主断路器的断开吸持电流切断（控制电源中断）时，断路器将断开。重置弹簧机构（Rg）和触点压力弹簧机构（BR）可确保快速跳闸。通过此系统可保证即使在电源或气源中断时，断路器也能断开。通过行程终点时的排气收缩达到产生空气阻力的作用，可以限制跳闸机构的冲击。

8. 动车组真空断路器性能参数

内容详见表 2-2。

表 2-2
动车组真空断路器性能参数

名称	额定参数
额定电压	AC30kV
额定电流	1000A
额定频率	50Hz
额定断路容量	660MVA
额定投入电流	20000A
额定短时间电流	25000A
额定断路电流	吸持电磁线圈
无负荷投入时间	0.1s 以下
额定开极时间	0.06s 以下
操作方法	控制电源（正极 DC）
额定操作电压	DCl10V（变动范围 77-137.5V）
额定操作压力	kgf/m^2（变动范围 4.5-10kgf/m^2）

9. 真空断路器主要组成部分

见图 2-6，高压部分（灭弧室部分）内安装有真空开关管，真空管内有两个主触头，一个是静触头，另一个是动触头，其触头通过波纹管密封和大气隔离，动触头的操作由机械装置传动来完成；隔离绝缘部分（支持绝缘子部分），支持绝缘子主要是保证高压部分与低压部分之间的绝缘，通过绝缘子内腔，绝缘推杆连接机械装置和动触头。低压部分（低压操作机构部分）通过安装底板固定在高压设备箱内断路器安装架上，低压部分主要是机械操作部分，用于操作灭弧室内的动触头。

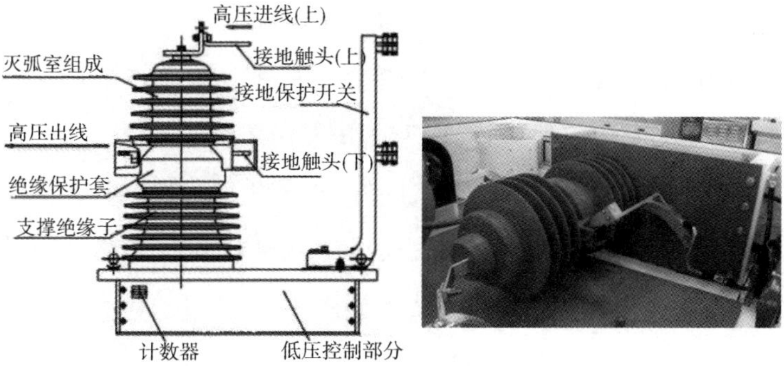

图 2-6
真空断路器和接地开关

交流真空主断路器采用电空控制。该控制通过空气管路，在动触头快速合闸过程中提供必需的压力。储风缸（8）是断路器气动控制的气压源，其要求能够满足在无源状况下对断路器的一次操作；调压阀（9）安装在断路器进气口与储风缸之间，通过对其气压值进行预设，用以保证进入储风缸内的气压，同时，调压阀上安装有空气过滤阀，以保证进入储风缸气体的清洁与干燥；压力开关安装于储风缸上与调压阀相对一侧，其与储风缸内气体相连，用以监控断路器合闸的最小压力，当储风缸内气压低于其预设值时，通过低压控制线路将信息反馈给110V控制单元，以使断路器拒绝进行操作；电磁阀（10）控制气缸内的气流量，其决定了断路器的合闸速度；传动气缸（12）把空气压力转化为机械作用力；保持线圈（11）安装于气缸上部，通过对气缸活塞的吸合，实现对断路器合闸状态的保持；快速脱扣机构（17）用以实现真空断路器分闸时的快速脱扣，保证断路器良好的分断；110V控制单元（13）安装在真空断路器底板下部，通过其对断路器电子部件进行整体控制。剖面结构见图2-7。

10. 动车组真空断路器闭合/断开控制过程

闭合TP03车（TP06车）=21-F15断路器，=21-K07常开触点得电闭合→=21-K05常开触点得电闭合→经=22-K74常闭触点或=21-K91常闭触点→经=21-K17常开触点得电闭合→经=21-K18常开触点得电闭合→一路经=21-K28常开触点，=21-K27常开触点，=21-K25常开触点→另一路经=21-A10车顶线缆隔离开关切除状态→经=21-K35常开触点得电闭合→一路经网络触点=24-AG1，=24-AG2，=

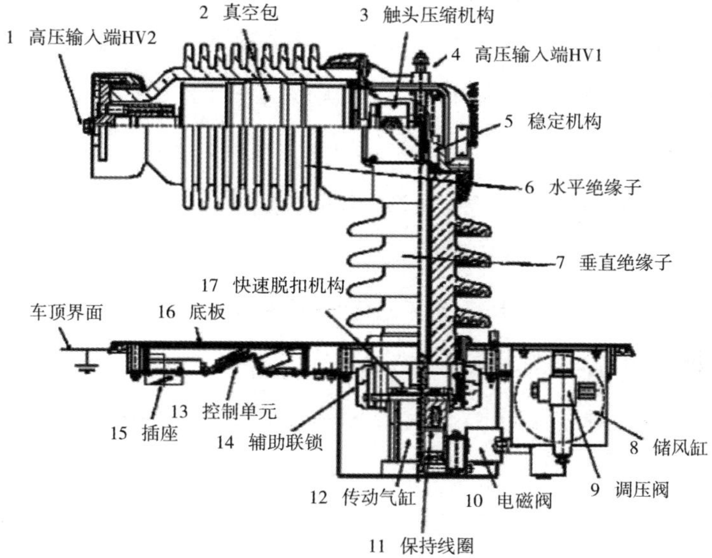

图 2-7
真空断路器剖面结构

24-T37，=24-T38→另一路经=22-K74 常开触点，=21-K92 常开触点→使=21-K23 继电器得电吸合→经=21-K23 常开触点→=21-A10 主断路器闭合。

继电器=21-K35 为本牵引单元主断激活继电器，当本牵引单元的牵引变流器 TCU 工作正常后得电吸合。

继电器=21-K25 为另一牵引单元主断激活继电器，当另一牵引单元的=21-K35 得电吸合后，本牵引单元的继电器=21-K25 得电吸合。

继电器=21-K17、=21-K18 为本牵引单元主断使能继电器，当本牵引单元 CCU 内部触点闭合并且本牵引 TCU 工作正常后吸合。

继电器=21-K27、=21-K28 为另一牵引单元主断使能继电器，当另一牵引单元=21-K17、=21-K18 得电后吸合。

继电器=21-K07 为紧急断电环路继电器，当本单元紧急断电环路建立后继电器吸合。

继电器=21-K05 为受电弓状态继电器，当受电弓升起时继电器得电吸合。

继电器=22-K74 为紧急模式继电器，当主控端开关=22-S03 打到 OFF 位时，车辆处于紧急模式状态。

继电器=21-K92 为紧急模式下操作主断路器开关闭合状态继电器，当主控端开关=22-S03 打到 OFF 位，操作主断路器开关=21-S03 使其处于闭合位。

继电器=21-K91 为紧急模式下操作主断路器开关打开状态继电器，当主控端开关=22-S03 打到 OFF 位，操作主断路器开关=21-S03 使其处于打开位。图 2-8 为主断路器的控制原理图。

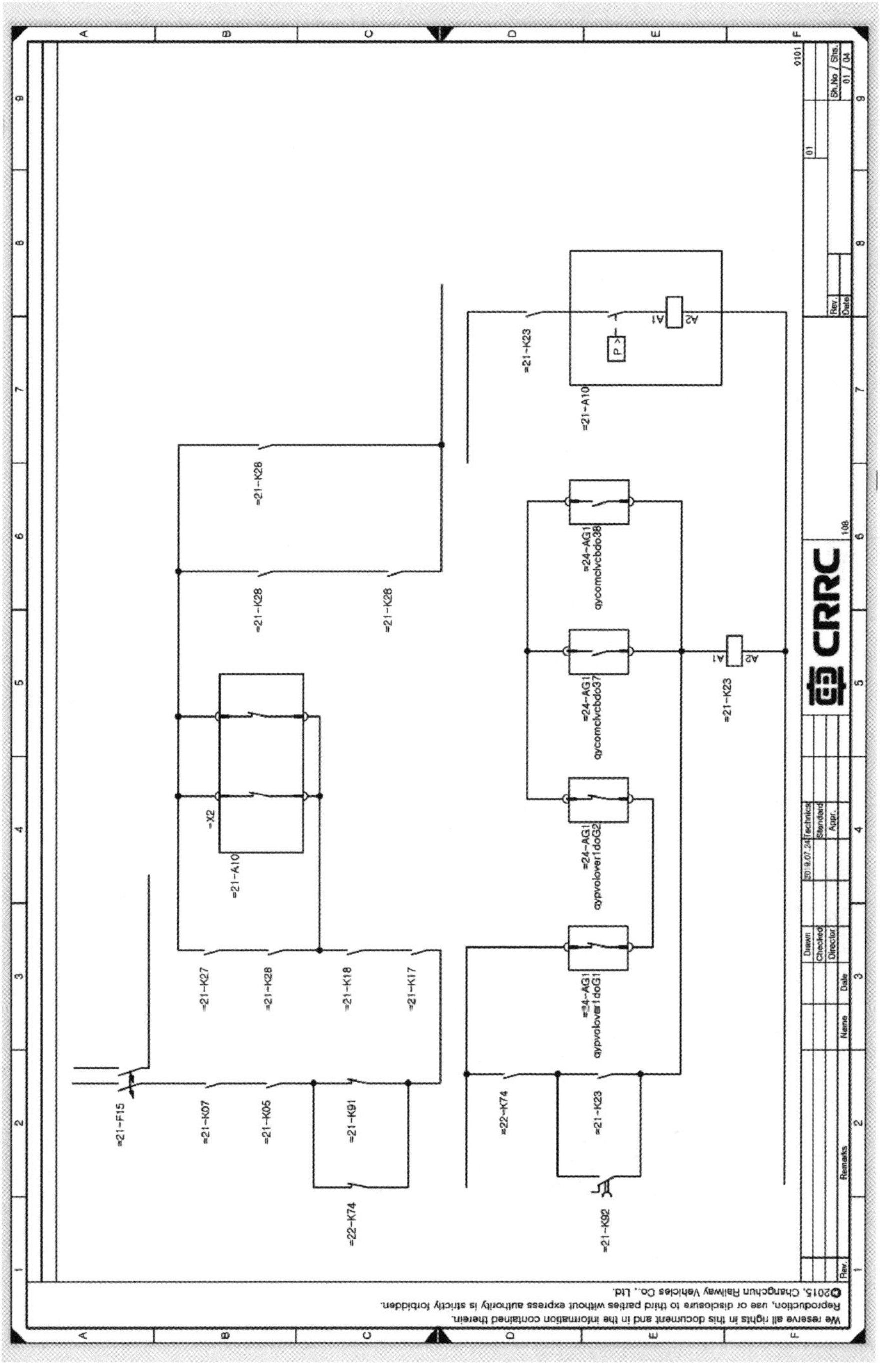

图 2-8
主断路器控制原理图

二、 高压隔离开关

1. 高压隔离开关的作用

高压隔离开关用于切断本车高压箱与他车高压箱的故障主电路。高压隔离开关在正常情况下处在闭合状态，可以实现高压系统通过一个受电弓和一个主断路器同时给两个牵引单元供电。当列车发生故障时，两个高压隔离开关断开，实现一个牵引单元发生故障，但不影响另一个牵引单元继续工作。高压隔离开关不能带电动作，只能在真空断路器断开的情况下动作。高压箱高压隔离开关采用国内某公司生产的7PIS 型高压隔离开关。其技术参数见表 2-3。

表 2-3
动车组高压隔离开关技术参数

名称	额定参数	名称	额定参数
额定电压	AC31kV	最小工作气压	350kPa
额定电流	700A	短时耐受电流	16kA/1s
额定频率	50Hz	工频耐受电压	100kV（有效值）/1min
控制电压	DC110V	雷电冲击电压	185kV（1.2/50μs）
最小动作电压	DC77V	机械寿命	20000 次
动作电压范围	DC77V～DC137.5V	工作环境温度	-40℃～+70℃
额定工作气压	400～1000kPa		

2. 高压隔离开关的结构

见图2-9，高压隔离开关通过高隔底架（图中1）安装在高压箱内。它装有两个刀闸板（图中2），一端固定在固定座（图中3）上，另一端延伸到接触头（图中4）上。刀闸板通过拉杆（图中5）与下面的传动机相连，传动机构采用长槽滑块机构，采用电控、气动的控制方式。在高隔底架两侧，分别固定安装电磁阀（图中6）和传动气缸（图中7）、传动轴（图中8），保证了刀闸板与传动机构的转动。转轴末端上的凸轮是用来控制安装在高隔底架上的辅助触头开关（图中9），辅助触头开关用于检测开关状态并将信号传输到司机室。

图2-9
高压隔离开关结构和车顶安装状态

在无电、无风的情况下通过换取操作钥匙可手动进行高压隔离开关的分闸/合闸操作，见图2-10。

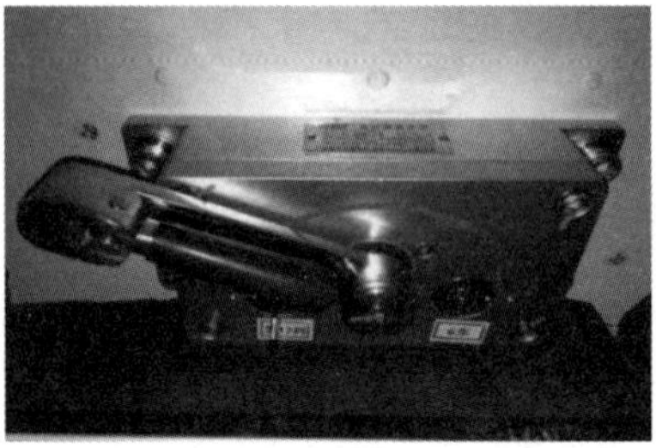

图 2-10
高压隔离开关手动操作机构

3. 动车组高压隔离开关的控制过程

高压隔离开关不带灭弧装置，不具有开断电流的能力。因此，它的所有动作都必须在主断路器处于分断状态时进行。

分闸：当高压隔离开关处于合闸状态时，电磁阀得到分闸信号，得电动作，打开气路压缩空气经电磁阀进入压力气缸，推动操纵杆，使转轴旋转 60 度，隔离开关回动到位的同时，固定在主轴上的凸轮驱动低压联锁改变为分闸状态，并将信号传到司机室。其控制过程是闭合 TP03 车（TP06 车）=21-F14 空开，=21-K74 常开触点得电闭合→一路经网络=24-T37、=24-T38 触点闭合→=21-K67 常闭触点→另一路经=22-K73 常开触点闭合→使=21-A10 车顶高压隔离开关断开。继电器=21-K74 为线路开关使能继电器，当本牵引单元的两个主断路器均处于失电状态时得电吸合；继电器=21-K67为接地钥匙锁闭继电器，当将A钥匙置于OFF位或锁闭位时，本牵引单元的继电器=21-K67得电吸合；继电器=22-K73为紧急模式状态继电器，当头车开关=22-S03处于关位时，车辆处于紧急模式，该继电器得电吸合。

合闸：当高压隔离开关处于分闸状态时，电磁阀得到合闸信号，得电动作打开，压缩空气经电磁阀进入压力气缸，推动操纵杆，使转轴旋转60度，隔离开关闭合。转轴转动的同时，固定在主轴上的凸轮驱动低压联锁改变为合闸状态，并将信号传到司机室。其控制过程是闭合TP03车（TP06车）=21-F14断路器，=21-K74常开触点得电闭合→经网络=24-T37、=24-T38触点闭合或者=21-K67常开触点得电闭合→经=22-K73常闭触点→使=21-A10车顶高压隔离开关闭合。高压隔离开关控制原理见图2-11。

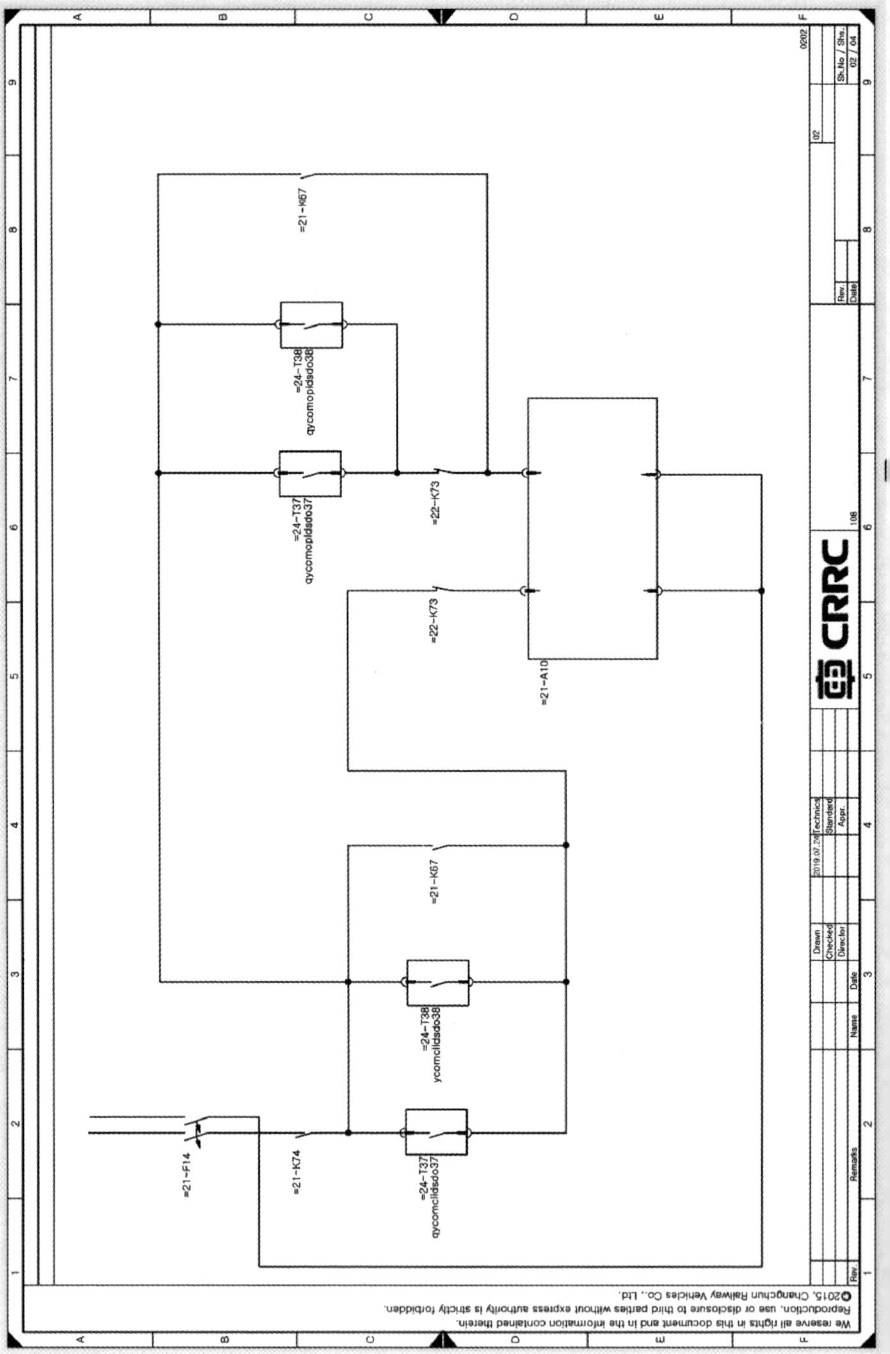

图 2-11
高压隔离开关控制原理图

三、 接地回流装置

动车组接地主要可以分为保护接地、运行接地两种类型。

1. 保护接地

保护接地也称安全接地，是为了确保设备和人身的安全，将高速列车车辆及其电气设备的外壳、配电装置的金属框架等外露导电部位接地。由于绝缘损坏而使电气设备外壳或配电装置框架等带电，故障电流将会流过保护接地体进入钢轨，最终流入大地，从而保证高速列车车体对地之间的电势较小，保护乘客人身安全。同时，保护接地可以保护列车上电气设备的正常使用。

动车组保护接地点分布在全列动车左右两侧，全列共26根保护接地线，防止运行接地电流对列车上的电气设备造成电磁干扰。通过安装在车轴两侧的保护接地线和轴端碳刷将漏电电流引入接地的钢轨，采取增加轴端保护接地数量的措施可有效提高保护接地可靠性和高速动车组全列电气设备抗干扰能力。具体连接方式见图 2-12、图2-13、图 2-14、图 2-15。TC01/08 车的保护接地为装置与接地点直接相连接，M02/07 和 MH04/MB05 车的保护接地在接地装置与接地点之间串联 100mΩ 电阻防止运行接地回流的电流倒流回车体。

2. 运行接地

运行接地是高压电的回流接地，亦称工作接地。为了防止高压电对其他回路产生干扰并保证接地可靠，运行接地通过负载端直接与接地装置连接，再通过接地装置连接到钢轨。

动车组的运行接地点分布在 TP03 车 2 轴右侧、3 轴左侧、4 轴右侧和 TP06 车的 2 轴右侧、3 轴左侧、4 轴右侧。见图 2-16。

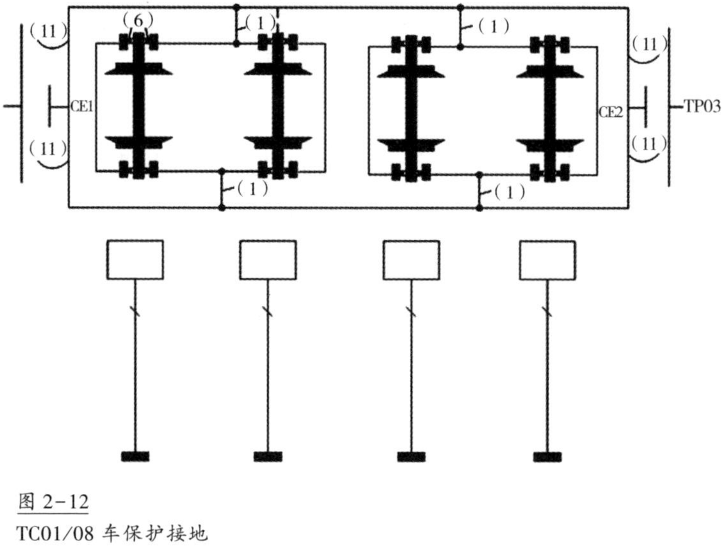

图 2-12
TC01/08 车保护接地

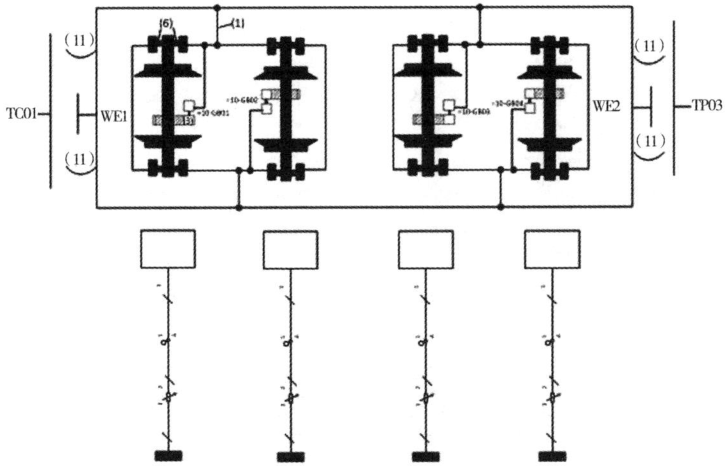

图 2-13
M02/07 车保护接地

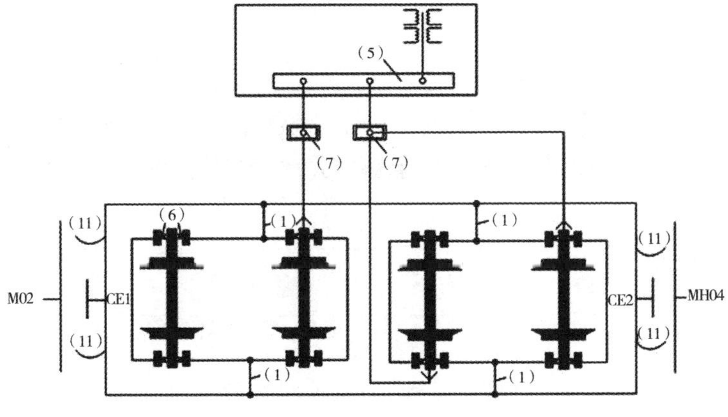

图 2-14
TP03/06 车运行接地

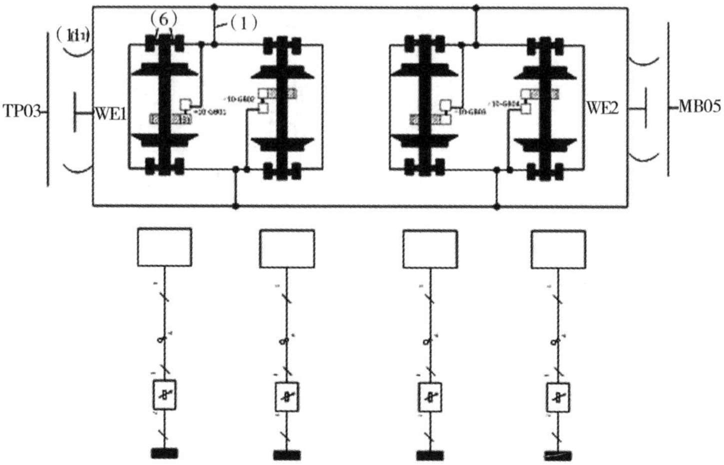

图 2-15
MH04/MB05 车保护接地

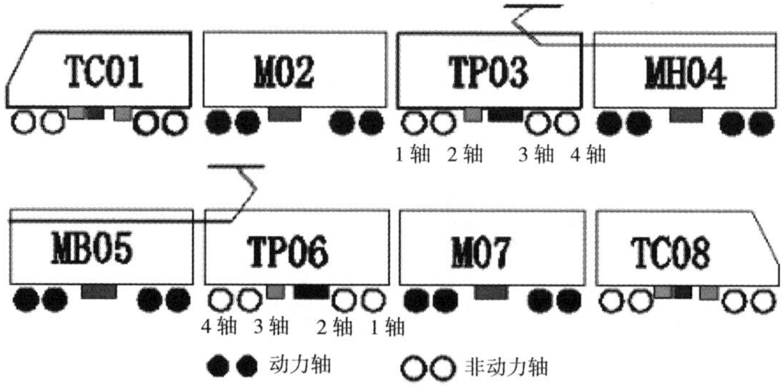

图 2-16
动车组运行接地点分布图

动车组采用交流供电系统，利用架设在TP03车（TP06车）受电弓从交流接触网接收50Hz AC25kV的电能，然后通过布设在车顶和车端的高压电缆将电能输送到装在TP03车和TP06车下的牵引变压器，变压器的副边给后续的牵引变流器、牵引电机等提供能量，驱动动车组运行。引变压器原边上的电流通过分布在变压器车（TP03车、TP06车）的2、3、4轴两侧的运行接地线和轴端碳刷将电流引入轮对，轮对和钢轨密切接触，将轮对上的电流传导到钢轨上，从而通过两根钢轨将运行接地电流回流至变电所。

标准动车组运营时，运行接地回流路径：牵引变电所→接触网→受电弓→动车组负载轮对→钢轨→牵引变电所。运行接地采用分散式接地有利于实现两个牵引单元的独立运行，在一个牵引单元出现故障时，另一个牵引单元可以独立运行，实现了两个牵引单元的冗余，有效地降低了列车牵引故障停车的概率，提高了动车组牵引传动系统的可靠性。其结构见图2-17。

图 2-17
动车组接地回流装置

四、受电弓

动车组由 8 辆编组、2 个独立的牵引单元组成，一个牵引单元包括 2 节动车加 2 节拖车（TC-M-TP-MH-MB-TP-M-TC）。每个牵引单元都装备有一个同类型的受电弓，安装在 TP 车上。

动车组安全运行的关键部件是受电弓，它是动车组从接触网上传递能源并获取能源的装置。受电弓安装在动车的顶部，在使用的时候会上升，与接触网接触，从接触网上获取电流，然后将电流从动车的顶部向动车的底部传送，使动车可以正常地运转。在动车组断电停止时，受电弓不会升起，而是贴在动车的顶部。

受电弓配备了一个压缩空气驱动的自动升降装置，当接触带破裂时，驱动装置将降低受电弓。受电弓所有功能以及监控通过各自的阀控制模块来实现。升起通过一个安装在控制阀模块中的电磁阀来实现。升弓时间通过输入电缆中的电抗设置。降弓时间、静态接触力以及自动升降装置中的压力开关的压力通过阀控制面板设置。阀控制模块所需的压缩空气由列车总风管（MR）提供，当列车整备时，辅助空气压缩机会被使用。辅助空压机为直流电机，电源直接由列车蓄电池供给，用于在全列无高压、无中压、无总风或压力低时升起受电弓。

受电弓是动车组与电流之间的衔接桥梁，受电弓的好坏会影响动车组在运行过程中的安全。现在普遍实现高速运营，对于受电弓的性能也提出了比较高的要求。对于受电弓容易出现故障的原因，做出相关措施。对受电弓定期的检测和故障处理，让动车组能够安全地运行。

1. 受电弓工作的基本要求

当单列动车组运行时，两个受电弓中的一个用于采集单相交流电。为了实现这个目的，两个受电弓（动车组的两个牵引单元）通过车顶电缆连接。在单列车运行过程中，两个受电弓的任何一个都具有相同的性能。

双牵引运行时，两个受电弓每单元各有一个升起。车顶受电弓的安装位置和两个受电弓之间的距离应以此来决定：确保双牵引中有一个好的集电弓，基于 200 mm 或更长距离的受电弓的配置。

在动车组重联时，两个受电弓被升起（每列车各一个）。在正常模式，单相交流电由动车组中优先使用的受电弓收集。受电弓的优先配置取决于列车配置（单列或重联）的列车逻辑控制，默认升起后弓。在发生故障的情况下，就会要求另一种配置工作，这样就要限制列车的最高运行速度。在故障情况下的最高运行速度决定相关接触网轨道中的运行情况。为了避免在运行时列车头部受空气涡流的负面影响，受电弓被安置在离两端车头足够远的距离。

采用单弓受流方式，每次只有一个受电弓工作（另一个受电弓不受流）。重联时，两个受电弓间距离为 200±7.5 m。接触网和铁轨之间的距离最小为 5150mm，最大为 6500mm，适用于 350km/h 的运行速度。图 2-18 描述了两列动车组重联运行时受电弓升起的原理。

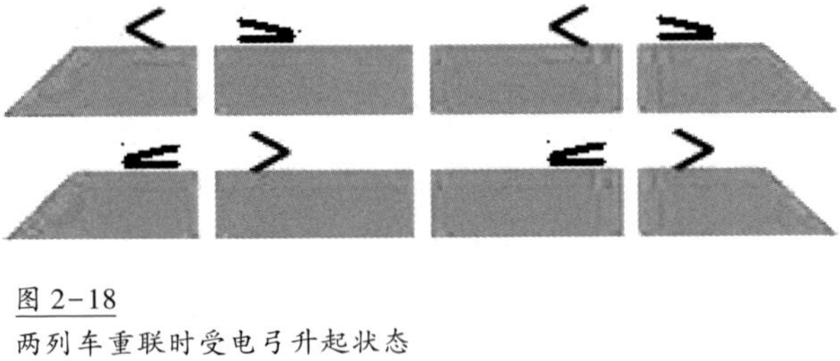

图 2-18
两列车重联时受电弓升起状态

受电弓从 AC25kV 接触网受流向列车供电，受电弓满足规定的车辆电气值（如静态额定电流、静态最大电流和运行额定电流）的要求。

受电弓通过底架固定在车顶上，形状与接触网适配，以确保在最大行驶速度下也能良好接触。任何运行方向都可使用受电弓。图 2-19 为受电弓在动车组上的位置和安装方向。

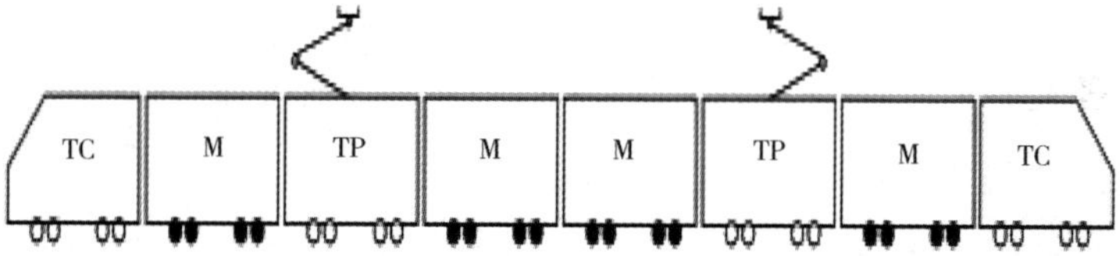

图 2-19
动车组两架受电弓安装位置及方向

2. DSA380 型双滑板单臂受电弓的组成

该型受电弓主要由底架、铰接系统、下臂、上臂、连杆、导杆、分流器、柔性件、集电头、接触带悬挂、接触带、弓头、气动提升机构等部件构成，见图 2-20。

整个受电弓安装在三个绝缘子上，并用适当的紧固件进行刚性固定。如果该支座绝缘子破损，可以很容易地更换。弓头由带两个托架的刚性构架组成，托架上装配有碳滑板。该构架悬挂在四个拉簧上并纵向装配在托架内。此外，两个横向弹簧安装在弓头和上臂之间，从而可以确保横向弹动。这种悬挂结构可使碳滑板构架在纵向上灵活移动，这样就能够缓冲纵向上的冲击，达到保护碳滑板的目的。

图 2-20
DSA380 型单臂受电弓

受电弓上装有一个气动提升系统，在压缩空气作用下气囊产生扭矩，通过凸轮及弹性连接轴作用在下臂的铰链处，从而使受电弓根据设定速度升弓，可确保受电弓正常的动态特性，保持与架空线之间的恒定接触压力。该气动提升系统可实现调整碳滑板与架空线之间的恒定接触压力。每辆车的气动升力（不同速度等级下的接触压力增加或减少）可以通过弓头翼片进行调整。

故障自动降弓装置（ADD）可通过压缩空气控制碳滑板的工况。如碳滑板磨损到极限或断裂时，可使受电弓迅速自动下降。气动提升系统和自动降弓装置可从气路中获得压缩空气，由压缩空气系统操控的气囊气缸可使受电弓抵住架空线。当压缩空气从气囊驱动装置中排出时，受电弓会受其自身重量影响而下移。技术参数见表 2-4。

表 2-4
受电弓技术参数

名称	额定参数
额定电压	AC25kV
额定电流	牵引运行时 700A
额定频率	50Hz
控制电压	DC110V
弓头宽度	1590mm
静态接触力	80N 可调
滑板工作长度	1250mm
距轨道面工作高度	5150~6500mm

3. 受电弓的控制原理

受电弓由气囊组成的气动平衡系统控制，该气囊的压缩空气由气动控制单元提供。在压缩空气作用下，气囊产生扭矩，通过凸轮及弹性连接轴作用在下臂的铰链处，从而使受电弓根据设定速度升弓。通过气动控制单元调整压缩空气的压力，在该压力作用下不断改变受电弓的升弓高度，使弓头和接触线之间保持一定的接触力。如果压力空气供应中断或者低压电源供应发生故障，受电弓会自动降弓。降弓的控制方式是随着气囊内的压力空气排空后，由重力作用自动实现。单臂受电弓的结构见图 2-21。

主要部件功能：受流头由带有弓头装置的铰链组成。该弓头具有为受电弓传递电流的功能，并允许在相互运动状况

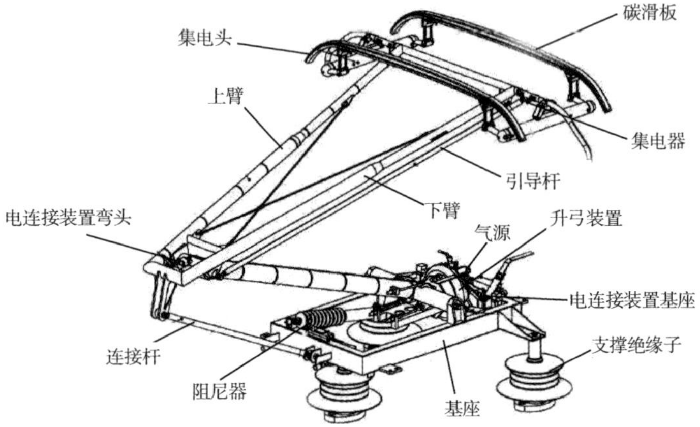

图 2-21
单臂受电弓结构图

下与接触网接触，见图 2-22。

平衡系统，见图 2-23，由气囊组成。气囊通过受电弓下臂的凸轮/弹性连接轴传递扭矩作用。该平衡系统的一侧安装在支架上，另一侧悬挂在下臂（在弹性连接轴水平上）的凸轮上。该系统要实现平衡联结，确保受电弓与接触网之间保持稳定的接触。

自动降弓装置（ADD）系统可以在由于受电弓滑板破裂、磨损到极限或管路发生泄漏时，控制管路中的压缩空气压力下降，控制管路与压缩空气输入管路之间产生正向压力差，即控制管路中的压力小于压缩空气输入管路中的压力，

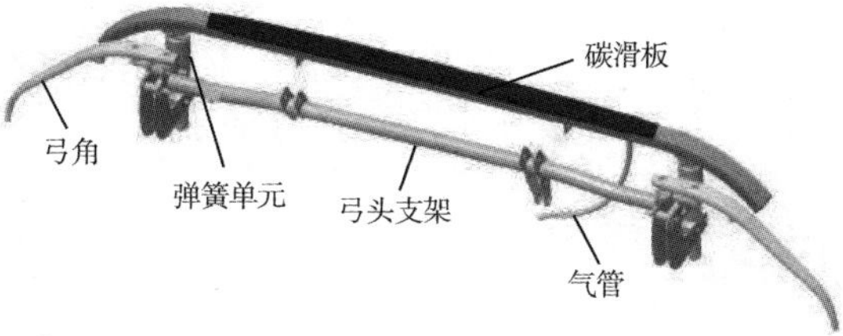

图 2-22
受流头

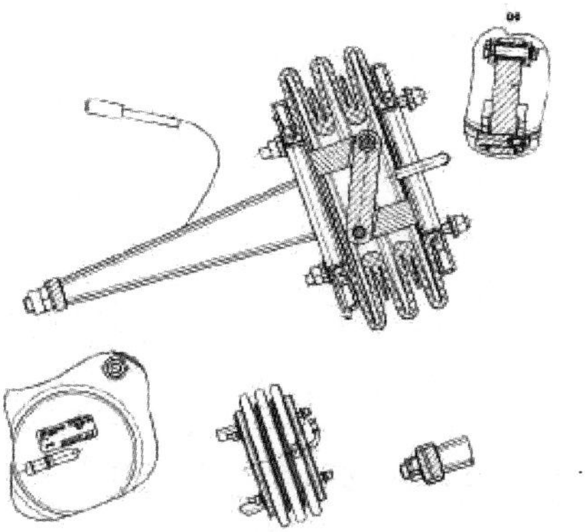

图 2-23
平衡系统

不足以使快排阀的换向阀处于关闭状态，则换向阀打开，气囊及管路中的压缩空气经过快排阀的换向阀的排气口排放到大气中。同时，带有触点开关的空气压力继电器将启动，通过列车控制监控系统（TCMS）可知管路系统中的压力下降，在受电弓与接触网脱离之前，切断主断路器，从而保证受电弓不会在带电负载的情况下从接触网线中迅速脱开，实现快速自动降弓。快速降弓气路原理见图 2-24。

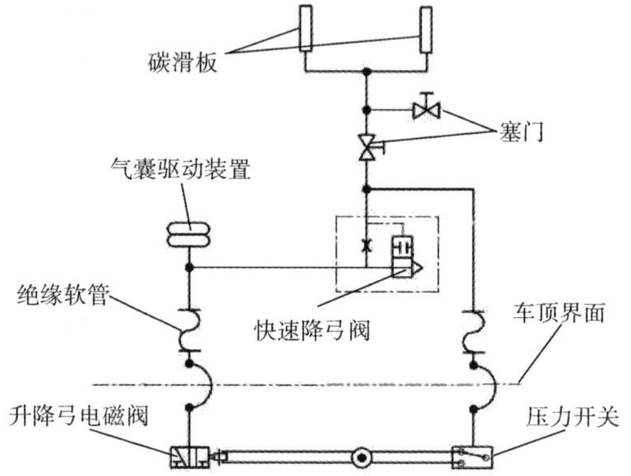

图 2-24
快速降弓气路原理

气动控制单元可实现受电弓升弓命令、受电弓升弓速度控制、受电弓降弓速度控制、在额定静力下控制气囊内压力、过滤气动控制单元的压力空气、在维护过程中命令受电弓升弓、提供受电弓升降弓信息。

4. 受电弓的操作

受电弓的升弓动作信号由驾驶室通过激活主供风阀来实现。此阀提供的过滤压缩空气通过压力调节器进入受电弓气囊。大约 8 秒之后，受电弓上升到接触网高度，同时压力继续上升，直到它达到需要的静态接触力的要求。此时，受电弓可以正常工作了。

受电弓是获取并传递电流的机械装置，受电弓由气囊组成的气动平衡系统提供动力，气囊内的压缩空气由控制系统控制。在气囊中的压缩空气作用下，扭矩通过凸轮及下拉杆传递到下臂的铰链处，使受电弓上臂和下臂抬升，从而实现升弓动作。

通过一个压力调节器调整压缩空气压力，使处于工作位置的弓头和接触线之间保持一定的接触压力。如果空气供应中断或者滑板磨损，ADD 系统开始工作，并排空气囊内的压缩空气，实现自动降弓。

受电弓的动态特性取决于与减震阻尼连接的两级悬挂。此系统能够保证高质量的受流性能。第一级悬挂由气囊完成功能。气动调节系统应确保气囊的压力恒定，并与受电弓的升弓高度无关。第二级悬挂由弓头弹簧实现功能。

受电弓的降弓动作信号由控制室内通过释放主供气阀而发出，通过该命令将气囊内的压力空气排出。受电弓开始向下移动，直至其完全降弓。列车正常运营时，每个高压单元仅升一个受电弓。升弓指令直接由列车控制监控系统（TCMS）采集。硬线电路设有升前弓、升后弓、降弓、紧急断电环路等列车线。

列车控制监控系统（TCMS）管理受电弓切除、受电弓选择、受电弓降弓控制、受电弓升弓控制、受电弓互锁功能、紧急驱动模式等功能。

受电弓控制阀板是受电弓的控制单元，通过电气信号控制启动阀实现需要的动作，同时将工作状态传递至列车主系统。表 2-5 为升弓控制阀板各针位定义表，图 2-25 为升弓阀板电气连接图。

表 2-5
受电弓阀板电气连接针位表

功能	名称	方向	引脚	描述
电源	+BATT	I	3	控制阀板电源（DC77-137.5V）
	-BATT	I	18	
升降弓命令	RISE	I	16	1=升弓，0=降弓
ADD 启动	FORCE_ ADD	I	9	1=ADD 启动，0=正常运行
严重故障继电器	MJRFAIL（a）	O	13	发生严重故障继电器断开
	MJRFAIL（b）	O	14	
ADD 压力开关 NO	ADD_ PS_ NO（a）	O	6	降弓或 ADD 启动电路断开，升弓时闭合，6 接正+BATT
	ADD_ PS_ NO（b）	O	7	
ADD 压力开关 NC	ADD_ PS_ NC（a）	O	4	降弓或 ADD 启动电路闭合，升弓时断开，4 接正+BATT
	ADD_ PS_ NC（b）	O	5	
控制器位置信息	COD	I	15	未使用
备用 1	SPARE	I	8	
无连接			10 11 12 17	

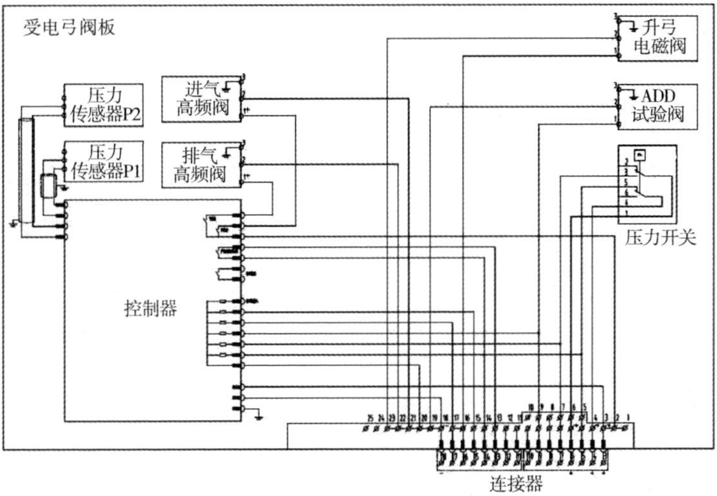

图 2-25
受电弓阀板电气连接图

5. 受电弓控制板校正

在受电弓第一次安装到牵引系统上或者更换电气控制单元时，必须执行该步骤（受电弓静态接触力必须已经调整完毕）。

该操作只能列调时完成，须在受电弓静态接触力已经良好调整后进行。具体步骤：受电弓控制阀板调整开始；HMI屏显示在调整开始时受电弓必须降弓且在最低点；推动司机室升弓开关，显示升弓命令发出，受电弓开始升弓；等待调整过程，调整已完成；司机室降弓，受电弓降弓指令发出后，受电弓降弓；受电弓控制阀板调整成功，该受电弓控制阀板完成校正。

五、 空调机组

空调机组分为客室空调系统和司机室空调系统，担负着各车厢内采暖、通风、空气调节的作用，以满足车内环境的舒适性要求。它可通过使用制冷剂 R-407C 实现良好的通风、供热和制冷功能，而置于车顶的空调机组是整个系统的核心部件。

为了有效地解决铁路应用方面的特殊情况，空调系统（HVAC）由多种必需元件组成，并具有下列特征：安全可靠的性能；重量轻，坚固性强；便于维护和清洗；噪声小，防震。

1. 空调机组的构成及其制冷方法

空调机组安装于车辆顶部。每个空调机组都有两个不同的 R407C 制冷回路和两个冷凝风扇。

动车组暖通系统主要元件有：1 台单元式空调机组、1 个控制面板、1 个废排单元、1 套地板加热器、1 套连接器插头/插座、1 套顶部风道、1 个紧急逆变器、1 套压力波动监测系统（仅用于端部车厢）、1 套温度传感器。

2. 空调机组的元器件

空调机组为单元式，每台客室空调机组由 2 台活塞式压缩机、2个冷凝器、2台冷凝风机电机、2个干燥过滤器、2个压力开关、2台蒸发器、2个电加热器、2台离心式通风机、1个风压传感器、2个空气过滤器、2个视液镜、2个新风气动阀、2个电磁阀、2个膨胀阀、1个供风温度传感器、1个外温传感器组成。

冷凝风机见图2-26。由三相交流异步电动机带动的风扇可使冷凝器快速散热，冷凝器风扇导流圈上装有防冻温度传感器，避免外界温度低于零度时冷凝风机启动受损。

图2-26
冷凝风机和冷凝器

通风机（蒸发器风机）见图2-27。由三相交流双速异步电动机带动离心风扇构成的通风机位于机组的左右两侧，将冷风/暖风强迫送入客室内。两个通风机的出风口处各自设有电动阀门，在一个通风机故障时可以关闭相应的阀门，

图 2-27
通风机

避免送风旁通回机组。

电加热器见图 2-28。空调机组内设置 30kW 电加热器，分成两路进行控制，每路功率为 15kW。空调机组内的电加热器设通风机、电加热器电路互锁保护和风压开关保护，保证在空气流通正常的情况下才能启动电加热器。电加热器设置两级超温保护：一级为可自动复位的超温保护，二级为熔断式需人工复位的超温保护。

图 2-28
加热器

辅助加热器加热功率为 1kW，采用 90℃可复位、150℃

不可复位温度保护器，风扇电机设置35℃温度保护开关，见图2-29。

风道加热器加热功率根据各区域需求选定，加热器采用断开65℃自动复位的一级温度保护，109℃断开后需手动复位的二级温度保护，见图2-30。

图2-29
辅助加热器

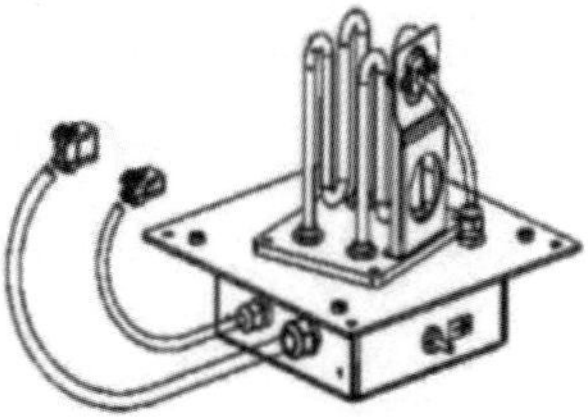

图2-30
风道加热器

3. 温度控制功能

空调系统装设多个位置温度传感器，用于采集温度数据。温度传感器包括：客室温度传感器、回风温度传感器、送风温度传感器、新风温度传感器、废排温度传感器（车厢内端部排风口处）、卫生间温度传感器、乘务员间温度传感器、机械师室温度传感器。

自动模式下，温度传感器温度信号发送给空调控制器，控制器对相应的元器件发送指令，并使其动作，来控制车内温度。

列车控制屏上设置控制客室温度的调节功能，可以对设定温度做±2K的温度调节。

空调系统具有自动、停止、制冷、通风、加热、紧急关闭、应急通风7种工作模式。当空调处于自动位时，空调系统将自动调节正常的通风、采暖或制冷三种模式。

在司机室电器柜内设置全列空调手动开关，该开关通过硬线与各车空调控制器连接。当列车网络故障时，允许司机启动该开关对各车空调进行控制，但空调只能在本车控制器控制下、在半载及半载以下工作。此时，全列空调负载的顺序启动控制由空调控制器做延时完成，逐个单台起动。全列空调开启只能在司机钥匙开启的情况下工作。当列车网络正常时，如果出现人为误操作致使司机室电器柜内全列空调手动开启，各车空调控制器识别司机室控制屏的控制优先于司机室电器柜内的全列空调手动。

当电源接通，各车空调系统工况选择旋钮在自动位时，空调系统自动运行。温度的设定值曲线需存储在空调的控制系统中。由于启动电机时会产生瞬时峰值电流，各电机采用交叉启动的方式。

空调系统的“空调紧急关闭”模式在紧急情况下由操作者手动操作，也可以通过人机界面操作。

“空调紧急关闭”模式可以通过烟火报警系统启动。在着火的情况下，为了阻止烟雾通过风道蔓延，所有风机、压缩机和加热器在“空调紧急关闭”模式下都被关闭，在没有延时和预警的情况下，列车中央控制单元（CCU）将所有的AC380V 电源切断。

烟火报警由列车网络通知控制器执行关闭功能。在非烟火报警引起的“空调紧急关闭”情况下，通风机做 30s 延时通风，这样是为了防止由于过热而导致空调系统部件或邻近零部件遭到破坏。同时须保证机组自身加热元件发热、余热带来的影响在安全范围内。

空调系统的“应急通风”模式是在列车无中压 AC380V 供电时由蓄电池供电的应急通风功能。应急通风时，由应急逆变器给客室废排风机、司机室空调机组送风机供电。在司机室电器柜内设置全列空调应急通风手动按钮开关，也可以由列车中央控制单元（CCU）判断辅助供电工作情况进入。

空调系统的“洗车”模式是在列车进行洗车时的一种工作状态。在司机室控制屏上点击列车洗车模式，该模式下各车机组新风口关闭，废排单元排风口关闭，空调工况转入通风，进行内循环。如果加热器正在工作，则断开加热器并继续启动通风 1 分钟，关闭整个系统，然后通过 MVB 发送信号“洗车准备好”。

客室加热器采用分路控制。空调机组 2 路，一位端通过台 1 路，二位端通过台 1 路，风道再加热器 1 路，每个卫生间各 1 路，乘务员室 1 路，机械师室 1 路。单车的 4 个通过台风扇加热器，一、二位端各 2 个。一位端的 2 组加热器并联为 1 路，与二位端的 2 组加热器为 1 路，每路风扇加热器可根据温度反馈分别控制。空调机组内电热器分 2 路控制（15+15kW）。

4. 客室空调系统的组成

客室空调系统由空气混合箱、供风管道系统、废排风道系统、回风管道系统等组成，见图 2-31。

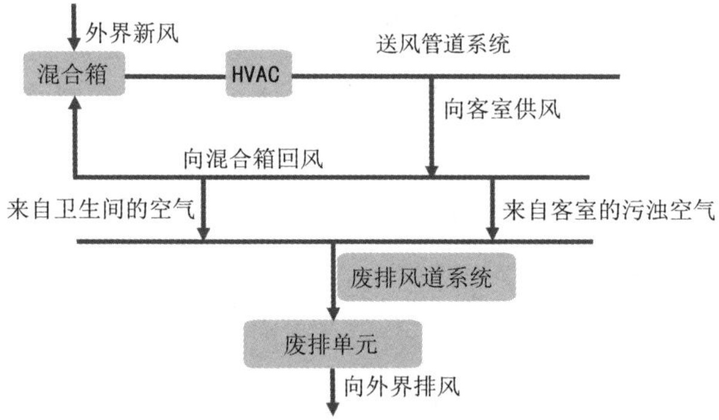

图 2-31
循环通风示意图

混合箱安装于空调机组两侧，将调控好比例的回风和新风送给空调机组。混合箱新风口上设有两个气动风门用于压力波保护和调节新风口进风量大小，见图 2-32。外界空气经过新风格栅向混合箱内供应新风，电磁阀可控制气动装置在 0.15s 内关闭格栅。正常工作时外界新风可通过格栅进入混合箱，当列车通过隧道时，气阀控制关闭新风格栅，避免由于压力变化给旅客带来的不舒适感。见图 2-33。

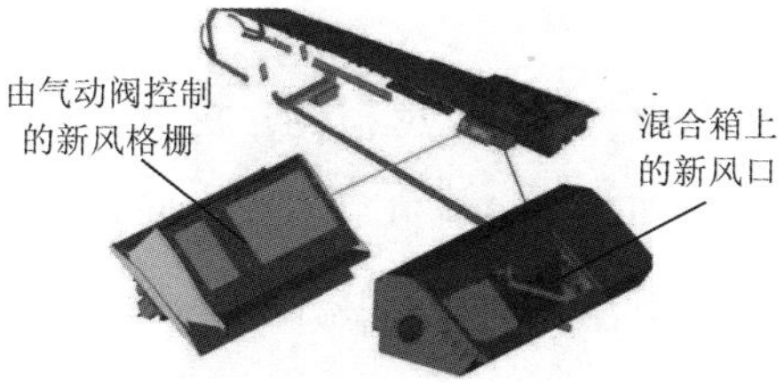

图 2-32
混合箱示意图

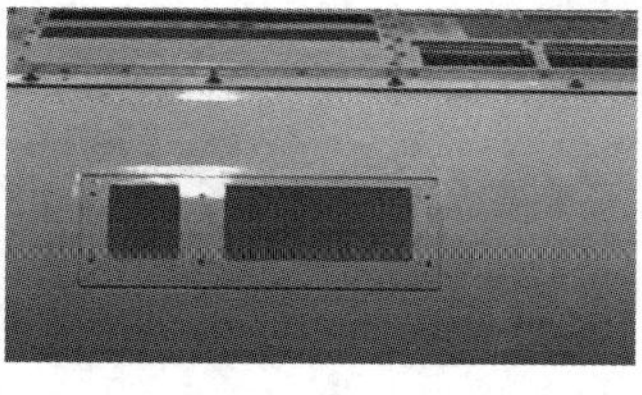

图 2-33
新风格栅和安装位置

供风管道系统见图 2-34。空调单元的主供风道安装在天花板上部，为了降低噪声，在管道的第一部分设计消音器。经过消音器后的供风管道在横截面上分成三部分，中间风腔输送的风量通过多孔天花板通道排向客室内，两侧风腔与分支风道相连，可将风量送到窗口和座椅区域。

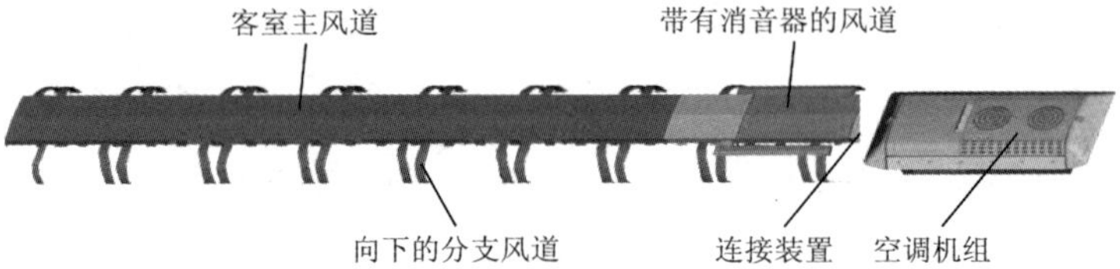

图 2-34
供风管道系统

为避免管道内的热风压力损耗，在制暖时所需总供风量比制冷时要少。即制暖时新风量不变，回风量减小。在不同季节充分利用热对流原理使冷暖风按比例分流，为此在消音风道安装电动风门。

废排风道系统见图 2-35。废排风道设置在车内两侧墙下部，可直接将客室内的污浊空气排出卫生间和 PIS 柜，厨房通过软管道与两侧的废排风道相连，废排系统的排风量与引入混合箱的新风量相同以维持循环压力平衡。安装于车下的废排单元将来自废排风道的空气排出，车外每个单元都设有排气风扇和用于压力波保护的关闭风门，并且它们都各自带有独立的应急通风逆变器。

压力波保护装置见图 2-36。空调系统中由于新风口和排风口的存在，使列车在运行过程中并不能真正实现“完全

图 2-35
废排单元

密封”。当两列车相对开过或列车经过隧道时，都将造成车内空气压力的剧烈波动。为避免压力波动对乘客产生不舒适感，列车设置了压力波保护装置。在头车两侧设有压力感应设备，当头车空调控制单元 K20/K21 接收到压力波信号时，发出指令信号使各车的新风门和废排风门关闭。

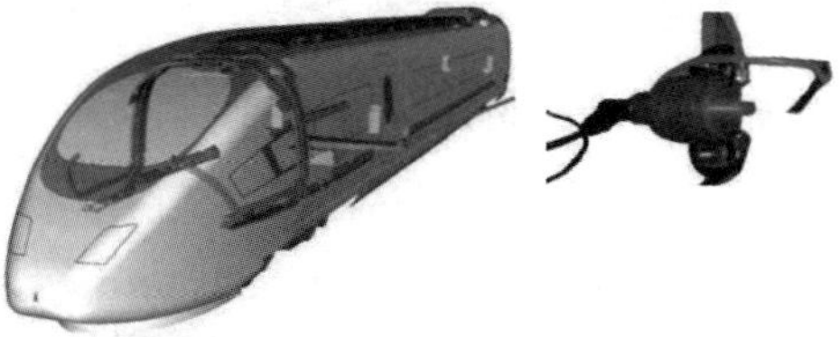

图 2-36
压力波保护装置

应急通风。当列车无中压供电时，为保证客室空气流通，将启动应急通风功能。应急逆变器是一个车载逆变器，在紧急情况下调节车内的空气（没有来自接触网的外部电源）。应急逆变器由蓄电池供电，可将直流电转换成三相的交流电，以便驱动空调单元内的送风机运行。

六、 主供风单元

主供风单元为动车组制动系统、空簧、卫生间、塞拉门、受电弓、主断路器、空调、废排、撒砂装置、轮缘润滑和风笛等设备提供压缩空气，所提供的压缩空气应干燥、清洁，满足各用风设备的用风需求。

主供风单元采用电动螺杆式空气空压机和双塔干燥器，可以长时间持续工作。主空压机通过车载辅助变流器由接触网设备提供电能。

1. 供风设备的组成

主供风设备主要由空气入口系统、空气压缩机组、油分离器、具有防冻功能的冷凝水收集箱、加热装置、双塔干燥器和电气连接器等部件组成，主供风单元不设置外接风源接口。主供风单元配有小时计数器、油位指示器和真空指示器。动车组总风最大压力为1000kPa，正常压力范围为800~950kPa。当救援或回送时总风管风压为600kPa。

压缩机组布置于列车M02车和M07车下，用于为整个列车提供所需的压缩空气。压缩机单元结构见图2-37，技术参数见表2-6。

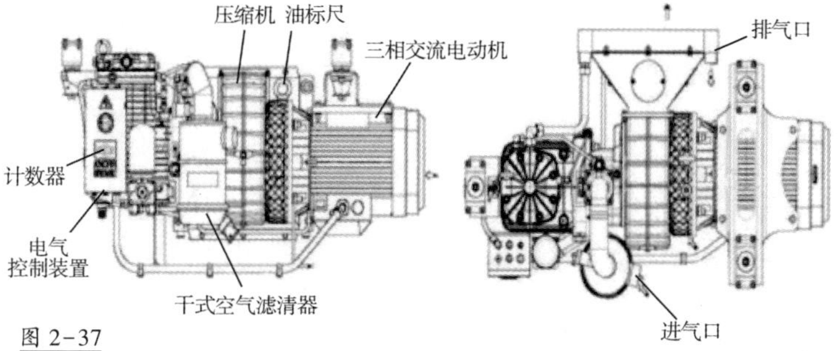

图 2-37
压缩机单元结构

表 2-6
空气压缩机技术参数

名称	特性
结构类型	双轴旋转式压缩机（压出机），带喷油冷却
	副转子直接被驱动
压缩	连续，单级
出口压力	$P2_{最大}=12$ bar $P_{额定}=10$ bar
冷却	喷油
	通过安装的冷却器进行油冷却和压缩空气的二次冷却
接通频度	最多每小时启动 30 次

2. 工作方式

压缩机组为间歇工作而设计。总风管的（MR）的压力状态是通过压力传感器（B02F06.10）传送至制动控制装置（B02B01）上，并由此打开和关闭压缩机。空气的压缩为单级压缩，几乎没有脉动。在压缩过程中，通过油进行润滑、密封和散热。这个过程可避免产生过多的油泡沫。在内部压力较低的情况下，压缩机组在大约 6 秒后才能再次启动。

在正常模式控制方式下，当总风管（MR）压力值≤8.0bar 时，单列时主控端牵引单元内的空压机为首选空压机启动，重联时主控车的主控端及从控车的重联端牵引单元内的空压机为首选空压机启动；当总风管（MR）压力值≥9.5bar 时，所有空压机关闭；当总风管（MR）压力值≤7.8bar 时，单列时两台空压机同时激活错开启动，重联时四台空压机同时激活错开启动。

当电子制动控制单元（EBCU）发生故障时，空压机可通过压力开关控制启动，保证系统安全。当总风管（MR）压力值≤7.5bar 时，直接控制本车主空压机启动。当总风管（MR）压力值≥9.5bar 时，压力开关控制空压机停止。

装有空压机车辆的电子制动控制单元（EBCU）将本车检测的总风管（MR）压力通过列车网络传送到头车主控电子制动控制单元（EBCU），由头车主控（EBCU）通过列车网络统一控制主空压机的启停。

七、避雷器

1. 避雷器作用原理

避雷器能释放雷电或释放电力系统操作过电压能量，

保护电气设备免受瞬时过电压危害，又能截断续流，不致引起系统接地短路。避雷器通常接于带电导线与地之间，与被保护设备并联。当过电压值达到规定的动作电压时，避雷器立即动作，流过电荷，限制过电压幅值，保护设备绝缘；电压值正常后，避雷器迅速恢复原状，以保证系统正常供电。避雷器有管式和阀式两大类。阀式避雷器分为碳化硅阀式避雷器和金属氧化物避雷器（又称氧化锌避雷器）。

避雷器通常接在导线和地之间，与被保护设备并联。当被保护设备在正常工作电压下运行时，避雷器不动作，即对地视为断路。一旦出现过电压，且危及被保护设备绝缘时，避雷器立即动作，将高电压冲击电流导向大地，从而限制电压幅值，保护电气设备绝缘。当过电压消失后，避雷器迅速恢复原状，使系统能够正常供电。避雷器的作用是通过并联放电间隙或非线性电阻的作用，对入侵流动波进行削幅，降低被保护设备所受过电压值。

2. 浪涌避雷器

动车组安装有浪涌避雷器，一个动力单元 2 个，全列共计 4 个。安装于受电弓右后方的避雷器用于保护列车以及后段的电气系统，防止过压通过接触网进入列车（如闪电过压）；安装于主变压器原边的避雷器用于防止主变压器中不

图 2-38
车顶避雷器

能承受的开关电压。浪涌避雷器上出现的故障（短路），由车载诊断系统通过电流互感器在相关断路器打开的情况下读取，避雷器的外形参见图 2-38。

车顶避雷器与变压器避雷器参数相同，见表 2-7。

表 2-7
车顶避雷器、变压器避雷器的主要参数

规范		备注
额定电压	37kV	
持续运行电压	30kV	31kV 持续 5 分钟
标称放电电流峰值	10kA	
在 8/20 s 下的最大剩余电压	100kV	
压力放电	40kA	

八、 牵引变压器

牵引变压器是动车组的重要组成部分，是一种固定变压比的单相变压器。由受电弓接收的能量通过主断路器供给牵引变压器的初级绕组，将电压改变 1850V 交流，用于牵引变流器供电（4 象限斩波器输入电路）。主变压器设置有原边绕组过流、次边绕组接地监控和保护，同时安装有监控冷却液流动的油流继电器以及监控冷却液温度的温度传感器。

牵引变压器的器身放置在一个钢制的带有箱盖的箱体里，箱盖通过焊接固定在箱体上。油箱（储油柜焊接在主油箱上）被安装在列车车体下方。变压器配备主要设备有1个冷却单元、2个双速冷却风机、1个循环油泵、1个高压端子、5个低压端子、1个注油/排油 DN32 球阀（安装在箱体上）、1个单开关的压力释放阀、1个油流继电器、1个油位指示器（可视玻璃管用于检查油位）、3个 PT100 温度传感器、1个油位探测器、5个蝶阀，见图 2-39。

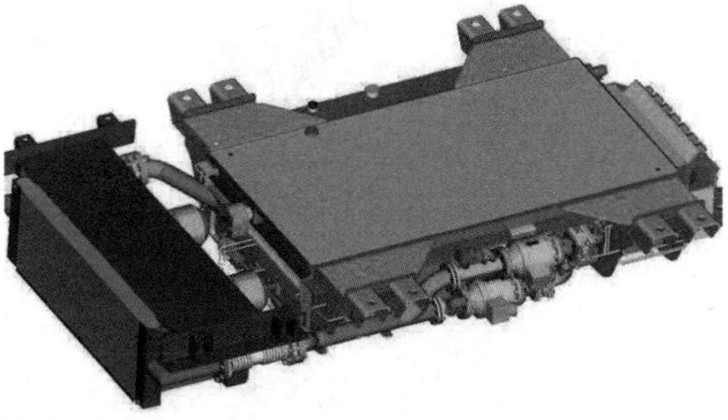

图 2-39
牵引变压器

1. 牵引变压器的内部结构

变压器采用芯式卧放结构。内部结构主要由铁芯、线圈构成的器身和引线等组成，外部结构主要由油箱、储油柜、冷却系统及组件等几部分组成。

内部铁芯磁路为芯式结构，由两个芯柱旁轭及两个矩形铁轭组成，采用冷轧晶粒取向硅钢片叠积而成，片间有耐热的绝缘涂层。芯柱采用多级近似圆形的截面，为了适应卧式安装的要求，上下铁轭硅钢片冲孔并用穿心螺杆紧固，芯柱使用苯乙烯塑料绑带绑扎，使之成为一个结实的刚体。见图2-40、图2-41。

图 2-40
铁芯叠积图

图 2-41
铁芯装配图

线圈为层式结构，A 级绝缘等级，线圈有两柱，每柱有 2 段绕组，每段绕组都有由高压绕组、滤波绕组和牵引绕组组成的线饼，每个牵引绕组中都有它自身对应的高压绕组，每个变压器共有 4 段绕组。从里到外的顺序：牵引绕组、滤波绕组及高压绕组。线圈的绝缘部分由板材制成。每个绕组带有轴向的同心油道，这些油道用于优化冷却效果。绕组的定位是通过准确的端环来保证的，这样可以减少轴向短路作用力。为满足高阻抗的要求，线圈采用分裂式结构，所有线圈之间均采用退耦布置，四个牵引绕组分别对应四个高压绕组，见图 2-42。

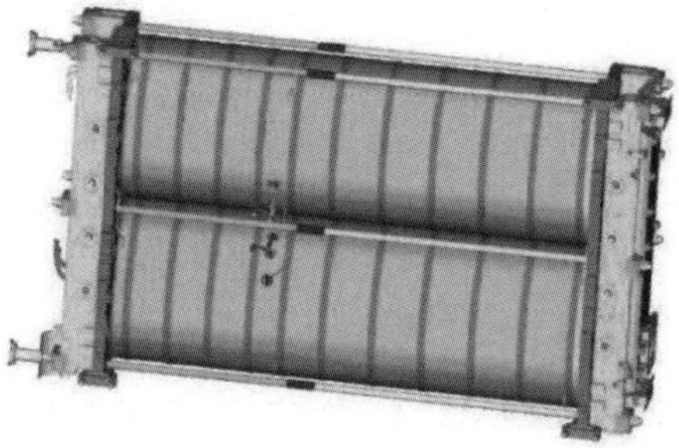

图 2-42
绕组布局图

2. 牵引变压器的外部结构

牵引变压器的外部结构主要包括油箱及储油柜，主变压器采用车体下安装形式。它是一个钢制的焊接油箱。油箱在真空充油过程中能够承受一定压力。由于变压器要求大容量、小体积，同时还承受运行方向纵向 3g、横向 2g 的加速度。因此，对变压器油箱最主要的要求是应具有足够的机械强度。在设计过程中，对油箱和箱盖进行了油箱承受 76kPa 的密封和压力试验，以及添加加速度后变压器的受力变形情况。钢板材料要求耐低温及高强度，几块不锈钢钢板焊接在箱壁上以切断高电流端子的磁场效应。箱盖直接焊接到箱体上，在箱盖上有一个排气孔，在油箱的下部固定有注油阀。油箱通过一个过压阀来保护。打开过压阀时，通过一个内部连接管减少溢油量，这个管位于箱盖下面。油箱喷涂共有三层，最里层喷涂 50 微米的环氧漆，中间层喷涂 50 微米的聚亚胺酯，表面喷涂 50 微米的聚亚胺酯。储油柜侧面放置变压器的一侧。

牵引变压器的附件主要有：冷却器、油泵、油位指示器、压力释放装置、开口铁芯电流互感器、电火花放电器、PT 100 铂电阻、36kV 630A 高压 HV 端子、低压牵引端子、N 端子、吸湿器，见图 2-43。

图 2-43
牵引变压器结构图

3. 牵引变压器具有过流监控和保护功能

见图 2-44，变压器的流入和流出侧均设置电流互感器，当发生变压器过流或差流故障时，通过断开主断路器对主变压器进行保护。

牵引变压器采用强迫导向油循环风冷方式，设有冷却油

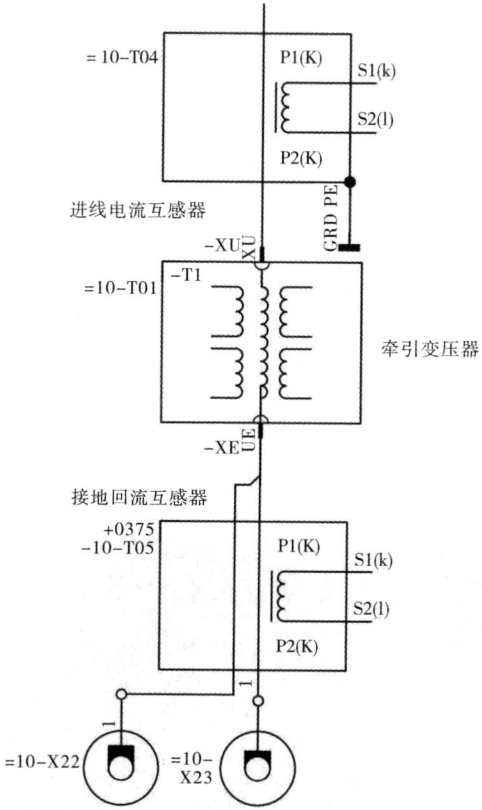

图 2-44
牵引变压器差流检测

温、油循环流动状态等监控保护装置。

（1）牵引变压器采用设置气体保护装置，双浮筒瓦斯继电器用于监控带存油器的油浸电气设备。继电器中的触点机构对局部放电、漏电或局部过热而产生气体；由漏泄造成的油损失；剧烈电弧时大量气体快速演变造成的压力波动等情况做出响应。

变压器油流保护。列车控制监控系统（TCMS）通过检测变压器的温度和油流情况来判断是否进行在没有油流的情况下温度过高保护。变压器油流状态通过油流继电器辅助触点状态体现。当油泵启动管路中有油流流动时，油流继电器辅助触点动作，表示油流继电器辅助触点动作。油温小于20℃时，油流信号不被网络采纳。油温大于20℃未检测到油流，则在油温达到60℃后触发油流保护。油流传感器和油温传感器见图 2-45。

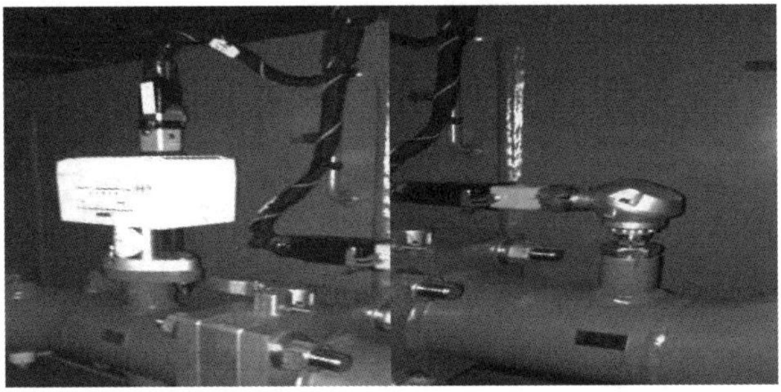

图 2-45
油流传感器和油温传感器

（2）变压器的油压保护。当变压器内外存在 0.8bar 压力差时，过压阀会动作，激活继电器。列车控制监控系统（TCMS）通过检测继电器辅助触点状态来判断是否进行过压力保护，1 表示过压力保护激活，见图 2-46。

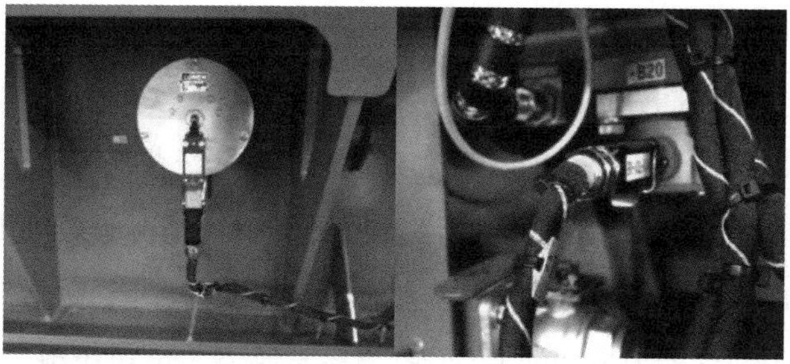

图 2-46
油位传感器和油压传感器

（3）列车控制监控系统（TCMS）通过检测变压器的进出口油温情况来判断是否进行温度保护。由于变压器绕组是 A 级绝缘，因此变压器油允许的最高温度不超过 110℃。变压器油温低于 98℃时，牵引按 100% 功率输出，油温大于 98℃小于 105℃时，牵引输出功率减至 70%；油温大于 105℃小于 110℃时，牵引输出功率减至 50%；温度达到 110℃时，牵引不再输出功率，仅辅助运行。

（4）牵引变压器的快速保护和慢速保护均可导致切除。同时在显示屏上也可以对主变压器进行切除，操作切除的前提条件是司机台激活和主断路器断开。

九、 牵引变流器

在动车组高压电路中，经受电弓、主断路器、牵引变压器将牵引变流器连接到单相25kV/50Hz供电线上，用单极断路器将变压器次级线圈与牵引变流器分离，通过预充电单元（在接通期间）和两个并联四象限斩波器（4QC）模块，每个模块为一个半桥，给中间直流环节电压回路供电。中间直流环节电容器、谐波电路、接地故障装置和保护模块位于中间直流环节内。经脉冲变换器将中间直流环节电压能量传递至三相变频脉冲输出电压，给三相异步牵引电机供电。

牵引变流器安装在动车组动力车车下的牵引设备箱中，见图2-47。每一个牵引变流器由2个四象限斩波器（4QC）、带谐振电路的中间电压电路、1个制动斩波器（BC）以及1个脉冲宽度调制逆变器（PWMI）组成。牵引变流器的输入线路接触器由列车控制单元（TCU）控制，见图2-48。在中间直流回路充电完成后，牵引控制单元（TCU）根据检测到的牵引变流器状态（包括冷却水温、水压、模块状态等），在无故障的情况下，启动整流模块，维持中间直流回路电压稳定在额定值，并根据列车控制监控系统（TCMS）的辅助变流器启动指令、启动辅变模块，并实现辅变的并联运行，接收到司控室的牵引/制动指令后，启动逆变器模块，实现列车的牵引/制动运行。

1. 四象整流器

整流器包含两个并联的四象限斩波器。每个四象限斩波

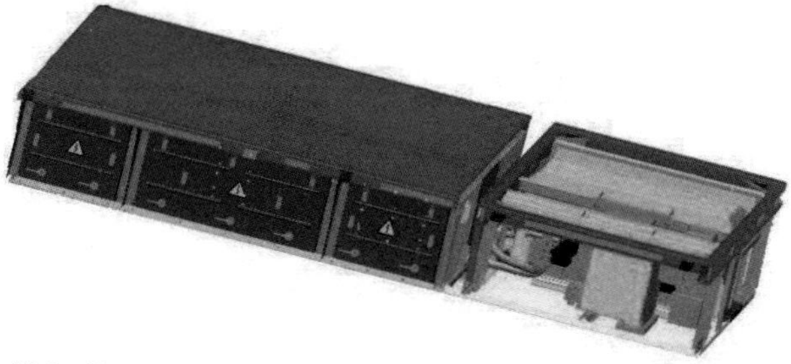

图 2-47
牵引变流器+冷却单元三维图

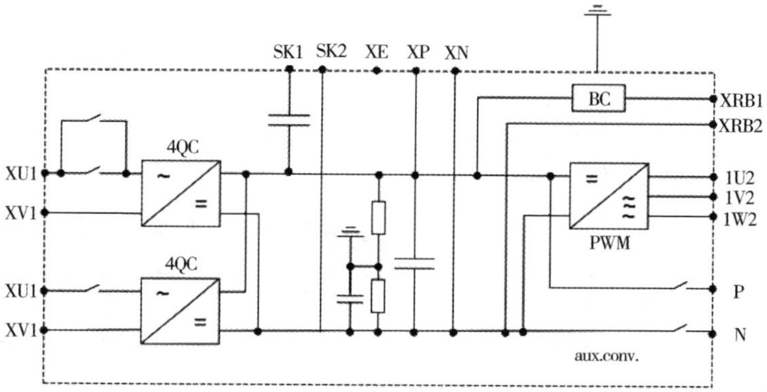

图 2-48
牵引变流器电气框图

器都包含两个整体半桥臂的相位模块。四象限斩波器的任务是通过将各种单相输入电压转变为中间直流环节的直流电压，控制主链路和中间直流环节之间的能量流。主要参数见表 2-8。

表 2-8
四象限斩波器主要技术参数

名称	参数
IGBT 规格	6500V/750A
额定输入电压	AC 2×1850V
额定输入电流	2×869A
额定输出电压	DC 3600V
最大开关频率	350Hz
效率	约 98%

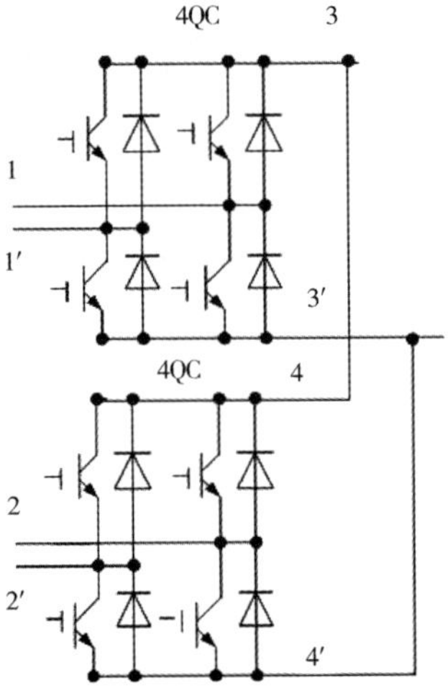

图 2-49
四象限整流器电路

4QC 的结构电路如图2-49所示，与 1、1′和 2、2′两端相接的是主变压器次边，其电压是 AC1850V，车辆正常运行时，四象限斩波器可根据牵引机的转速，将 3、3′两端电压调节至 3.3 kV DC 和 3.6 kV DC 之间的某个值。四象限斩波器的四个象限描述了牵引驱动装置的输入电路。它可执行以下双重功能：

在牵引阶段，它可通过高压线路从 1、1′和 2、2′两端拾取能量（通过主牵引变压器）

并以恒定电压供电。

在牵引阶段，四象限斩波器将暂时执行“整流器”功能，然而存在一个高功率因数和一个低谐波含量。先可通过在线电压和拾取电流（无功功率实际为零）之间施加一个移相（几乎为零）来满足这两个条件，因此，高换向频率将减小，返回至高压线路的谐波振幅。

在电制动阶段，4QC 暂时执行“逆变器”功能。它可收集由牵引电机（作为发生器运行）产生的能量，并通过主牵引变压器反馈至高压线路。

2. 中间直流环节电容器

中间直流环节电容器亦称为支撑电容，是一个平滑并缓冲中间直流环节线电压的储能电路。因为在短时间内能量的输入和输出是不相等的，因此这是必需的。为此，也可以说电容解耦来自负载的电源。每个变流器的中间直流环节电容电池由 4×0. 75mF 电容器构成，总共 3mF。

3. 限压斩波器和限压电阻

限压斩波器和限压电阻构成过电压限制回路。限压电阻放置在牵引变流器内部。因此，在牵引变流器中仅安装 IGBT 模块。在再生制动时，来自电机的能量将提供给中间直流环节。当电制动所产生的能量不能被接触网吸收时，限压电阻器会及时将这些能量转换成热能，见图 2-50。

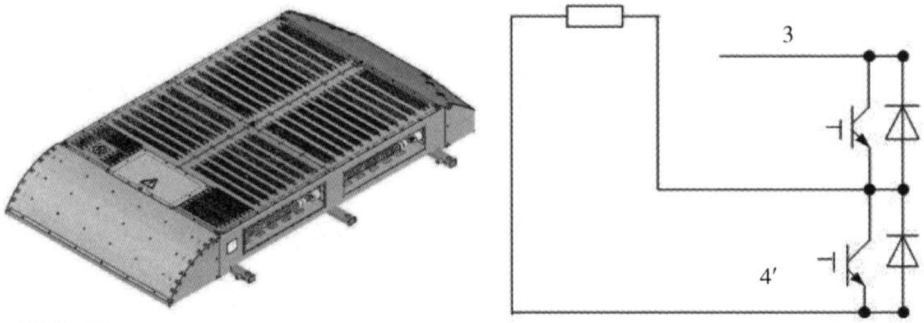

图 2-50
斩波器和限压电阻

4. 脉冲宽度调制逆变器（PWMI）

脉冲逆变器包括一个全控桥，在每个模块上都带有一个续流二极管。在三个输出端子处，逆变器提供给四个牵引电机供电的三相电压系统，见图 2-51、图 2-52。脉冲宽度调制逆变器可以设定电压振幅和频率，IGBT 可以描述为用非常高的频率开关的电子开关。这允许三个输出端子按要求与中间直流环节电压的正极或负极相连接。选择开关状态以便在电机绕组中获得正弦电流，可以通过时钟脉冲运行 IGBT 降低输出电压的 RMS 值。

在制动运行期间，电机轴上的扭矩方向与旋转方向相反，电压和电流有较大的相偏移。通过提供基本电压，脉冲逆变能加强电压和电流之间的此相偏移。输出电压范围为 0～2800V；基波输出频率（驱动/制动）为 0～200Hz；IGBT 最大开关频率为 460Hz；牵引运行时的最大输出电流为 1×

1000A（3 相有效值）。

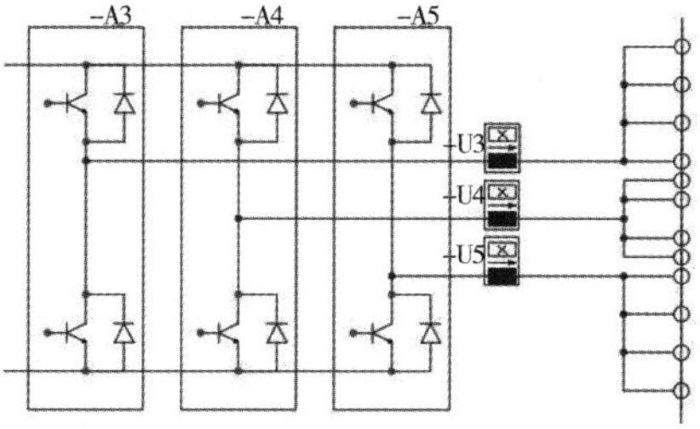

图 2-51
PWMI 电路图

图 2-52
PWMI 实物

5. 电压和电流传感器

牵引控制器（TCU）通过电压和电流传感器监测牵引变流器的运行，并在牵引和电制动阶段调节牵引电机的输出转矩，见图 2-53。

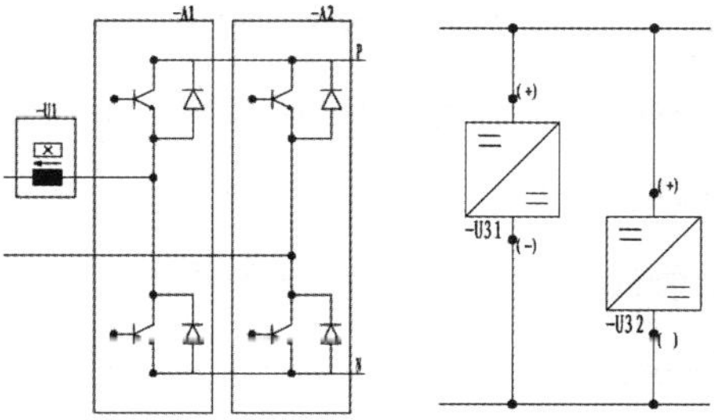

图 2-53
电压和电流传感器

6. 救援回送装置

当列车救援回送时，列车被拖拽行驶速度大于 55 公里/

小时，救援回送装置被激活，将 DC110V 在短时内升高到 DC600V，供给牵引电机励磁，同时逆变器和牵引电机进入再生发电工况，使中间回路电压升高，输出给辅助变流器，使其启动工作，从而实现给列车辅助系统供电。

7. 工作过程

牵引变流器接收主变压器的 AC1850V 电压（1V、1U）→预充电开关 AK→预充电电阻 ACH（R8）→4QC1→直流电压给中间直流环节电容 FC 充电，达到要求后主接触器 K1、K2 闭合，预充电开关断开。此时（1V、1U）和（2V、2U）→K1、K2→4QC1、4QC2→DC3000V（中间直流环节）一部分→AuxK1（输出接触器）→辅助变流器。DC3000V（中间直流环节）另一部分→PWMI→AC（0～2800V）→牵引电机，其中 DRE1、DRE2 和 FC 组成了谐波吸收器。谐波吸收器是谐振电路，由电容器和一个外部扼流圈构成（不在牵引变流器的内侧），其分两次过滤由线频率输入电压能流导致的中间直流环节中的波动。它作为二次侧线频率的串联谐波电路。如图 2-54 所示，DRe、GRe、GCT 组成了接地故障探测器，在出现接地故障 15s 后，逆变器会被封锁。如果这仍不能终止接地故障，整流器和直流电路辅助输出电源会被封锁。图 2-54 为牵引变流器内部框图。

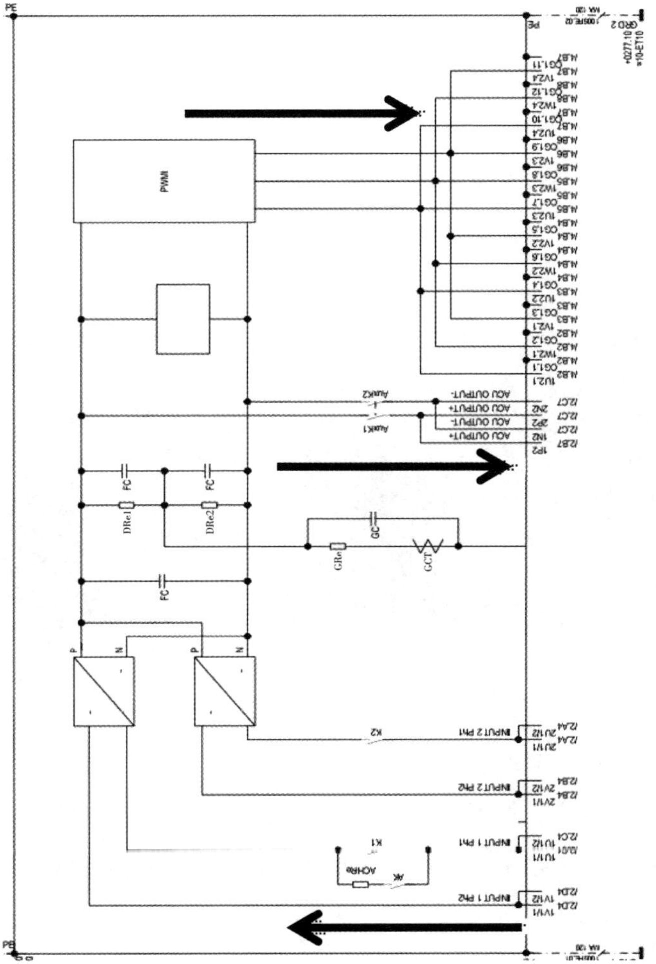

图2-54 牵引变流器内部框图

第二节

动车组的主要气动元件

一、模拟转换器

模拟转换器由制动电磁阀、缓解电磁阀、压力传感器组成，见图 2-55。

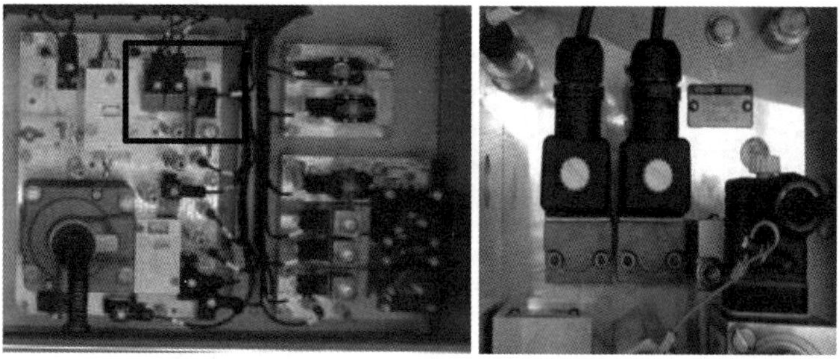

图 2-55
模拟转换器实物图

1. 工作原理

增加压力。见图 2-56，预控压力 Cv 的圆筒形线圈（图中 2）和空气贮存器压力 R 保持联系，当这个圆筒形线圈由电子控制器给予电压时，空气从管路 R 流入预控管路，因此增加压力。

减小压力。预控压力 Cv 的圆筒形线圈（图中 3）和大气相通，当圆筒形线圈被给电时，空气由预控回路释放到大气中，因此压力减少。

压力传感器（图中4）记录均压线内腔压力，它对电子控制器的输出信号是压力读数的模拟值。

电子控制器一旦探测出实际压力值，预控压力 Cv 和指定的参考压力 Cv 有偏差时，它就给线圈加电，以便重新调整压力 Cv 达到规定的值。当压力 Cv 和参考压力匹配时，线圈再一次被加电，在这种情况下，预控线路既不充电，也不放电，一直持续到实际压力和规定的压力一致为止。

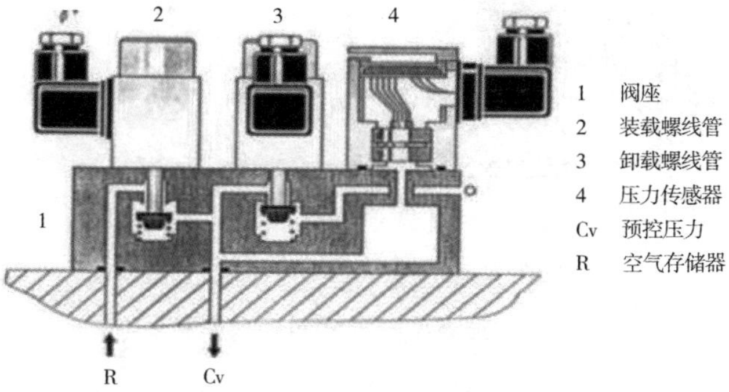

图 2-56
模拟转换器图解

2. 在动车组制动系统中的应用

模拟转换器主要应用在动车组制动系统中的常用制动的施加和缓解，能够调节不同级别制动力的大小，分布在制动控制单元（BCU）箱内。模拟转换器根据制动控制单元（EBCU）的计算将空气制动所需的电信号转换成一定比例的预控压力 Cv，预控压力 Cv 由紧急电磁阀经过载荷限压阀进行调整，调整到中继阀，中继阀根据 Cv 压力的大小调整开度，从而使主风管的压缩空气通过中继阀向制动缸充风，见图 2-57、图 2-58。

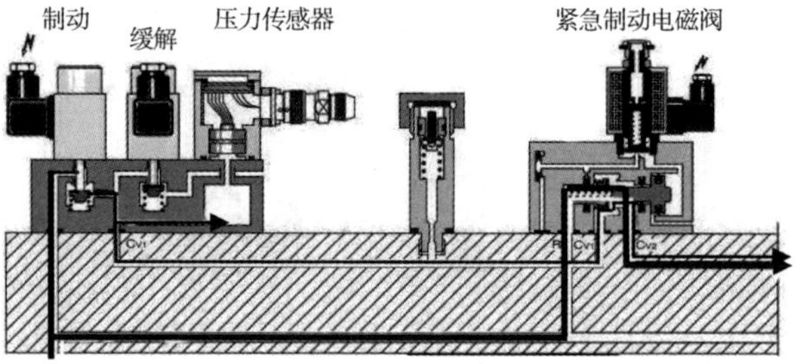

图 2-57
模拟转换器工作过程

二、 紧急制动电磁阀

动车组产生紧急制动命令时，紧急制动时紧急制动电磁阀失电，压缩空气直接通过紧急制动电磁阀通向限压阀和中继阀，按照载荷比例施加紧急制动，见图 2-59。

1. 工作原理

当紧急制动电磁阀失电时，电磁阀处在保持位。阀座 V_{23} 打开，V_{22} 关闭。通路从压缩空气口 P 到 A 是关闭的。通

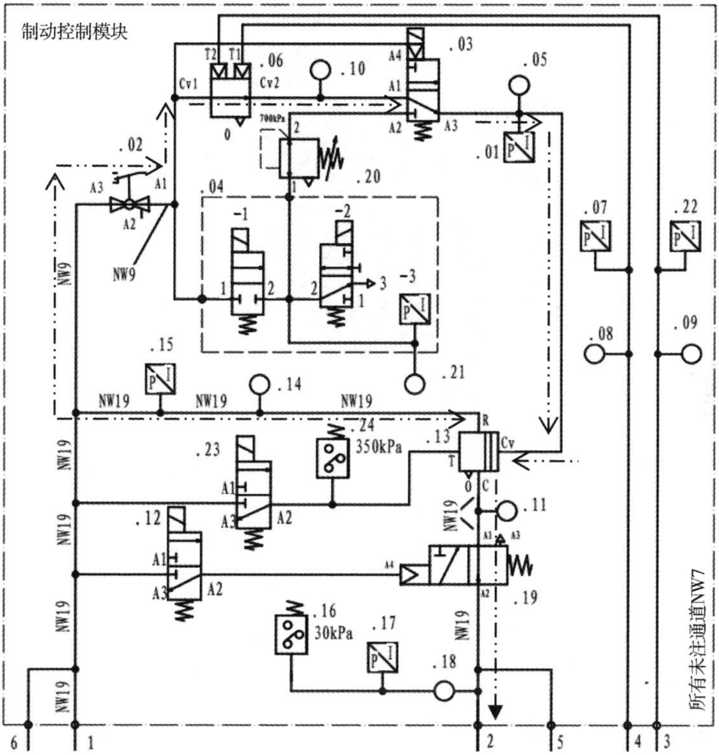

图 2-58
模拟转换器在制动系统中的控制作用

路从口 A 到出风口 R 是打开的。活塞（2.1）通过弹簧压力保持在上端位置，通过孔 O_1 排风。转动的电极被弹簧压力推到阀座 V_{21}。阀座 V_{11} 是打开的，压力来源于压缩空气口 P，提供到阀座 V_{21} 上。得电的条件下（工作位），当电磁阀

图 2-59
紧急制动电磁阀

得电时，电磁阀进入操作位，转动的电极被吸引，反抗弹簧压力。阀座 V_{21}是打开的，V_{11}是关闭的。控制空气对活塞（2.1）施加压力，使之移动到下端部位置。在这个过程中，阀座 V_{23}是关闭的，V_{22}是打开的。压缩空气从 P 到 A，出风口 R 关闭。当电磁阀失电时，电磁阀回到保持位。进气口切断，A 通过 R 排风，其结构见图 2-60。

2. 在动车组制动系统中的应用

紧急制动电磁阀主要应用在动车组制动系统中的紧急制动作用中，当列车由于各种原因触发紧急制动时，该电磁阀失电，给中继阀提供最大值的预控制压力，从而使列车施加最大值的制动力，即紧急制动。工作过程见图 2-61。

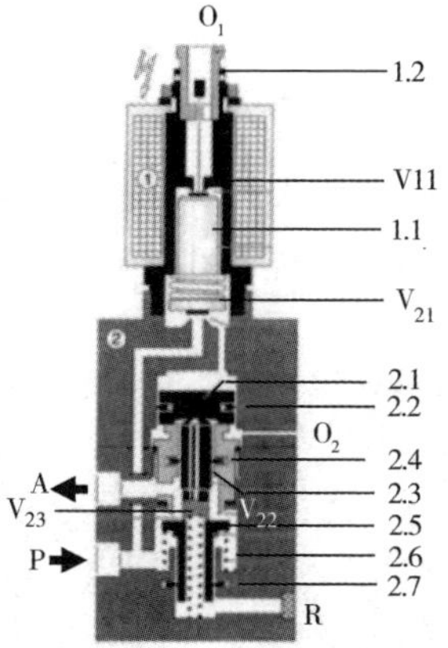

1	电磁阀	2	基础阀
1.1	转子	2.1	活塞
1.2	手柄	2.2	K形圈
A	压缩空气出口	2.3	阀杆
P	压缩空气入口	2.4	K形圈
R	排风口	2.5	阀头
V	阀座	2.6	弹簧
O	孔	2.7	K形圈

图 2-60
紧急制动电磁阀结构图

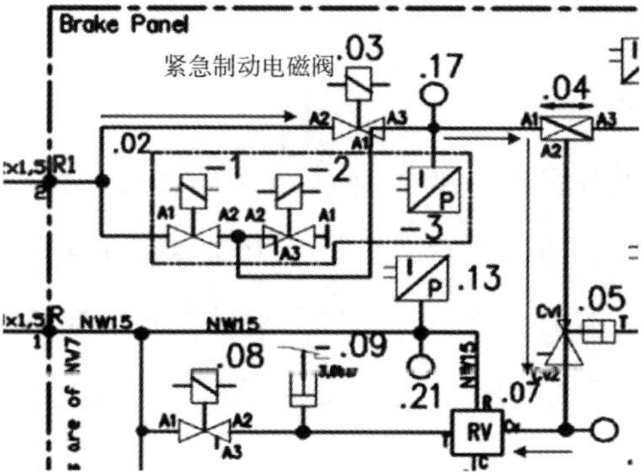

图 2-61
紧急制动电磁阀在制动系统中的工作过程

三、 限压阀——空重车调整阀

空重车调整阀可根据车辆载重情况在一定范围内自动、无极地调整制动缸压力，缩小动车组在不同载客密度情况下的制动率变化，有效改善动车组制动性能，见图 2-62。

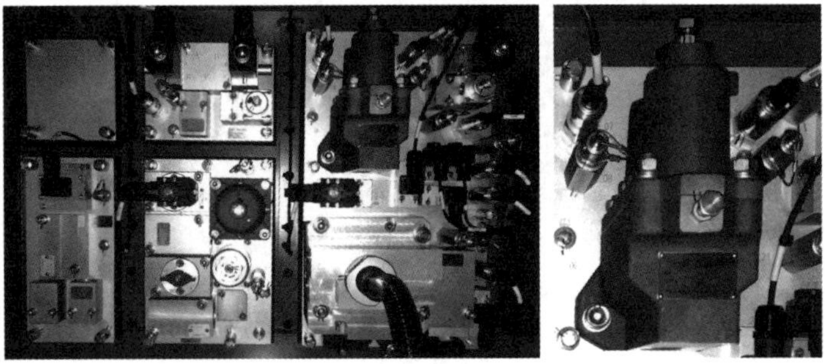

图 2-62
空重车调整阀实物图

1. 工作原理

(1) 缓解位置（操作位置）。缓解位置是根据压力 Cv1 的消失来区分的；弹簧 2.5 的压力支撑作用于膜板活塞 1.1 上的压力 T 的力，这个力通过平衡梁 3.1 和推杆传递到膜板活塞 2.3，排气阀座 V_{22} 提高阀头 $V_{2.1}$，主阀座 V_{21} 抵消弹簧力，打开阀 V_{21}。

(2) 紧急制动。在紧急应用中，压力 Cv1 被提高来供给压力杠杆系机构。空气通过打开的阀 V_{21} 流入腔 Cv2，压力作用于膜板活塞 2.3 并推动后者向下直到达到平衡。在弹簧的运动下，阀头2.1随着膜板活塞2.3的移动而运动，直到阀V_{21}被关掉。如果车辆在重载荷压力T下运行，通过平衡梁作用于膜板活塞上的力会相应地提高，主阀在较高的Cv2压力下被切断，制动缸力也相应地提高。

在空气载荷信号消失时的紧急制动。如果空气载荷信号（即作用于膜板活塞2.3控制载荷力的组件）失灵的话，在腔Cv2中压力的增加将过早结束，并且线路Cvz2将没有足够的压力，在这种情况下制动力不足。在失灵的情况下，为了避免这种情况的发生，空气载荷信号由弹簧1.7力模拟，弹簧力作用于膜片活塞1.2的凸轮从动件上。机械载荷信号的大小可以调整，并且也可以根据T_{min}来选择。在没有T压力信号的紧急情况下，限压阀确保空车适当制动。紧急制动后，当压力Cv1降低时，缓解制动。如果压力Cv1降到压力Cv2以下，双位阀（V_{21}、V_{22}）像止回阀一样打开，因此降低Cv1压力后，允许Cv2压力流出，直到腔Cv2和空气管路中的Cv2完全排出。工作过程见图2-63。

2. 在动车组制动系统中的应用

限压阀—空重车调整阀分布在制动控制单元（BCU）箱内，而且每个车都有一个空重车调整阀，它采集本车两个转向架空气簧的平均压力值，对本车制动力的大小进行

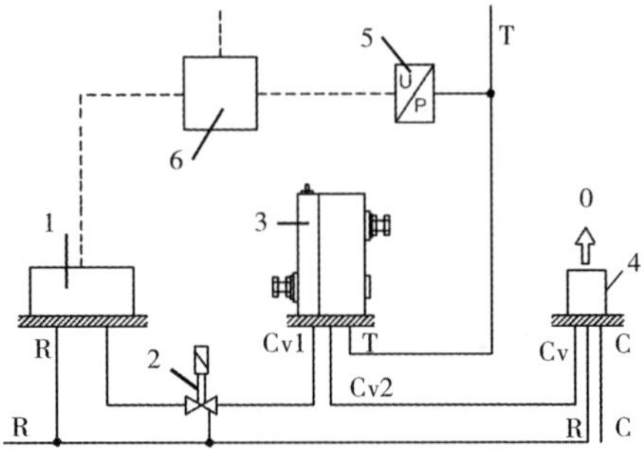

图 2-63
空重车调整阀预控回路示意图

最合理的调整。限压阀—空重车调整阀结构见图 2-64。

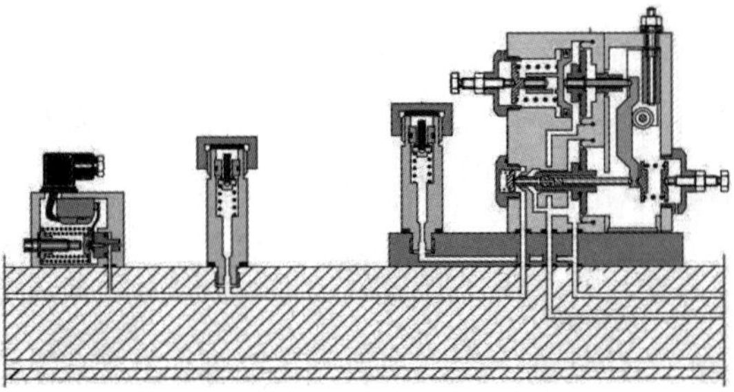

图 2-64
空重车调整阀预控回路示意图

四、 中继阀

动车组中，中继阀作为制动系统的关键部件具有精确放大气路输出，完成可靠的制动、缓解和保压的作用。比例中继阀包含制动控制比例中继阀、备用制动控制比例中继阀、手动充风控制比例中继阀，见图 2-65。

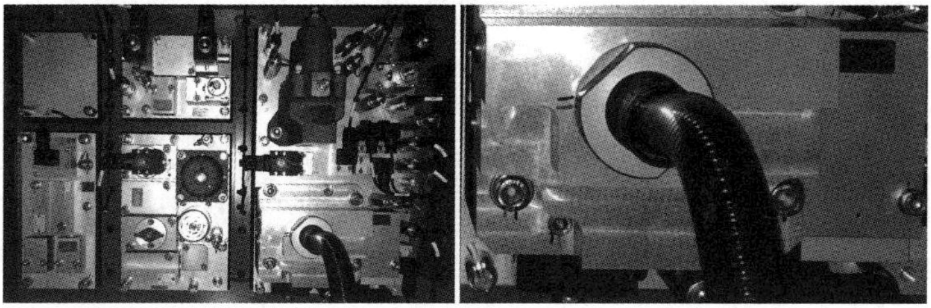

图 2-65
中继阀实物图

1. 工作原理

（1）开始位置。见图 2-66，来自空气储存器 R 的压力应用于进气阀座 V_1；压缩弹簧（1.6）使进气阀关闭；出气阀座 V_2 处于排气位置，即从口 C 来的压缩空气始终和大气相通，没有使用预控压力 Cv。

（2）制动应用。膜板活塞的表面压力 Cv 受控于预控压力 Cv，以致出气阀座 V_2 被关闭，克服了压缩弹簧的压力，这样使得阀座朝进气阀 V_1 打开。提供给气阀的压力可以作为压力 C 流入制动缸，同时流到膜板活塞表面，产生压力 C，压力 C 和压缩弹簧（1.6）力导致控制阀回到它的中心位置。这意味着进气阀关闭，出气阀一直处于关闭状态。压力 C 和 Cv 是相等的。

（3）制动缓解。由于膜板活塞（1.9）上的压力 Cv 被完全排向大气，压力 C 打开出气阀座 V_2，完全通过出气阀排向大气。出气阀 V_2 分级处于打开状态，膜板活塞保持排气。在分级制动应用中，控制过程除只有当前选择的压力等级是有效的，和上面描述的过程基本是一样的。在制动缸里的 C 压力等级是根据设置的压力 Cv 形成的。在分级制动缓解中，压力 Cv 靠特定不同的压力降下来，使得压力 C 相应地下降。

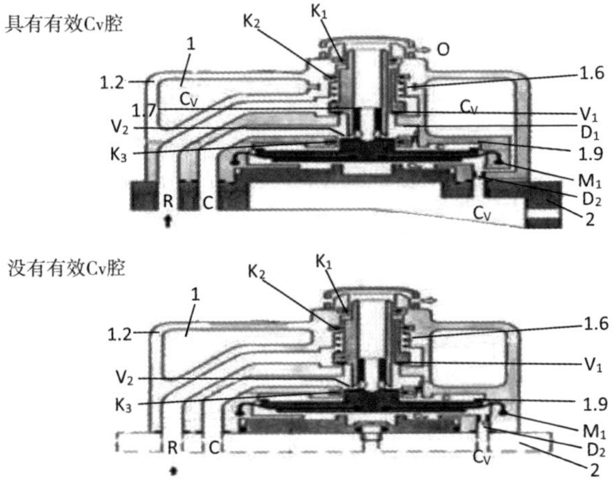

图 2-66
制动控制系统比例中继阀工作原理

2. 在动车组制动系统中的应用

制动控制比例中继阀分布在本车制动控制单元（BCU）箱内，每节单车都有一个相同的制动控制比例中继阀。它主要应用于本车一切制动的施加和缓解，当有预控压力提供给它时，它就会输出一个相对比例的制动压力提供给制动缸，从而使本车施加制动。当预控压力消失时，它会通过自己的排风口将制动缸内的压缩空气排空，从而使本车制动缓解，见图 2-67。

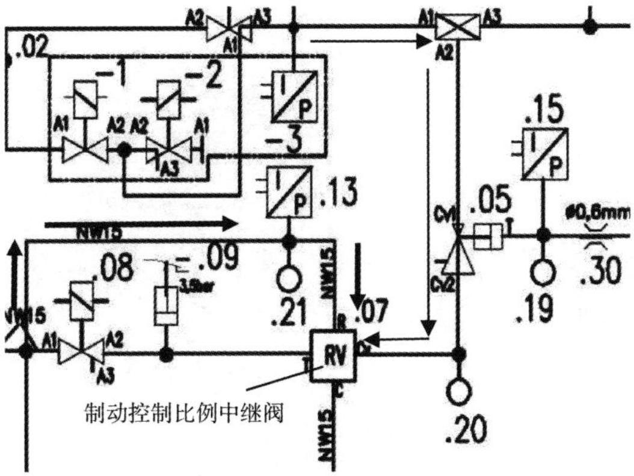

图 2-67
制动控制比例中继阀工作原理

备用制动控制比例中继阀分布在本车制动控制单元（BCU）箱内，每节单车都有一个相同的备用制动控制比例中继阀。它只有在列车管压力发生变化时才会动作，最终输出的压力是制动控制比例中继阀的预控压力，从而使本车施加备用制动，见图 2-68。

手动充风控制比例中继阀分布在头车司机室内，并且仅头车装设；当列车启用备用制动，通过备用制动手柄给列车管充风时，它才被激活。它的输出压力直接提供给列车管，并且压力为6bar，见图2-69。

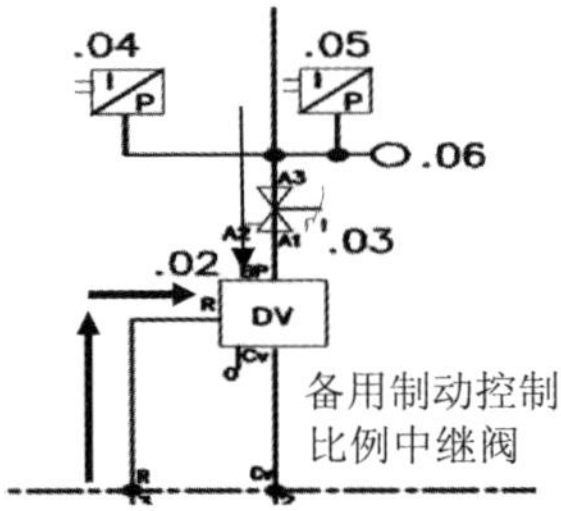

图2-68
备用制动控制比例中继阀工作原理

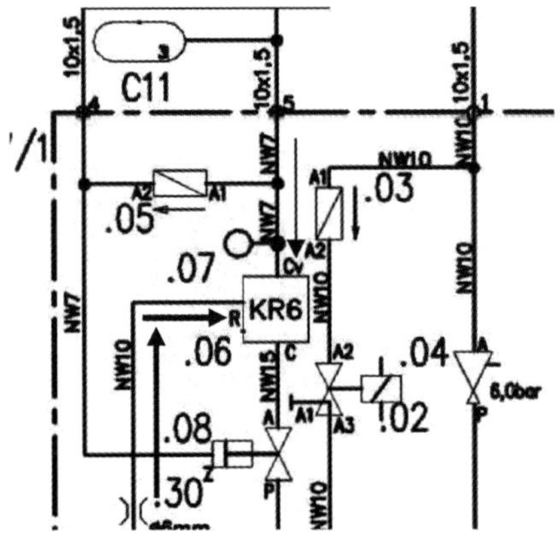

图2-69
手动充风控制比例中继阀工作原理

五、 均衡阀

均衡阀的作用是收集转向架两个空气簧的压力，将平均值送出，实物图见图2-70。

1. 工作原理

见图2-71，两个分压力 T_1 和 T_2 作用在塔式活塞（2）的两个环形表面 F_1 和 F_2 上，沿着与压缩弹簧（3）作用力相反的方向提起后者和阀片（4）。结果，进气阀 V_1 打开。同时两个分压力 T_1 和 T_2 作用在活塞（1）上。两个分压力 T_1 和 T_2 中较高的一个推动活塞（1）运动，直到它停在 A_1 或者 A_2 位置处，通过 b 和进气阀 V_1 进入均衡压力 M 的端口。当作用在塔式活塞（2）的上表面 F_3 的压力上升到足够平衡压力 T_1 和 T_2 的时候，进气阀 V_1 关闭。从两个分压力 T_1 和 T_2 获得的均衡压力 M 就形成了均衡压力 MDV 处于中立位。如果两个分压力中的一个分压力降低，由于作用在上表面 F_3 的压力 M 较大，塔式活塞（2）被向下推动，排出阀 V_2 打开。均衡压力排到大气 O 中，直到塔式活塞（2）返回到中立位置，排出阀 V_2 关闭。

图 2-70
均衡阀实物

2. 在动车组制动系统中的应用

均衡阀分布在本车车下的制动阀板后面，每节单车都有一个，它主要收集本车两个转向架空气簧的压力，然后将两个压力值的平均值传递给制动控制单元（BCU）箱内的空重车调整阀。见图 2-72。

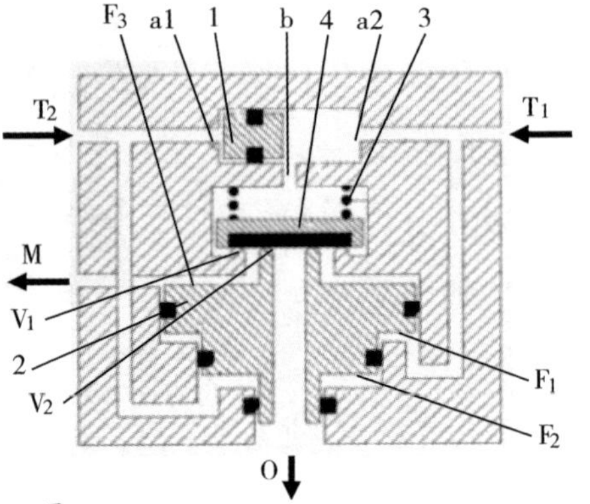

图 2-71
均衡阀剖面结构

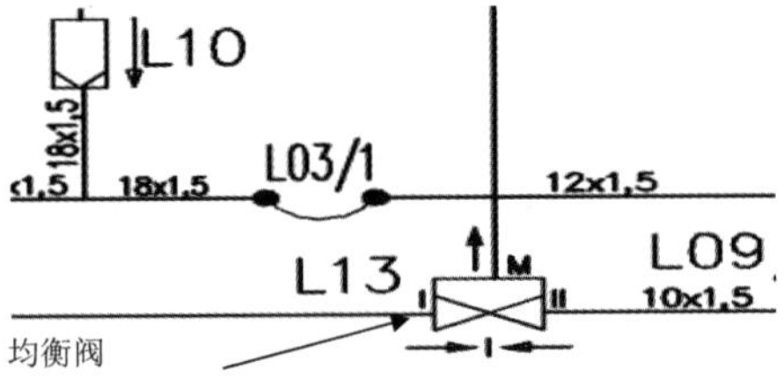

图 2-72
均衡阀在制动系统中的作用

六、 高度调整阀

高度调整阀应用于列车空气弹簧（气囊）悬架系统中。通过动态感知车厢高度变化，及时完成进气或者排气的动作，以调节空气弹簧（气囊）的高度，改善驾乘人员的舒适性，同时防止路面受到车轮冲击而损坏，实物见图 2-73。

1. 工作原理

图 2-73
高度调整阀实物图

当车辆加载时，首先车体高度降低，这样导致空气簧容积室被压缩。这一压缩导致偏心阀旋转，通过传动机构偏心轮带动活塞向上移动，这样进气阀 V_2 被打开。来自辅助风缸的压缩空气压在阀片（5）的上面，这样使止回阀 V_1 打开。在高度阀节流状态，压缩空气首先通过活塞颈部与阀体孔之间的狭窄通道进入“L”处，并且进入空气簧容积室。

随着操作杠杆倾斜角度的增加，活塞被进一步推升至一个合适的位置，此时阀体孔断面尺寸增加到合适数值。当高度阀不节流时，一旦越过自由移动状态，充气断面会立刻增加到一定数值，车体升高。一旦达到初始高度，操作杠杆又处于锁闭状态，进气阀 V_2 关闭，见图 2-74。

当车辆卸载时，车体高度升高，导致空气簧容积室扩大。减压导致偏心阀旋转，通过传动机构，偏心轮带动活塞向下移动，出气阀 V_3 打开。压缩弹簧将进气阀 V_2 关闭并且来自辅助风缸的压力作用在阀片（6）上，辅助风缸与空气簧容积室的联系被切断。当高度阀节流时，来自空气簧容积室的压缩空气能够经过活塞颈部与阀体孔之间的狭窄通道由活塞（4）上的排气孔到达大气排放口 E 活塞，进一步向下移动，直到阀体孔断面尺寸增加到合适数值。

当高度阀不节流时，一旦越过自由移动状态，排气断面会立刻达到一定数值。这样车体会降至初始高度，操作杠杆又处于锁闭状态，排气阀 V_3 关闭，见图 2-75。

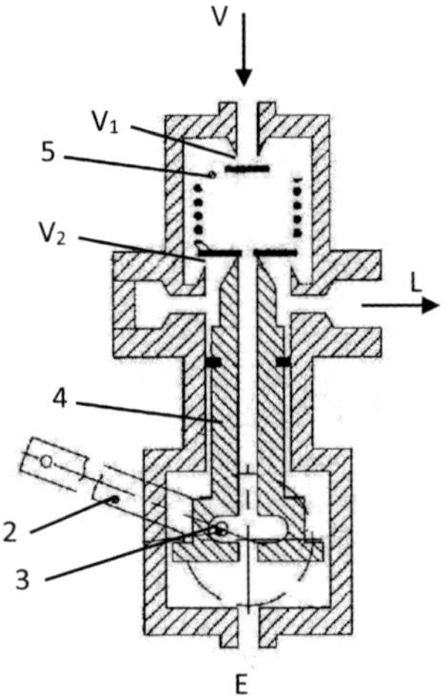

图 2-74
高度调整阀加载结构图

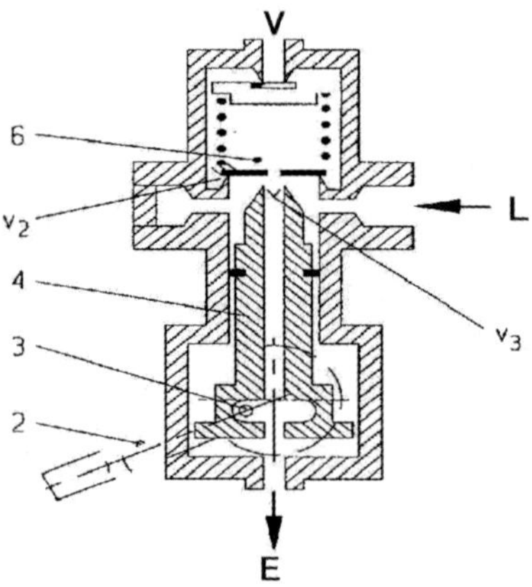

图 2-75
高度调整阀卸载结构图

2. 在动车组制动系统中的应用

高度调整阀分布在本车的一位转向架和二位转向架上，

它主要用于调节本车的空气簧压力，根据车重的不同对本车的空气簧进行充气和排气，直到调节到最适合本车车重的压力为止，见图 2-76。

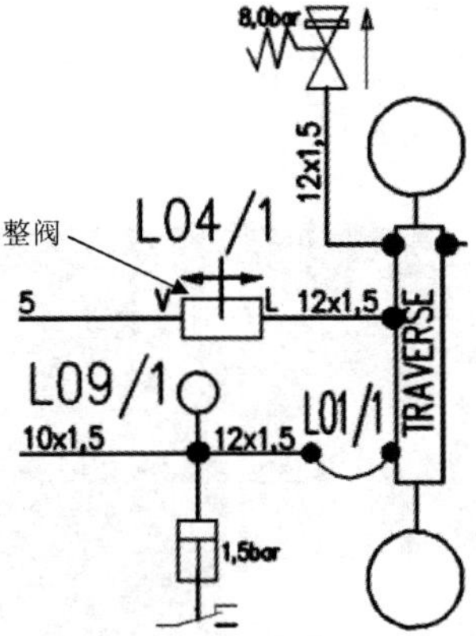

图 2-76
高度调整阀在制动系统中的作用

七、 止回阀

止回阀是一种启闭件，为圆形阀瓣并靠自身重量或介质压力产生动作来阻断介质倒流的一种阀门。

止回阀包括普通单向止回阀、带过滤器的单向止回阀、双向止回阀，见图 2-77、图 2-78、图 2-79。

1. 工作原理

见图 2-80，当在气体流动方向上增加压力时，阀锥体

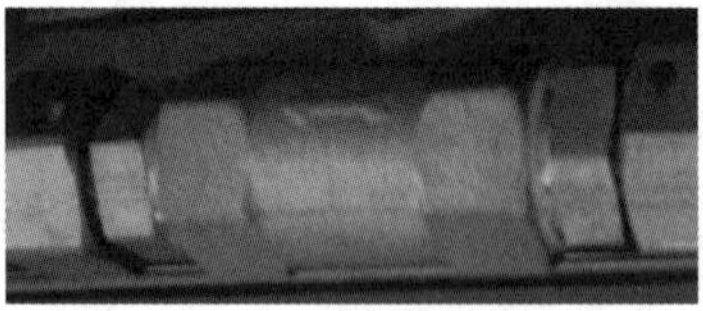

图 2-77
单向止回阀

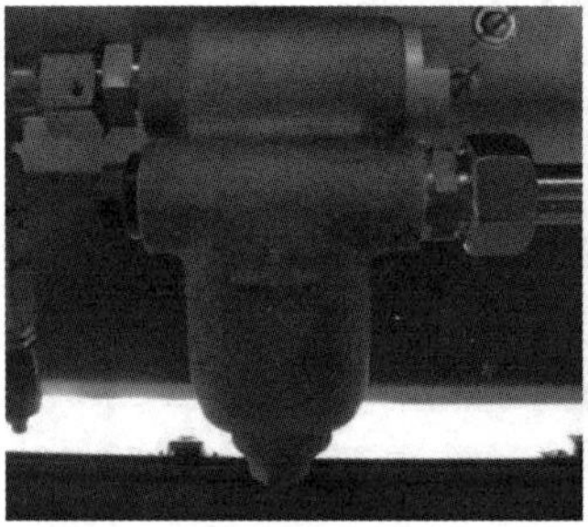

图 2-78
带过滤器的单向止回阀

图 2-79
双向止回阀

（2）逆着压缩弹簧（3）作用力的方向打开阀座 V，让压缩空气进入。在供应线 A_1 上的压力一降低弹簧就强迫阀锥体靠住阀座。这就

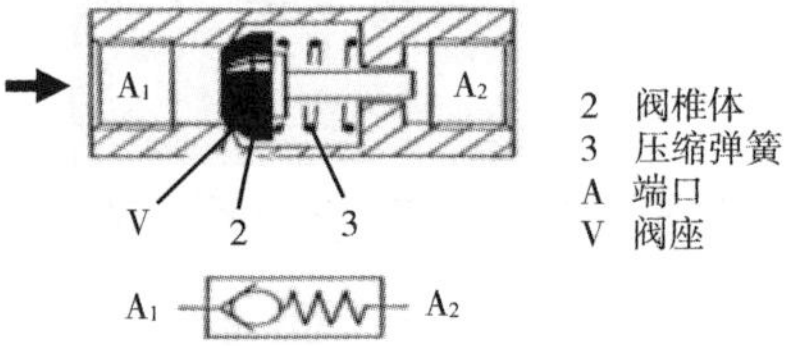

图 2-80
单向止回阀结构

避免了倒流，也防止了在供应线 A_2 上压力的降低。

带过滤器的单向止回阀是指具备过滤功能的止回阀，区别于一般的止回阀，其前端组合了一个过滤器，使得它在应用的时候具备了过滤器和止回阀两种阀门的功能，是一种组合阀。

双向止回阀可以视为把两个单向止回阀用三通连起来，是一种组合阀。

2. 在动车组制动系统中的应用

止回阀主要应用于风源给用风系统供风时防止压缩空气倒流。例如，比较重要的制动装置，当总风给制动装置的制动风缸供风时，要经过止回阀，那么当总风压力下降或不足时，制动装置的风压还能够保持正常状态，见图 2-81。

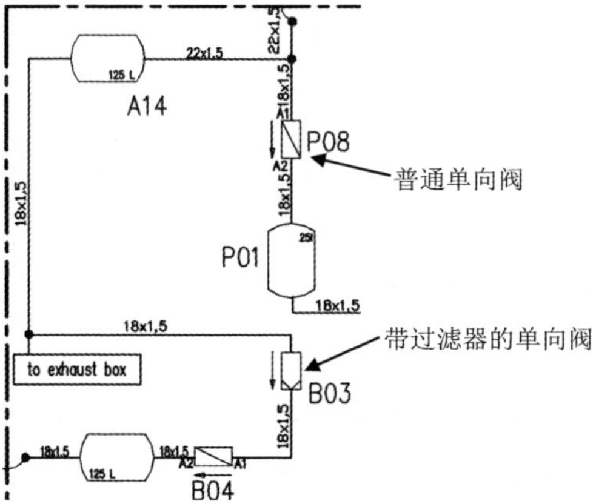

图 2-81
三种止回阀在制动系统中的应用

八、 电磁阀

电磁阀是用电磁力控制的阀类元件，是用来控制流体的基础单元，属于执行器，应用于液压、气动等介质，用在控制系统中调整介质的方向、流量、速度等参数，见图 2-82。

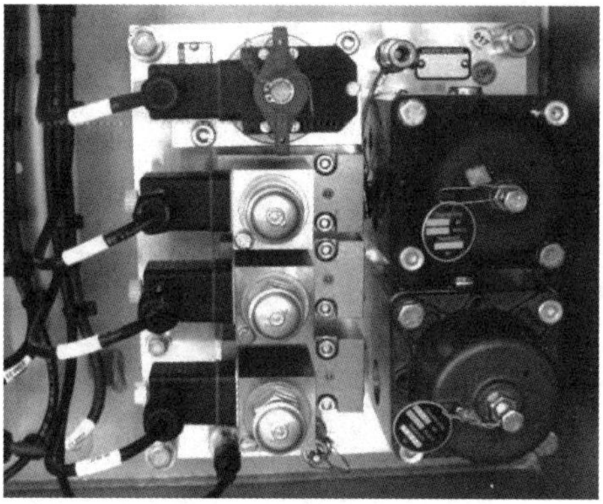

图 2-82
动车组用电磁阀实物图

1. 工作原理

电磁阀在阀芯处有一个恢复力机构（如弹簧），使电磁阀铁芯失电后阀芯能离开电磁阀铁芯恢复到初态。

（1）见图 2-83，当电磁阀线圈 G 失电时（中立位），电磁阀处于保持位，弹簧力推动阀芯 H 动作，使压缩空气经电磁阀进气口 A，电磁阀出气口 B，进入汽缸后进气口在气压的作用下推动汽缸杆；而汽缸内的空气经汽缸进气口、电磁阀出气口 C、排气口 E 排出。

（2）当电磁阀线圈 G 得电时（工作位），电磁阀进入操作位，电磁力吸引阀芯 H 反抗弹簧的压力而动作，使压缩空气经电磁阀进气口 A、电磁阀出气口 C，进入汽缸后进气口在气压的作用下推动汽缸杆；而气缸内的空气经汽缸进气口、电磁阀出气口 B、排气口 D 排出。

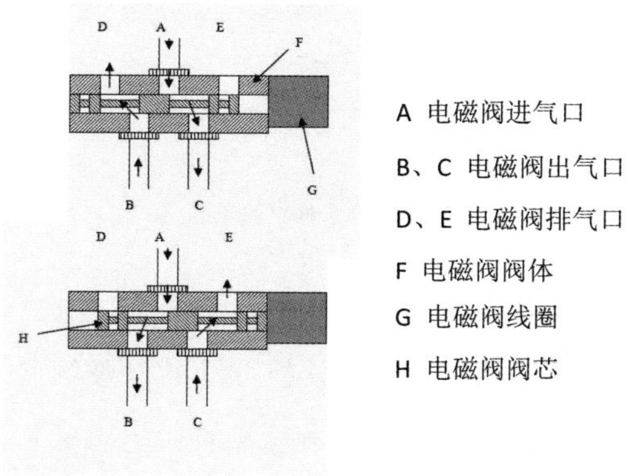

图 2-83
电磁阀结构

2. 在动车组制动系统中的应用

电磁阀是动车组最常用的一种制动阀体，它可以通过低压电源来控制车辆风路的打开和关闭，应用极其广泛，见图2-84。

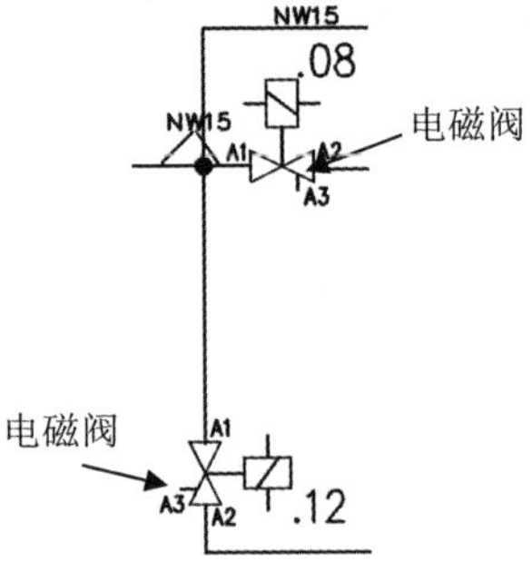

图 2-84
电磁阀在制动系统中的应用

九、 双稳态电磁阀

双稳态电磁阀通过控制器切换脉冲的电极触点来改变阀的开、关状态，当控制器发出电脉冲时，驱动磁芯带动阀瓣克服永磁力，产生上下位移；阀瓣到位后，在永磁作用下，处于自保持状态。双稳态电磁阀（脉冲阀）用于动车组停放制动缓解，见图2-85。

1. 工作原理

（1）阀用电磁铁未励磁。脉冲阀在静止状态，阀底 a 的换向活塞 d 位于两个终端位置的其中一处，图 2-86 中活塞 d

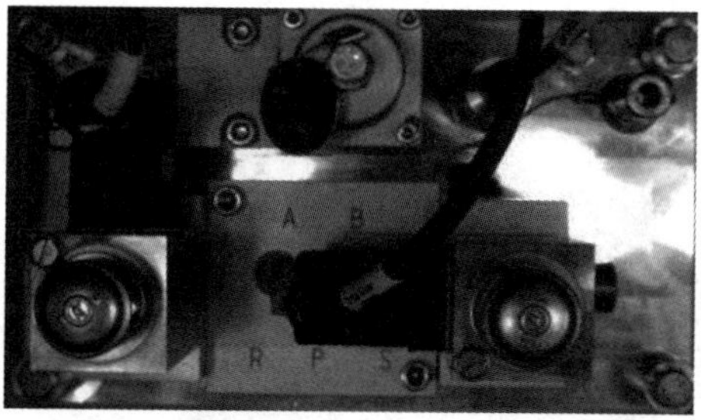

图 2-85
双稳态电磁阀实物图

左终端位置，从压缩空气气源接口 P 到用起设备接口 A 的气流通道现在打开，与此同时，用气设备管道 B 通过孔 S 排气。当活塞 d 处在右终端位置时，从 P 到用气设备接口 B 的气流通道打开，同时，用气设备管道 A 通过孔 R 排气。

（2）阀用电磁铁励磁。当两个电磁线圈中的一个励磁时，相应的阀用电磁铁 c_1 或 c_2 打开阀座 V，控制空气气流向底阀 a 换向活塞 d 的端面，在控制气流脉冲的作用下，活塞 d 运动到另一个终端位置，随着电流脉冲的结束，控制空气供给又被中断。活塞 d 停留在到达的位置处，控制空气室通过孔 O 排气，活塞 d 在该位置一直待到另一个电磁线圈被励磁而引发换向过程。

（3）脉冲阀的换向状态：阀用电磁铁 c_1 未励磁，c_2 励磁：从 P 到 A 的通路打开，B 通过 S 排气。阀用电磁铁 c_1 励磁，c_2 未励磁：从 P 到 B 的通路打开，A 通过 S 排气。见图

2-86。

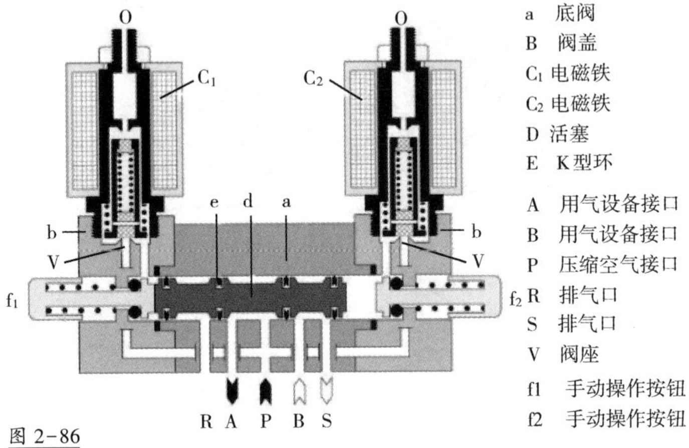

图 2-86

双稳态电磁阀结构

2. 在动车组制动系统中的应用

双稳态电磁阀应用于停放制动装置中，分布在动车组的带有停放制动功能车厢的制动控制单元（BCU）箱内，能够控制停放制动的施加和缓解，并且可以通过手动按下该电磁阀两端的脉冲按钮来对其本车停放制动的施加和缓解进行控制，见图 2-87。

十、 停放制动缸

停放制动缸是实现动车组产生停放制动的执行机构，是将空气压力转换为制动力的装置，见图 2-88。

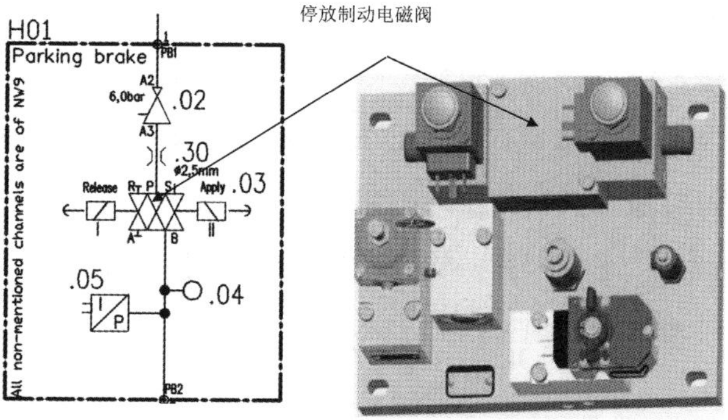

图 2-87
双稳态电磁阀在制动系统中的应用

图 2-88
停放制动缸实物图

1. 工作原理

停放制动缸是利用弹簧的机械力来维持本车制动，它将弹簧的机械力转化到制动闸瓦，最后作用到制动闸片上。当停放制动缸内有压缩空气进入，其空气压力达到足够大时，弹簧的弹力被压缩空气压力抵消，从而使制动闸瓦上的机械力消失，本车制动缓解。

每个停放制动缸的弹簧都配有一个弹簧机械力的卸载拉环即停放制动缓解拉环，该拉环通过活塞杆作用在弹簧上面，可以通过拉动该拉环来卸载弹簧的机械力；弹簧机械力被卸载后，当有压缩空气再次进入停放制动缸内时，该弹簧再次被激活。见图 2-89。

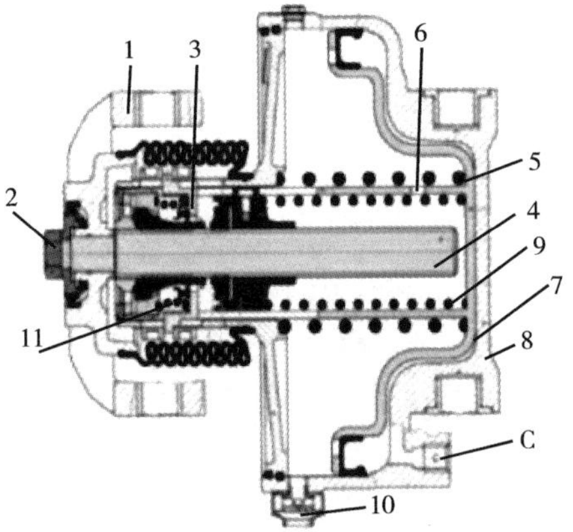

1 支架
2 防松螺母
3 推力螺母
4 主轴
5 压缩弹簧
6 活塞管
7 活塞
8 气缸
9 压缩弹簧
10 通气塞
11 压缩弹簧
C 供气口

图 2-89
停放制动缸结构

2. 在动车组制动系统中的应用

停放装置是在停车以后应用的制动装置，只能用来固定列车，不能用来停止列车，它是利用弹簧的机械力将制动缸的闸瓦抱紧制动盘，从而使产生的制动力固定列车，见图 2-90。

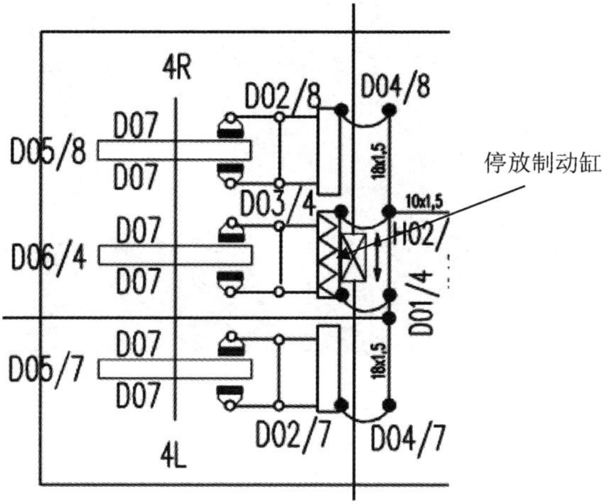

图 2-90
停放制动缸在制动系统中的应用

十一、溢流阀

溢流阀是一种压力控制阀，主要起定压溢流、稳压、系统卸荷和安全保护作用，见图 2-91。

1. 工作原理

溢出阀由两个弹簧支撑的单向阀组成，连接于同一阀体上，而两个单向阀的打开方向相反，阀体连接在一个法兰上。溢出阀连接到两个压力室之间，它们之间开始没有接通。当一个压力室的压力降低到它对应的弹簧弹力不能补偿时，另一个压力室的压力就会使溢出阀打开，使两个压力室连通，平衡两边的压差。溢出阀的工作是双向的，见图2-92。

图 2-91
溢流阀实物图

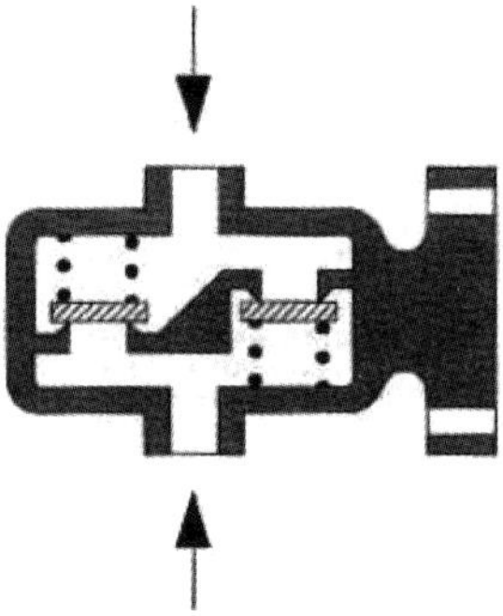

图 2-92
溢流阀结构

2. 在动车组制动系统中的应用

动车组溢流阀应用在总风给本车空气簧供风的管路中，只有当总风压力达到规定值（本车要求风压达到 6.7bar）时，才能给空气簧充风，其目的就是风源系统要优先给本车的制动装置供风，见图 2-93。

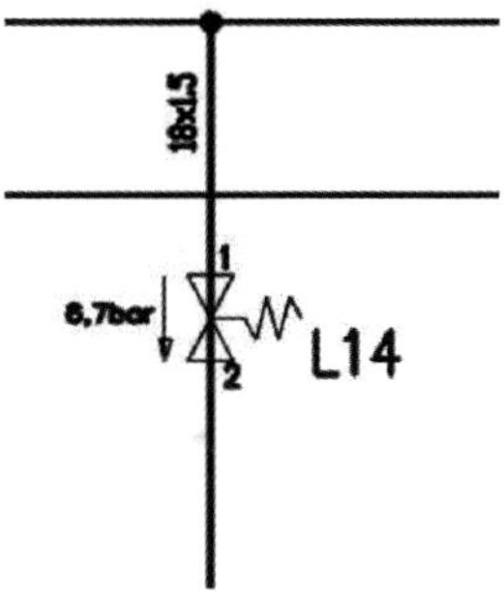

图 2-93
溢流阀在制动系统中的应用

十二、活塞阀

活塞阀是一种能够满足调节要求的独特阀门。简单地说，活塞阀是依靠活塞状的圆柱体，通过使它在阀腔内进行轴向运动来实现流量调节等相应的控制要求。见图2-94。

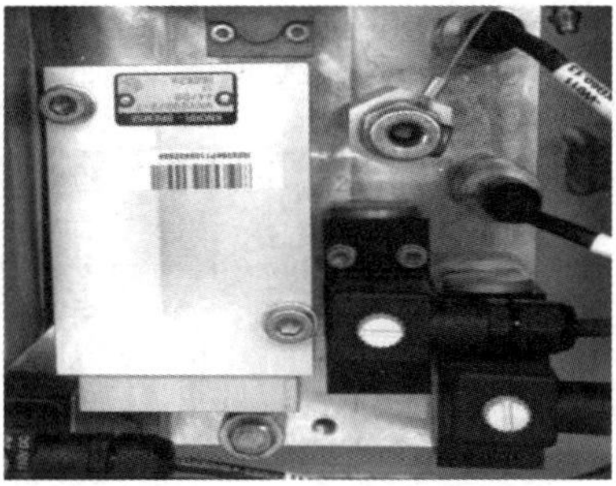

图 2-94
活塞阀实物图

1. 工作原理

见图 2-95，在压缩空气接口 A4 处无控制压力，压缩弹簧 e 将活塞 b 压向其在阀箱 a 内的止挡处，阀盘 c 被压缩弹簧 d 压向阀座 V2，压缩空气接 A1 和 A2 之间的气流通道开通。压缩空气接口 A4 处控制压力上升时，活塞 b 克服压缩弹簧 e 的弹力运动，活塞 b 被压向阀盘 c，阀座 V1 关闭，压缩空气接口 A1 和 A2 之间的连接被阻断，如果 A4 处的控制压力作用力超过了压力弹簧 d 的作用力，阀盘 c 就会克服压缩弹簧 d 的弹力移动，阀座 V2 开启，压缩空气 A3 和 A2 之间的连接即建立起来（孔 O 用于活塞 b 背面的进气）。

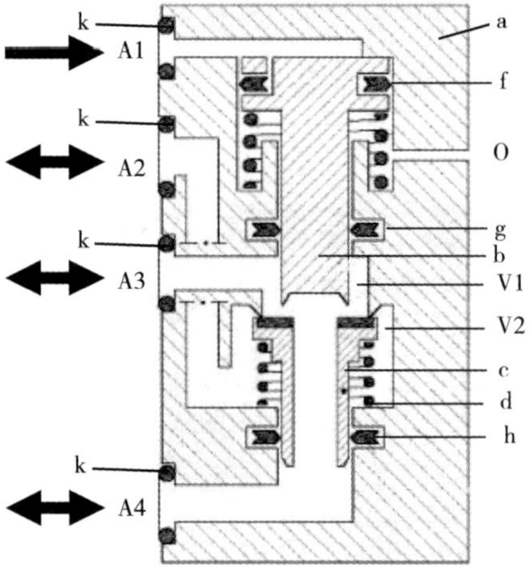

图 2-95
活塞阀结构图

2. 在动车组制动系统中的应用

利用活塞式的阀门来控制风路的通断，活塞本身有弹簧支撑，具有机械力，当管路中的压力增加时，会顶住活塞下压，直到与活塞本身的弹力平衡为止，当管路中的压力降低时，弹力大于压力，这时活塞阀的状态会发生改变。

活塞阀主要应用在管路中的快速排风和利用风压来控制风路的通断，见图 2-96、图 2-97。

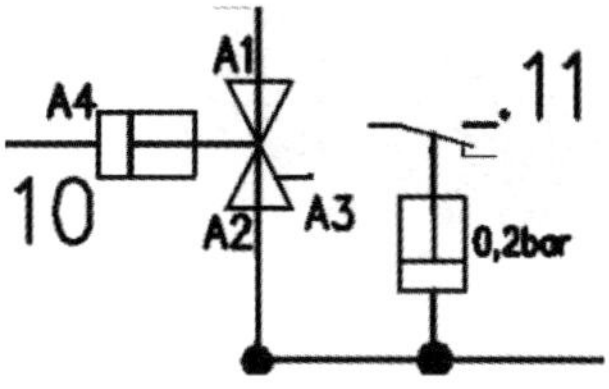

图 2-96
活塞阀受风压控制风的通断

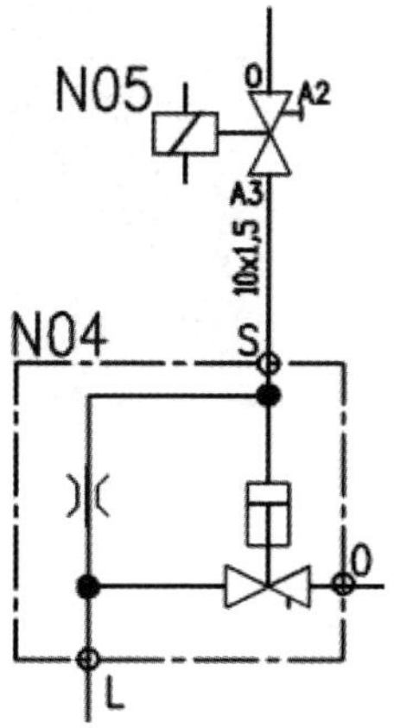

图 2-97
活塞阀加快管路中排风速度

十三、 压力开关

压力开关是检测机构与电气开关相结合的装置，当到达预先设定的气体压力时，开关接点动作，实物见图 2-98。

1. 工作原理

当系统内压力高于或低于额定的安全压力时，感应器内碟片瞬时发生移动，通过连接导杆推动开关接头接通或断开，当压力降至或升至额定的恢复值时，碟片瞬时复位，开关自动复位，或者简单地说是当被测压力超过额定值时，弹

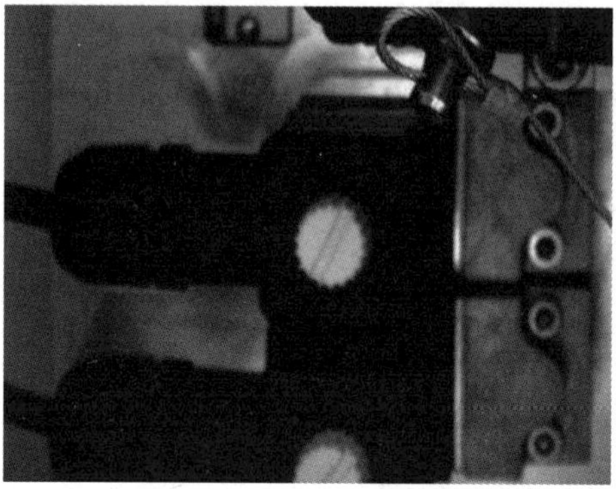

图 2-98
压力开关实物图

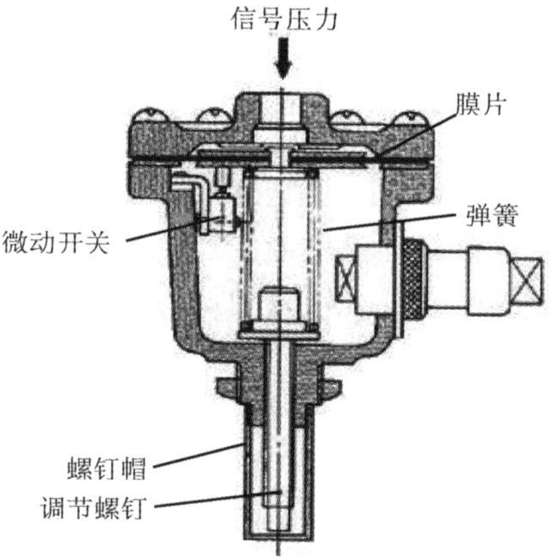

图 2-99
压力开关结构

性元件的自由端产生位移，直接或经过比较后推动开关元件，改变开关元件的通断状态，达到控制被测压力的目的。压力开关采用的弹性元件有单圈弹簧管、膜片、膜盒及波纹管等。

压力开关一般用于监控压缩空气系统，

当压力到上限阈值时，微动开关常开触点闭合、常闭触点断开。反之，当压力降到下限阈值时，微动开关常开触点断开，常闭触点闭合，结构见图2-99。

2. 在动车组制动系统中的应用

压力开关主要用于信号的监控和反馈，也用于电路中的控制，当压力开关检测到该管路中的压力发生变化并且达到了压力开关的临界值时，它的触点就会发生变化，同时会给车上一个电信号的反馈，或使电路中的继电器状态发生变化，见图 2-100。

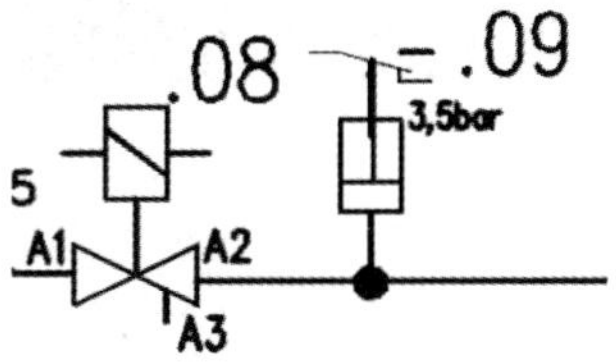

此压力开关监控高速电磁阀的状态，它的动作临界值为3.5bar。

图 2-100
压力开关在制动系统中的应用

十四、 防滑电磁阀

防滑电磁阀是制动系统中的重要控制元件，无“打滑”信号时，防滑系统不工作，防滑阀不影响副风缸与制动气缸之间的连接。当出现“打滑”判定信号时，接收控制单元的电信号，通过电信号控制内部电磁阀门的开通或关闭，使增压缸间歇排气，增压缸的输出油压按阶梯模式降低，缓解因制动力过大而产生的滑行，当黏着恢复时，再逐步恢复增压缸压力，空气恢复制动力，见图 2-101。

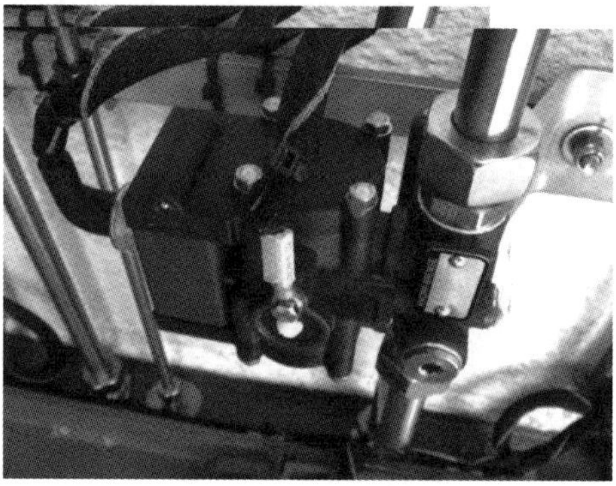

图 2-101
防滑电磁阀实物图

1. 工作原理

带防滑控制的制动缓解，见图 2-102。

（1）D 压力允许经 VM_2 到控制室 S_D。作用在膜板 D 上的力被建立。压缩弹簧推动膜板到 V_D 阀座上。D 压力被排掉。

（2）控制室 S_C 通过 VM_1 排压。C 压力推动膜板 C 向左。V_C 阀座被打开。C 压力通过 V_C 溢出到 O（大气）。带防滑控制的重新应用，两个电磁阀都没电。

（3）控制室 S_D 压力被排掉，S_C 被充压。这个状态与

"制动应用"一样，保持不断压力的带防滑控制。

（4）电磁阀 VM_1 没电，VM_2 有电。D 压力允许到两个控制室（S_C、S_D）。膜板关闭阀座 V_D 和 V_C。从 D 到 O（大气）的 C 压力被关闭。

（5）在排压阶段和充压阶段，电磁阀能被激活，以使所保持的压力逐步减小。

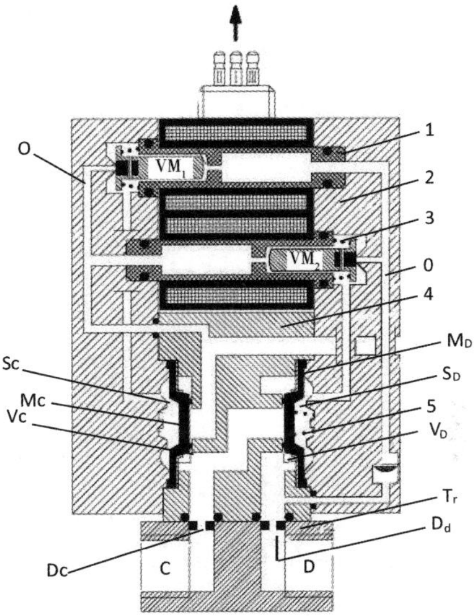

图 2-102
防滑电磁阀结构图

（6）依照防滑阀控制逻辑的需要，有可能加速压力的建立和减小（没有压力逐步变化）或延迟这两个过程（单独的压力分步变化）。

（7）用于充压和排压的压力梯度（没有压力逐步变化）由室 D_d 和 D_c 定义。室的尺寸依照 C 所允许控制的容量。

2. 在动车组制动系统中的应用

防滑装置分布在车下，每个转向架上有一套防滑装置，当列车由于制动力过大导致车轮产生滑行时，防滑电磁阀动作，使该车轮缓解 2~3 秒钟，然后重新再施加制动，直到车轮能够在制动情况下正常运转为止。见图 2-103。

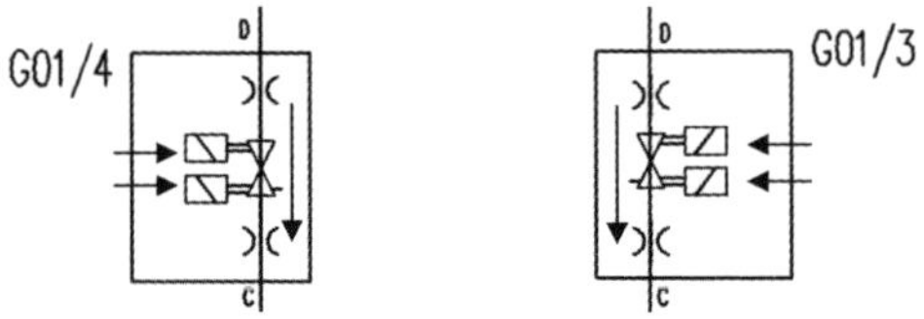

图 2-103
防滑电磁阀在制动系统中的应用

十五、 安全阀

安全阀的启闭件受外力作用下处于常闭状态，当管道内的压力值升高超过规定值时，通过向系统外排放介质来防止管道或设备内介质压力超过规定数值的特殊阀门。见图2-104。

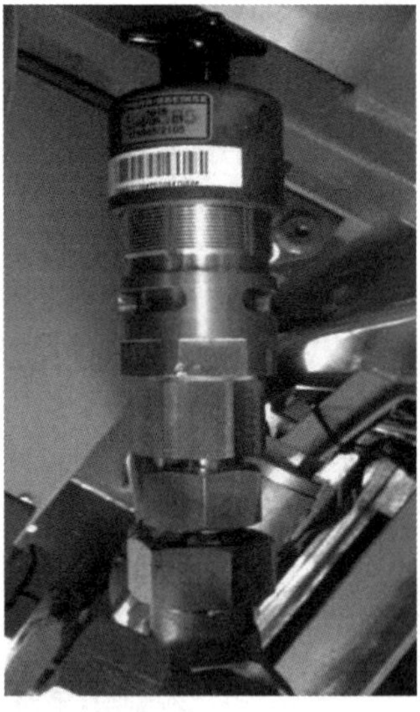

图 2-104
安全阀实物图

1. 工作原理

安全阀有两种工作状态，见图2-105。

（1）只要工作压力处于正常状态，阀座 V 就关闭。

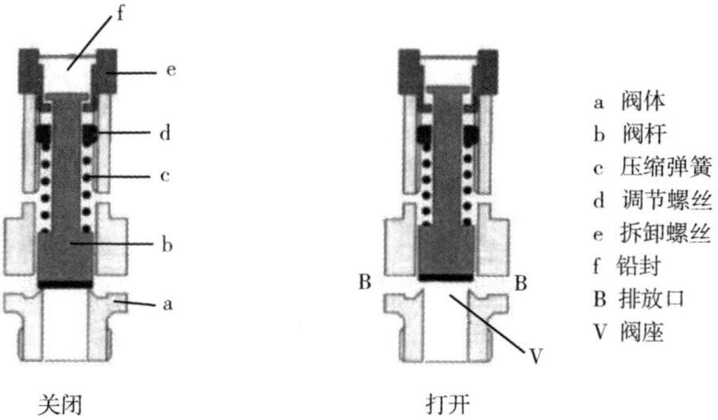

图 2-105
安全阀构造图

（2）如果超过了安全压力（安全阀设置），阀杆就会向弹簧 c 的压缩力相反的方向抬起，通过排气口 B 将多余的气体排放出去。压力适当地降低之后，阀座 V 就又处于关闭状态。旋动调节螺丝 d，设置阀的开启压力。由一个铅封 f 对阀进行保护，未经批准不能改变设置。

值得注意的是，如果从安全阀移除铅封，就不能保证试验的可靠性。

（3）安全阀有一个排放设备，用于检查构件运动和排除沉积在阀内的污垢。旋开调节螺丝，沿着与弹簧 c 的压缩力相反的方向将阀杆抬起，打开阀座 V，沉积的污垢就会从阀中排放出去。

2. 在动车组制动系统中的应用

动车组制动系统中的安全阀主要应用在空气簧装置和主空压机的供风管路上面（主空压机和辅助空压机内部也有安全阀），当空气簧和列车供风管路内的压缩空气超过规定值时，安全阀就会动作，将压力降低到规定值以下，能够对空气簧和供风管路起到压力保护的作用，见图 2-106。

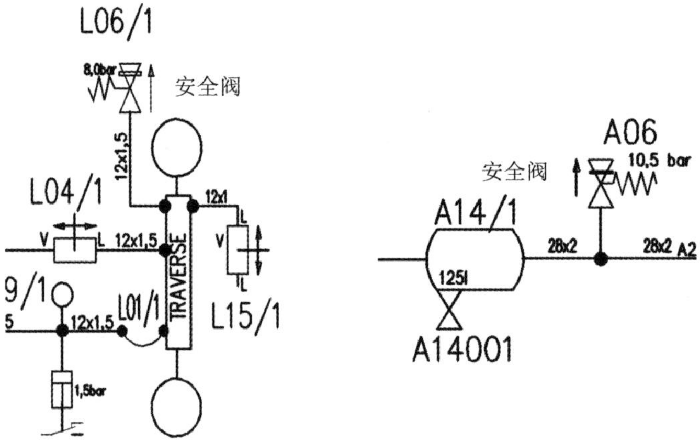

图 2-106
安全阀在制动系统中的应用

十六、 截断塞门

截断塞门是一种用以切断制动主管路与分支管路的手动控制阀。若需停止分支管路作用，可关闭该管路上的截断塞门。同时，带有排空功能的截断塞门还可以在截断的同时排空管路或气缸中的压缩空气。

截断塞门包含带电触点的截断塞门、无电触点的截断塞门。实物见图 2-107，其结构见图 2-108。

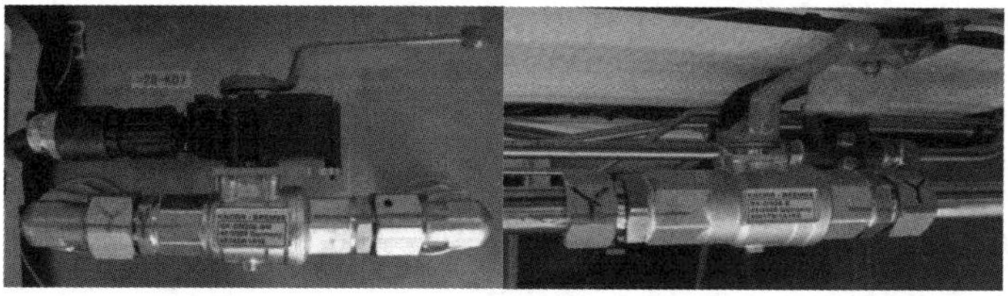

带触点的截断塞门　　不带触点的截断塞门

图 2-107
截断塞门实物图

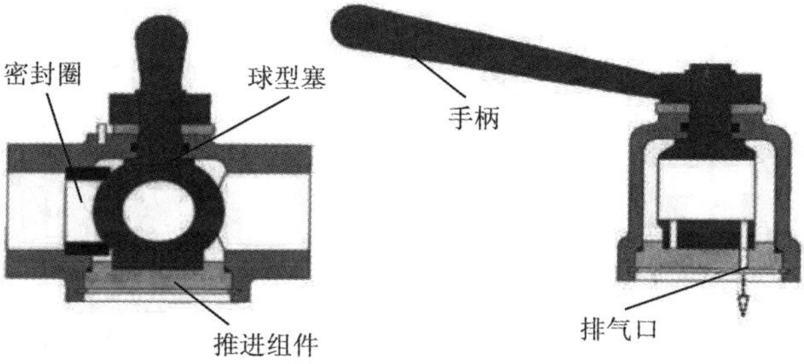

图 2-108
截断塞门结构

1. 工作原理

截断塞门由塞门体、塞门芯、弹簧及托盖、操作手柄等组成。球芯式截断塞门的塞门芯为球形，其中间孔也为圆形，通过操作手柄使塞门芯在塞门体中旋转，当操作手柄与管路平行时，中间孔与空气管路接通时即完成截断塞门的打开，接通该空气管路；当操作手柄与管路垂直时，塞门芯中间孔旋转至与空气管路垂直位置即完成截断塞门的截断，截断该空气管路。

2. 在动车组制动系统中的应用

截断塞门能够控制该风路的导通和截断，带电触点的截断塞门可将本塞门的当前状态反馈到车上网络系统，无电触点的截断塞门只是机械地将风路打开和截断，没有反馈信号的功能，见图 2-109。

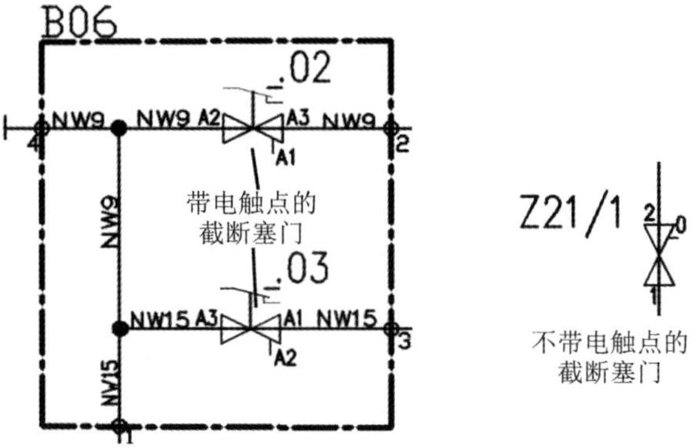

图 2-109
截断塞门在制动系统中的应用

第三节

动车组的功能图和逻辑图

一、 动车组的功能图

功能图是电子和电气技术中描述电路的图示。该图不涉及部件的实际外形，只是对逻辑关系和电气功能的抽象描述。根据 DIN EN 61082 规定，电路图属于功能相关文件。该图应产生于动车组或部件组合设计开始阶段，是以后维修及保养不可或缺的文件。

1. 功能图的文档结构

功能图不等同于电气原理图，它具备元器件的位置、线缆规格型号等信息。不在一个车厢，但功能相同的元件其代号相同。

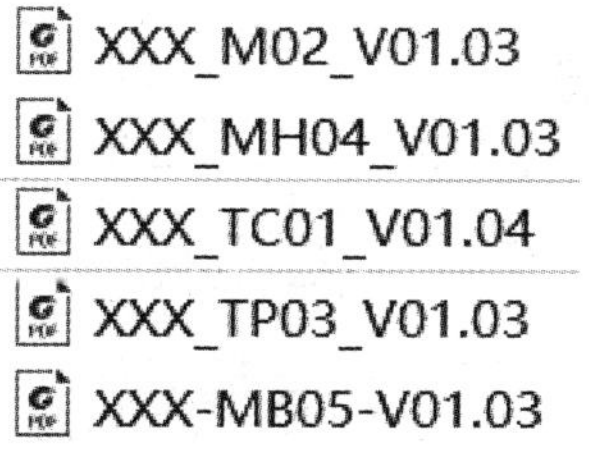

图 2-110
动车组功能图文件组成

1 列标准列动车组可以理解为两套完全相同的动力单元（1-4 车为一个动力单元、8-5 车为一个动力单元）镜像连接，因此分为 5 个车型、5 套功能图，其中 TC01 车与 TC08 车完全一致，共用 1 套功能图；M02 车与 M07 车完全一致，共用1套功能图；TP03车与TP06车完全一致，共用1套功能图；MH04车与MB05车基本相同，但由于MB05车为坐车与餐车合造车，故各自单独使用1套功能图，见图2-110。

车厢位置号规定，TC01车与TC08车位置号为+0100；M02车与M07车位置号为+0200；TP03车与TP06车位置号为+0300；MH04车位置号为+0400；MB05车位置号为+0500。

具体到一张图纸上，包含项目名称、车厢类型、本页图纸名称、所处功能组及设计单位、图区边框等，见图2-111。

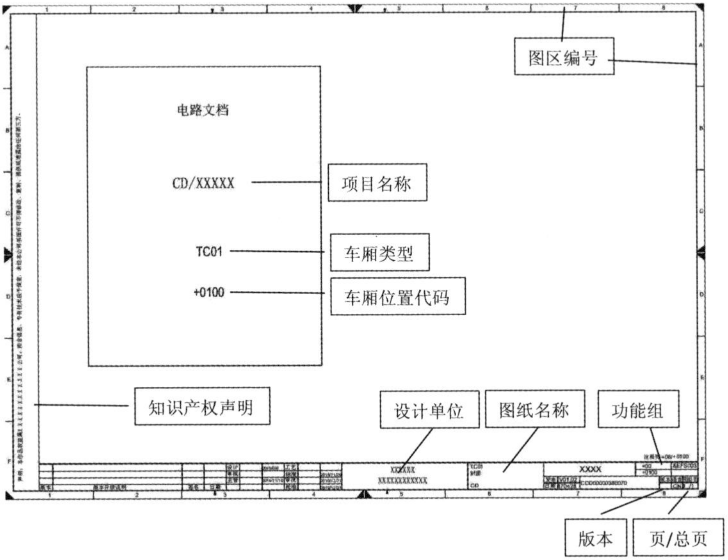

图2-111
功能图页面结构

2. 所有功能图都具有图区边框

横向 1-8，8 个区域。纵向 A-F，6 个区域。所有具有关联关系的元件（例如继电器线圈与触点）均可通过位置交叉参考信息，方便查找之间关系。如图 2-112 中图 a 所示，继电器 = 21-K01 线圈位于 TC01 车 = 22 功能组的第 2 页，使用了3 对常开触点。其中，13-14 触点、23-24 触点位于本功能组的第 7 页/B5 区域。反之，如图 2-112 中图 b 所示，从 = 22-K01的 23-24 触点信息看，其控制线圈位于本功能组第 2 页/D2 区域。由于是在本功能组，所以省略功能组信息。若出现跨功能组的情况，则在区域位置/之前填写功能组信息。例如，如图 2-112 中图 a 所示 33-34 触点位置信息

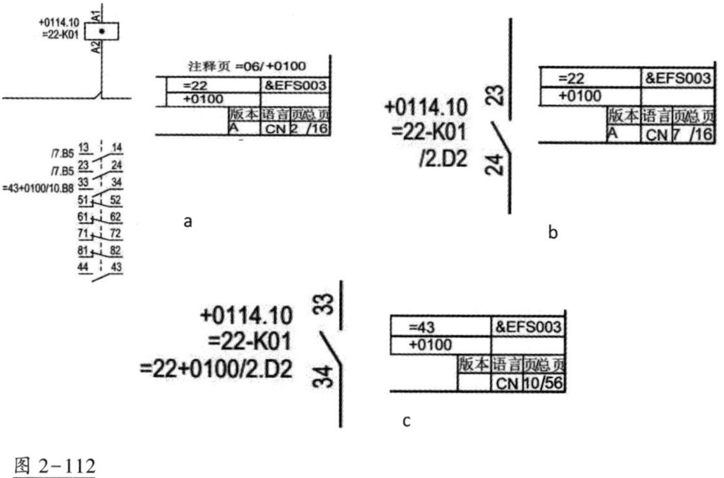

图 2-112
元件位置信息交叉参考

为=43+0100/10.B8，说明该触点在功能图中的位置位于=43功能组，TC01车，第10页B8区域。反之，如图2-112中图c所示，在第10页B8区域=22-K01的33-34触点看，其控制线圈位于本功能组第2页/D2区域。

3. 功能图的功能组

功能图分四个管理层（SLP/车厢/组/页）。每个车厢分为10个主要组，分别为=00，10，20-90和子组01，02，09，11，12-13，21，22-29等。详细划分见表2-9。

表2-9
动车组功能组划分

功能组名称	说明	功能组名称	说明
=00	说明	=47	音频、视频、娱乐系统
=02	格式编排规则	=48	列车无线电
=03	功能组的概述	=49	火灾报警系统
=04	版本	=50	照明
=06	注释备注页	=51	外部照明
=10	主电路	=52	内部照明
=21	受电弓和主断路器控制	=60	HVAC
=22	牵引/制动控制	=61	客室空调系统
=23	牵引/制动控制	=62	司机室空调
=24	系统监测控制	=64	辅助加热及通风
=28	制动控制及防滑保护	=70	辅助设备
=30	辅助电路	=71	雨刷和喇叭
=31	辅助变流器	=72	撒砂

续表

功能组名称	说明	功能组名称	说明
=32	蓄电池及直流配电	=73	轮缘润滑
=34	交流配电	=75	厕所
=35	乘客插座	=76	给水系统
=40	监控电路	=77	VIP 座椅电机
=41	测量及保护、里程计	=80	车门控制
=42	轴温检测系统	=90	其他
=43	安全设备	=92	厨房
=44	ETCS TCR 和 GFX	=96	备用端子
=45	旅客信息系统信息通信	=97	连接器接地
=46	旅客信息系统电话通信	=99	备用线

4. 功能图中的设备标识

每节车厢都分配有设备标识，通过安装位置来识别设备，具有相同开关功能的设备在功能图和电气设备清单中具有相同的设备标识。见图 2-113。

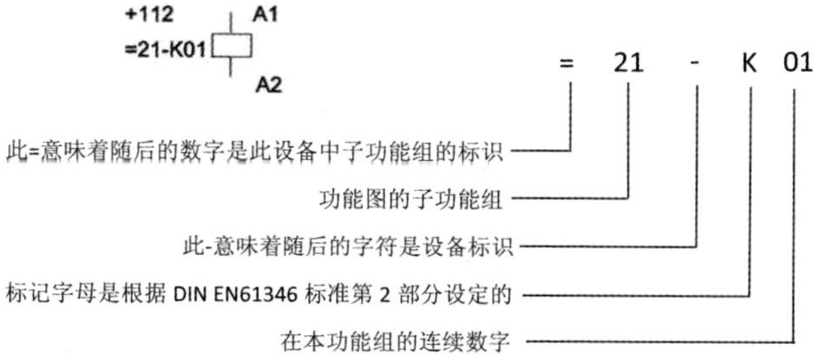

图 2-113
设备标识规则

动车组常用元件代号，见表2-10。

表2-10
动车组常用元件代号

代号	物质的用途或任务	举例
A	多功能	触摸屏、PLC等
B	将输入变量转换成可以用于处理的信号	瓦斯继电器、传感器等
C	存储材料、能源和信息	硬盘、蓄电池等
E	提供光能或者热能	灯具、加热器等
F	能量流，信息流，人员和设备为了避免危险和有害状况而自发产生的直接保护	熔断器、热保护继电器等
G	发起一个能量流或物质流产生一个信号用作信息载体或参考源。生产一种新能源、新物质或新产品	发电机和信号发生器等
K	处理（接收、处置和供应）信号或信息(包括对象的保护作用)	继电器、接触器和CPU等
M	提供机械能量（旋转或直线机械运动）用于驱动	电动机和直线电机等
P	呈现信息	显示屏、电铃、电压表和打印机等
Q	控制能量流、信息流和物质流的切换和变化	断路器、接触器和电力晶体管等
R	限制或稳定能量流、信息流和物质流的运动	电阻器、电抗器和二极管
S	将人工操作转换成可处理的信号	转换开关、键盘和按钮开关等
T	能量转换，供养某种能源；信号转换，供养信息内容物质的结构或外形转换	放大器、AC/DC转换器和变压器等
U	使对象保持在一个给定的位置	绝缘体

续表

代号	物质的用途或任务	举例
V	物质或产品（包括预处理和后处理）的处理（处置）	滤波器
W	引导或运输能源、信号、物质或产品从一个地方到另一个地方	总线、导体和电缆
X	物体连接	连接器和端子排

5. 安装位置标识

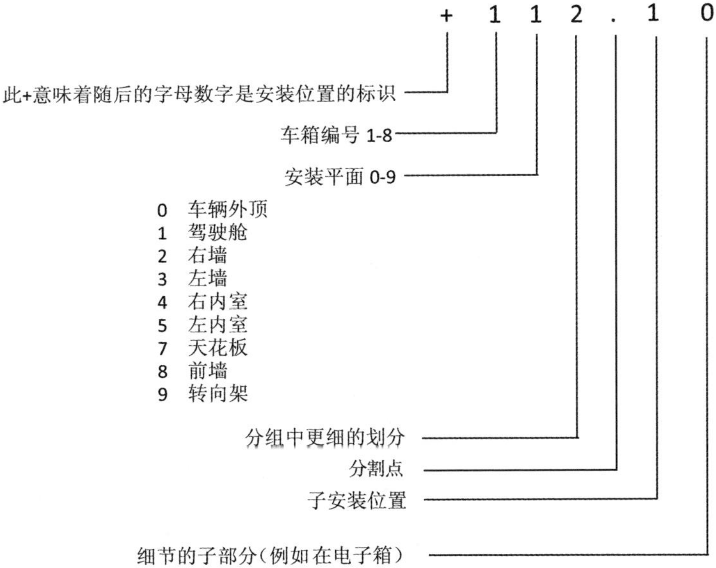

图 2-114
位置标识规则

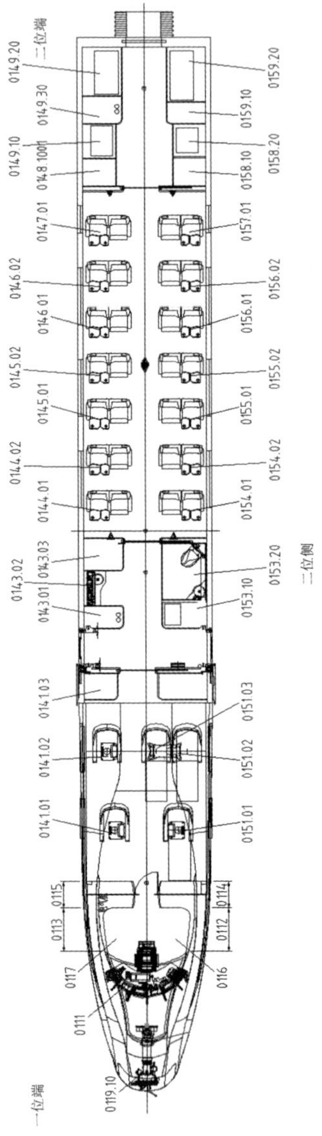

图2-115
车厢位置标识

主安装位置为三位数字的位置标识（例如+112）。子安装位置为被小数点分割的标识（例如+112. 10）。这两组编号描述了安装位置，为了更准确地确定位置，可使用子安装位置来确定。标注规则见图 2-114。

每个动车组车厢都按相应划分规律划分了位置，以 TC01 车为例，站在电气柜位置（二位端）面向司机室（一位端），右侧（一位侧）区域为 130，左侧（二位侧）为 120，车顶部分为 100，司机室为 110。更细的划分见图 2-115。

以司机室为例，司机室位置标识为 110，司机操作台为 111，司机室二位侧控制柜为 112，一位侧控制柜为 113，司机室二位座椅控制柜为 114，司机室一位座椅控制柜为 115，等等。

6. 功能图中的电压等级分类

电压等级分类是线束编号的一部分，它由一个字母组成。

电压等级有以下分类：

H	高压电缆
E	接地电缆
A	制动电阻电缆/牵引电机电缆/辅助供电电缆/AC440V 三相交流电缆
B	控制电缆/电池电缆
C	信号电缆/测量电缆/扬声器电缆/ 天线电缆/ 总线电缆

7. 功能图中的线束编号

（1）跨不同安装位置的线束编号。

组成线束编号的前三个数字表示第一安装位置（不包括子安装位置），第四到第六表示第二位置（不包括子安装位置），下一位表示电压等级分类，最后三位为连续数字，见图 2–116。

114	159	B	011
第一安装位置	第二安装位置	电压等级	连续数字

图 2–116
跨不同位置线束命名规则

（2）同一安装位置内的线束编号。

组成线束编号的前三个数字表示安装位置（不包括子安装位置），下一位表示电压等级分类，最后三位为连续数字，见图 2–117。

114	B	001
第一安装位置	电压等级	连续数字

图 2–117
相同位置线束命名规则

8. 功能图中的线号编号

每一个功能图中的电路联结有一个线号，该线号则由功能组决定，通过车厢连接过道的电缆有一个不变更的始终一致的线号。见图 2-118，以 211101.01 为例，介绍线号编号组成及意义。

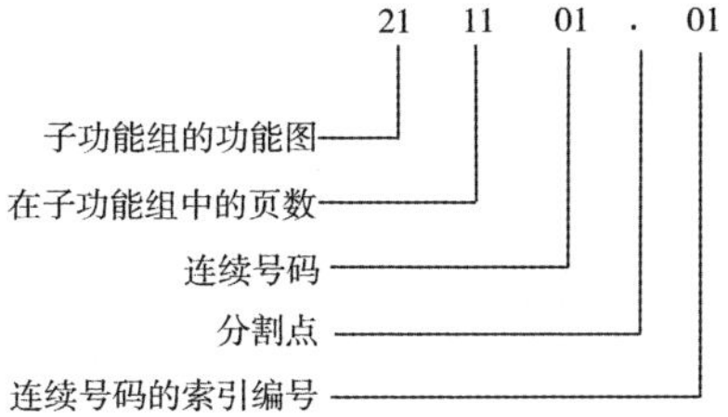

图 2-118
线号命名规则

9. 功能图的中断标识

没有索引编号的导线号将引起中断。在该页上如果没有明显的电缆号，将马上出现电势。以 240101 为例，见图2-119。

图 2-119
中断标识

10. 电路图中交叉引用的标识

交叉引用用于找到该页中没有的电缆，并且说明该设备缺少的部分可在哪里找到。交叉引用将会以图 2-120 描述方式组成。

11. 功能图中连接器和端子排的命名

电气设备连接器和端子排的标识组成方式见图 2-121。

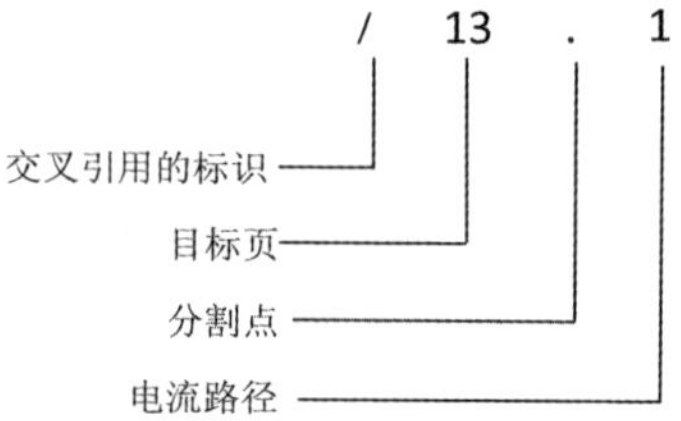

图 2-120
交叉引用标识规则

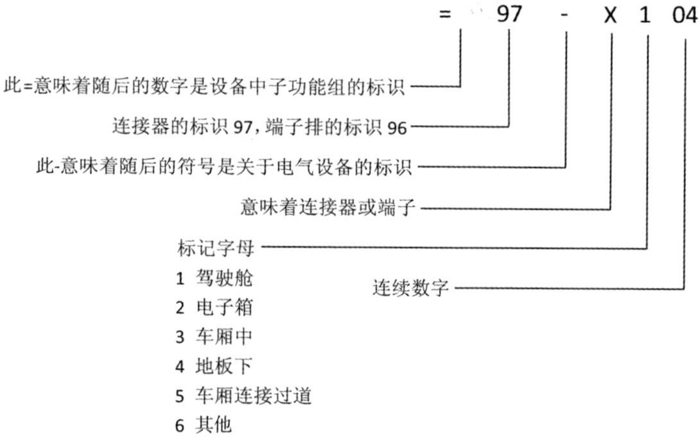

图 2-121
连接器和端子排标识

车上使用的连接器分为两侧，一侧是 A，另一侧是 B。一般情况下，把可移动的一侧定义为 B，见图 2-122。

12. 电路图中电缆的编号

（1）同一车辆上的电缆按图 2-123 描述方式编号。

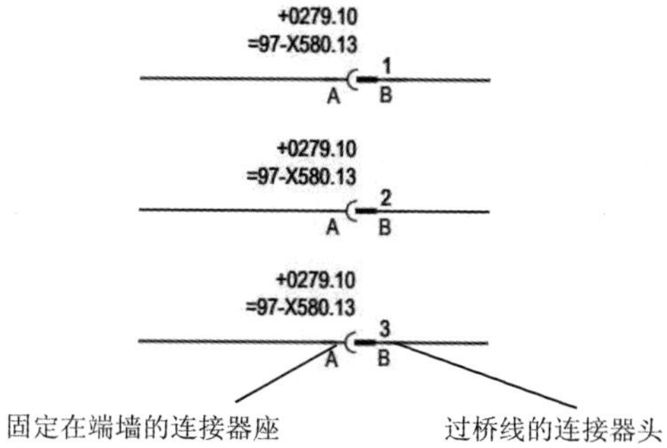

图 2-122
连接器定义规则

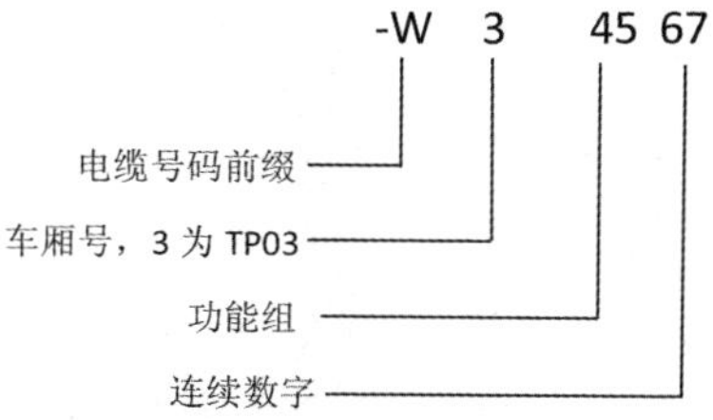

图 2-123
同一车辆电缆的编号方式

（2）两辆车之间的连接电缆按图 2-124 描述方式编号。

13. 电线颜色的缩写

在功能图中我们会看到在线号处会标记有电线颜色的缩写，常用颜色缩写如下：

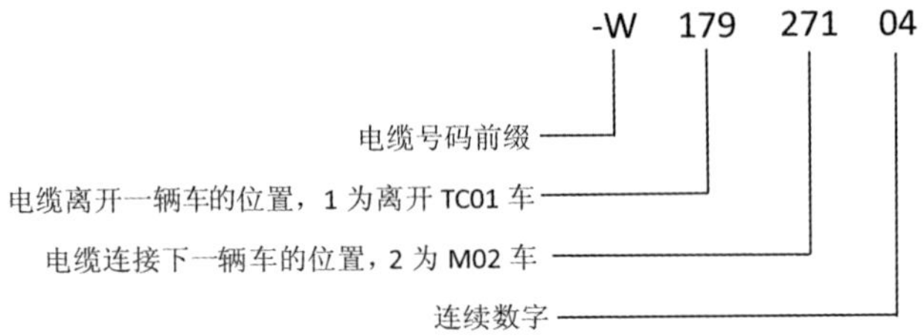

图 2-124
不同车辆电缆的编号方式

BK- 黑色	BU- 蓝色	BN- 棕色	GY- 灰色	GN- 绿色
GNYE-黄绿色	YE-黄色	RD-红色	OG-橙色	WH-白色
SCR-屏蔽	S-银色			

导线颜色标注实例见图 2-125。

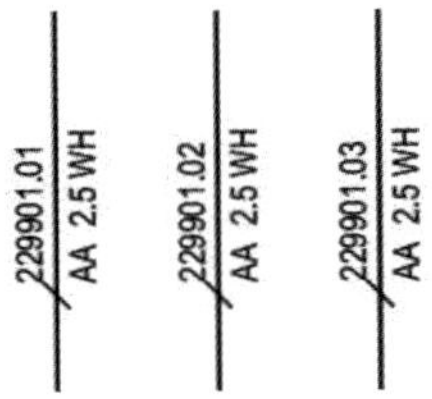

图 2-125
导线颜色标注实例

二、 动车组的逻辑图

逻辑图由许多逻辑图形符号构成。它与真值表及表达式一样，是描述逻辑函数的一种方法。

动车组网络监控（TCMS）系统对车辆各项性能进行监

视和控制。因此，其控制逻辑图在实际调试和故障查找过程中是一项非常重要的工具。逻辑图中各逻辑模块的逻辑关系，构成了动车组的各项控制功能基础，通过TCN网络中央处理单元（CCU）与子系统进行信息交换和I/O节点的状态采集、控制，实现控制动车组硬件的目的。

动车组逻辑控制按照功能块划分，可分为旅客信息系统、门、烟火系统、充电机、牵引系统、制动系统、轴温、高压系统、压缩机系统、内部照明、外部照明、卫生间系统、空调系统、撒砂、轮缘润滑、网络等功能块。

1. 基本逻辑功能块

与门，见图2-126。功能说明：当输入端全部为1时，输出为1。根据需要，可通过软件增加输入端的数量。

或门，见图2-127。功能说明：当输入有一个为1，输出就为1。根据需要，可通过软件增加输入端的数量。

图2-126
与逻辑

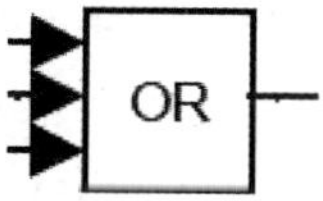

图2-127
或逻辑

非门，见图2-128。功能说明：输出端=输入端取反。

XOR异或，见图2-129。功能说明：当输入两端不一致时，输出为1。

图 2-128
非逻辑

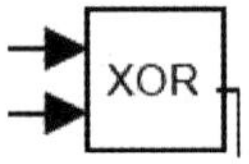

图 2-129
异或逻辑

NOR 或非，见图 2-130。功能说明：输入端全部为 0 时，输出为 1，其余情况为 0。

NAND 与非，见图 2-131。功能说明：当输入端全部为 1 时，输出端为 0，其余情况为 1。

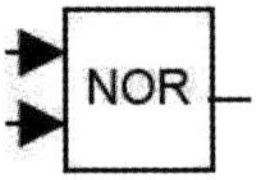

图 2-130
或非逻辑

图 2-131
与非逻辑

DELAY 模块，见图 2-132。功能说明：在 A 端接到 0->1 上升沿，且 10s（可设定）内一直为 1，10s 后 Y 端为 1，这个模块的主要作用是滤波，把虚假的信号滤波掉，因为虚假信号不能持续太长时间。

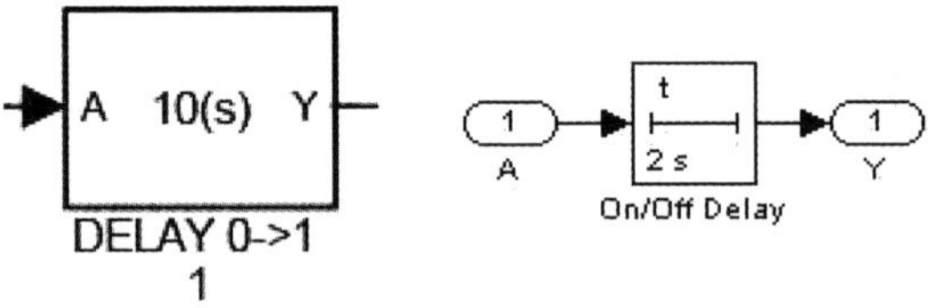

图 2-132
DELAY 模块及逻辑关系

HOLD 模块，见图 2-133。功能说明：输入为 1 后保持发出 2s（可设定）的高电平，这段时间后则与输入端 A 相同，直到下一次检测到输入 A 端上升沿。

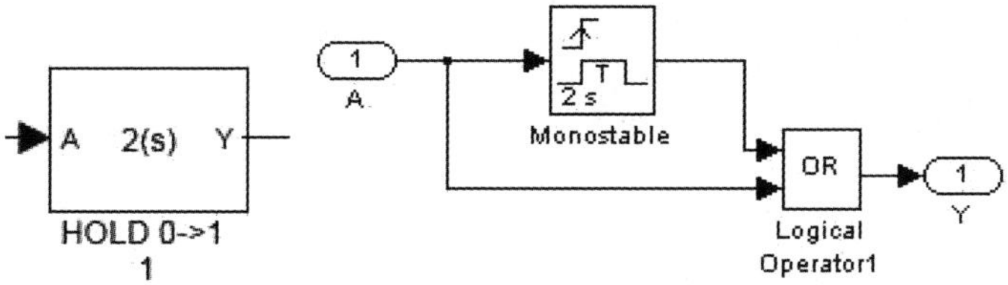

图 2-133
HOLD 模块及逻辑关系

TIMER 模块，见图 2-134。功能说明：当检测到输入端 A 存在上升沿时触发，在所设定的时间内输出端 Q 与输入端 A 相同，这段时间后输出 Q 为 0，直至下一次检测到输入端 A 上升沿。Qn 端是与 Q 端相反的波形。在输入为 1 后，输出一个 2s 的高电平，2s 后输入为 0，同时要求在这 2s 内输入也一直是 1。

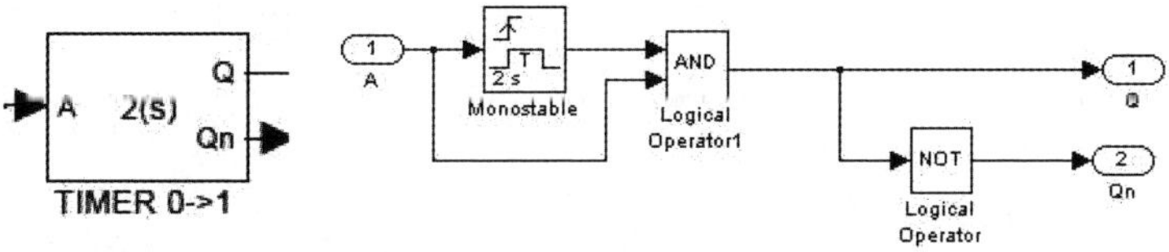

图 2-134
TIMER 模块及逻辑关系

MONO 模块，见图 2-135。功能说明：当检测到 A 端输入有一个上升沿时，在所设定的时间内 Q 端输出与 R 端输入相同，之后输出为 0，直到检测 A 端下一个上升沿。Qn 端输出与 Q 端相反。

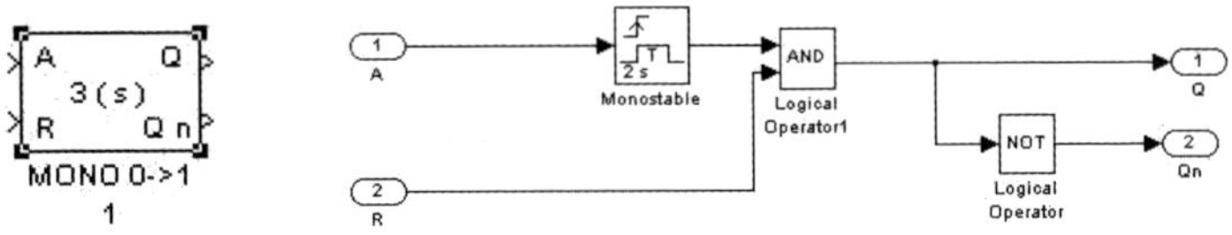

图 2-135
MONO 模块及逻辑关系

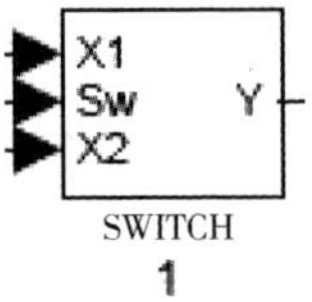

图 2-136
SWITCH 模块

SWITCH 模块，见图 2-136。功能说明：当 SW = 1 时，Y = X2；当 SW = 0 时，Y = X1，相当于线路选择开关。

Positive Trigger 模块，见图 2-137。功能说明：当模块 Positive Trigger 检测到 A 端输入由小增大到超过 S 端输入设定值时，Y 端输出为 1，当模块 Positive Trigger 检测到 A 端输入由大减小到小于 S 端与 I 端设定值之差时，Y 端输出为 0。工作曲线见图 2-138。

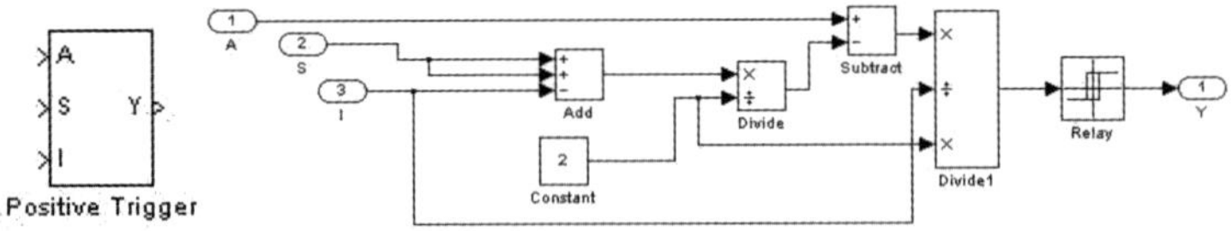

图 2-137
Positive Trigger 模块及逻辑关系

Negative Trigger 模块，见图2-139。功能说明：当模块 Negative Trigger 检测到 A 端输入由大减小到小于 S 端输入设定值时，Y 端输出为 1。当模块 Negative Trigger 检测到 A 端输入由小增大到超过 S 端与 I 端输入设定值之和时，Y 端输出为 0。工作曲线见图2-140。

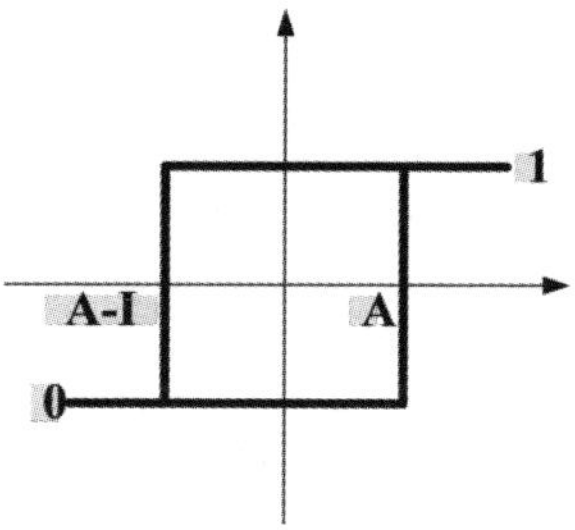

图 2-138
Positive Trigger 模块工作曲线

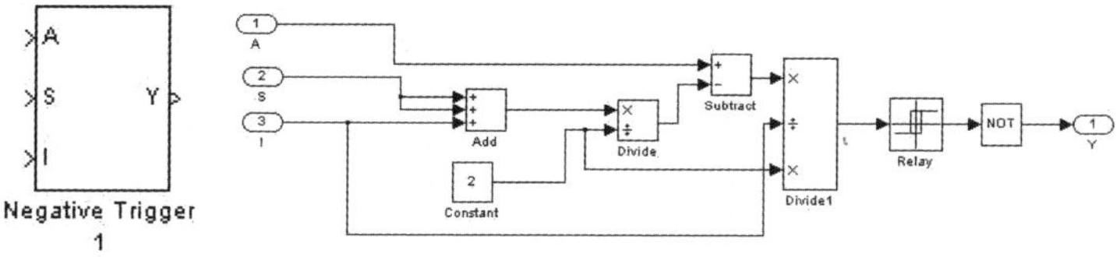

图 2-139
Negative Trigger 模块及逻辑关系

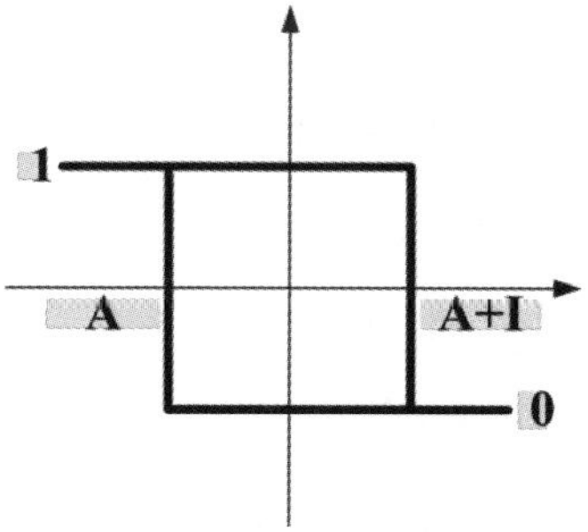

图 2-140
Negative Trigger 模块工作曲线

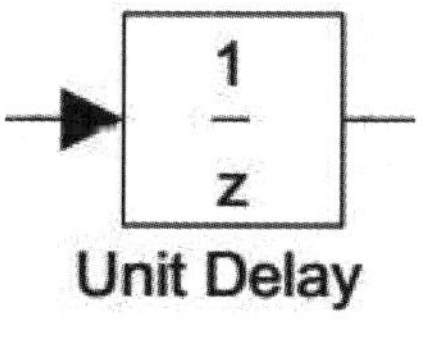

图 2-141
采样模块

采样模块，见图 2-141。输出端为从输入端的采样值（输入端为连续值）。

不等于模块，见图 2-142。功能说明：当两个输入端不相等的时候，输出端为 1。

RS 触发器，见图 2-143。功能说明：当输入端 R=1、S=0 时，Q=1,！Q=0；当 R=0、S=0 时，Q 和！Q 持上个状态不变；当 R=0、S=1 时，Q=0,！Q=1；当 R=1、S=1 时，状态不定，优先 R 端。

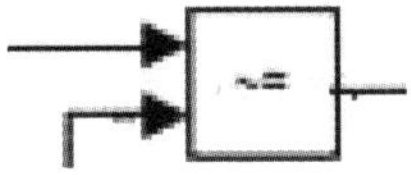

图 2-142
不等于模块

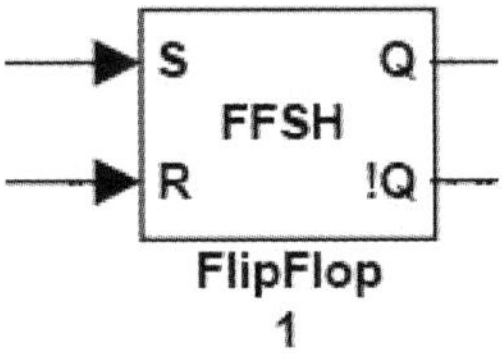

图 2-143
RS 触发器

见图内线性变换模块，见图 2-144。功能说明：将输入端的数值线性对应成 0-29127，转化后的值输出。

除法模块，见图 2-145。功能说明：输出端等于输入两端相除（“×”前的数除以“÷”前得数）。

乘法模块，见图 2-146。功能说明：输出端等于输入端相乘。

最大值模块，见图 2-147。功能说明：输出等于两个输入

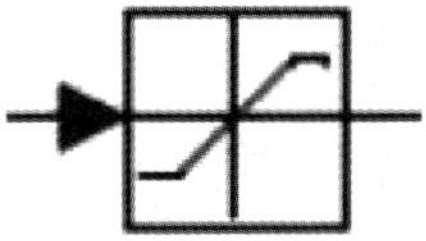

图 2-144
线性变换模块

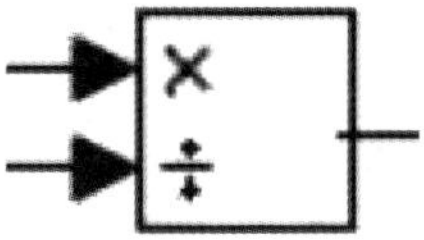

图 2-145
除法模块

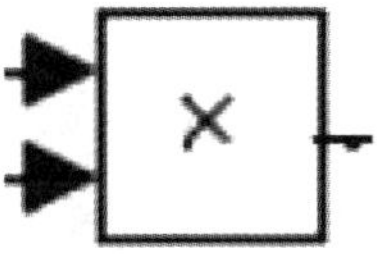

图 2-146
乘法模块

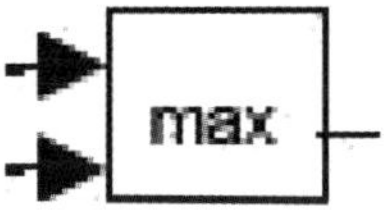

图 2-147
最大值模块

值中的最大值。

等于模块，见图 2-148。功能说明：当输入=2（可设定）时，输出为 1。

编码模块，见图 2-149。功能说明：输入端为 00，01，10，11，从 0~3 分别对应输出为 0、1、2、0（从上到下）。

网关消息数据模块，见图 2-150。功能说明：WTB-MD 是消息数据，没有周期性，不定时发送，比如给监控屏的变压器温度信号等，该模块的意思是本单元算出的输入变量通过网关，将本单元的输入变量发送至全列所有单元，后面的四个输出代表本单元中央控制单元（CCU）接收到的其他各个单元发来的数据，比如重联车的四个主变压器油温，一个

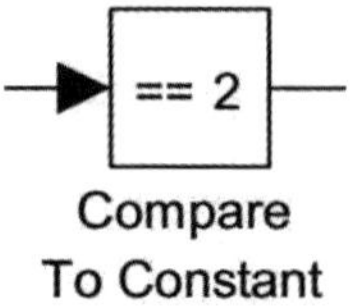

图 2-148
等于模块

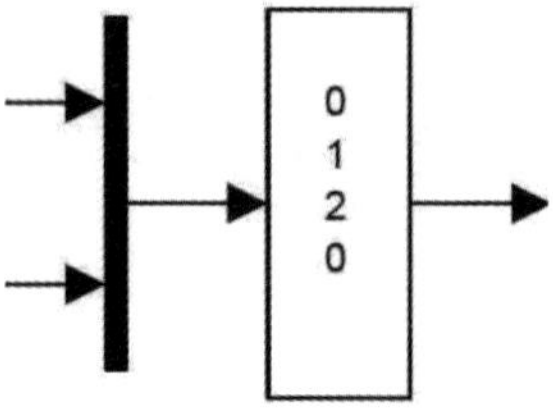

图 2-149
编码模块

节点（GW）只能发送一条数据，但是可以接收其他节点的数据，并且只对有用的数据进行处理，过滤没有用的信息。

上升沿触发模块，见图 2-151。功能说明：检测到输入上升沿 0 到 1 跳变时，输出为 1。

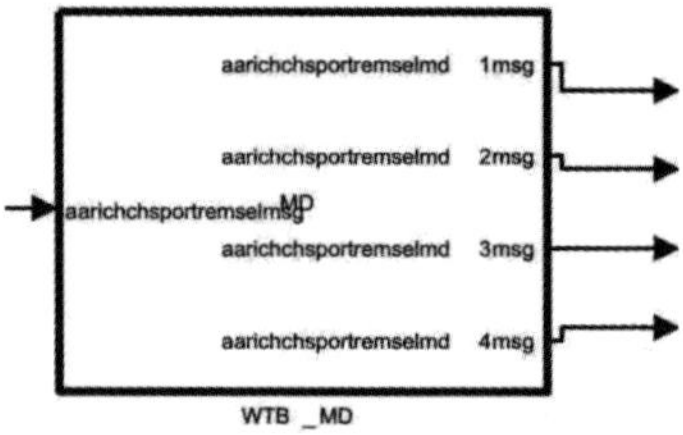

图 2-150
网关消息数据模块

图 2-151
上升沿触发模块

网关 R1/R2/R3 报文模块，见图 2-152。功能说明：网关接收到的固定周期的数据，格式固定，具有周期性。

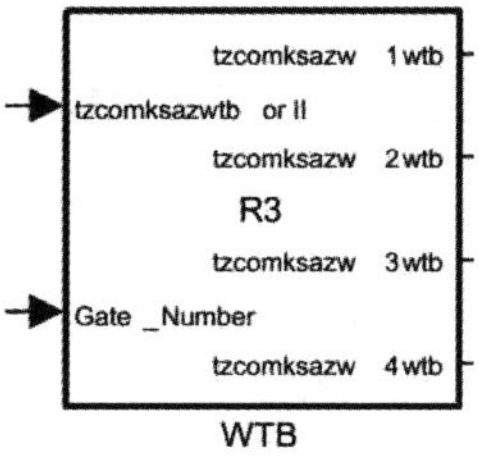

图 2-152
网关 R1/R2/R3 报文模块

字节模块，见图 2-153。功能说明：一个 8bit 的二进制字节，值为 0（可变）。

状态包，见图 2-154。功能说明：内部为一个逻辑，显示了输入与输出之间的状态关系。内部逻辑见图 2-155，初始状态为实心黑点引出的箭头所指的状态。

图 2-153
字节模块

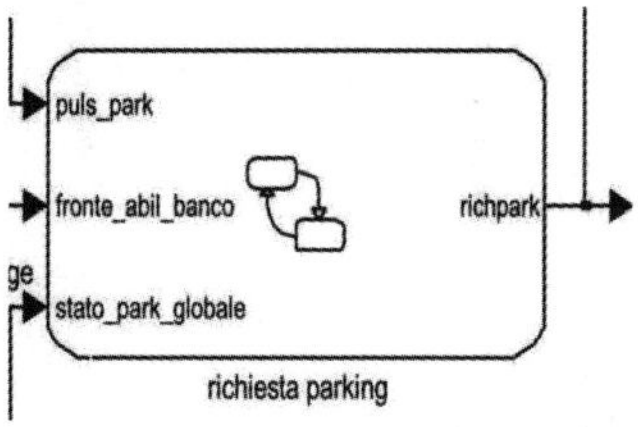

图 2-154
状态包

同一处理方式，见图 2-156。功能说明：表示输入与输出的关系都使用同一种处理方式（一一对应）。

按位与，见图 2-157。功能说明：输入从右到左第 6 位

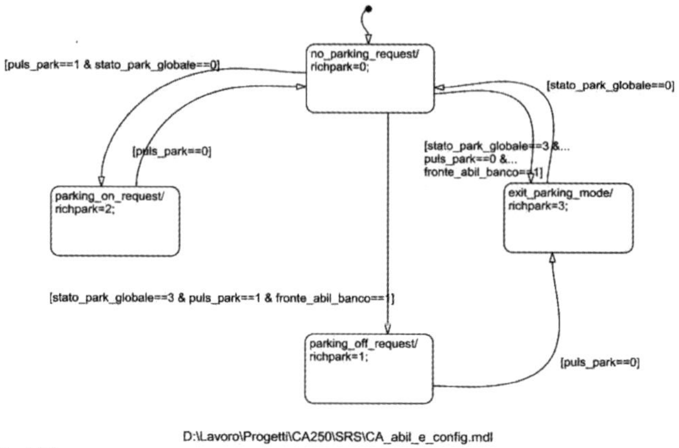

图 2-155
状态包内部逻辑

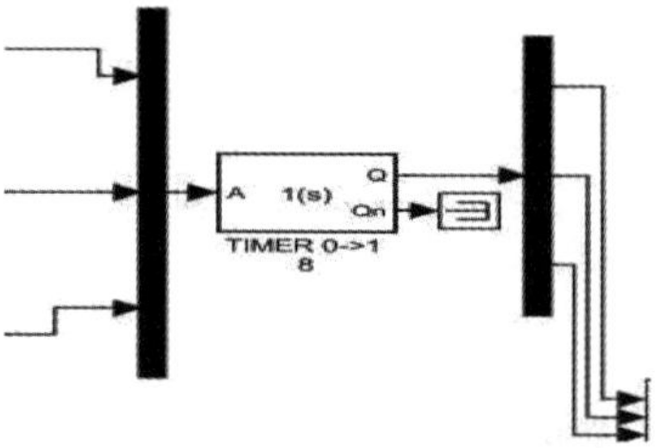

图 2-156
同一处理方式

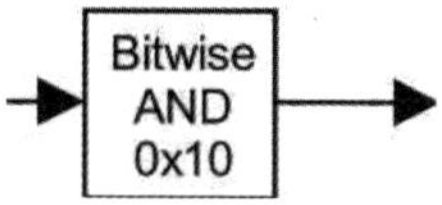

图 2-157
按位与

是 1，那么输出为 1。10 是十六进制，需要转换成二进制是 100000，输入的第六位如果也是 1，那么输出是 1，也就是说，输入的十六位二进制数中，只有第六位有用。

保留低八位，见图 2-158。功能说明：输入的十六位

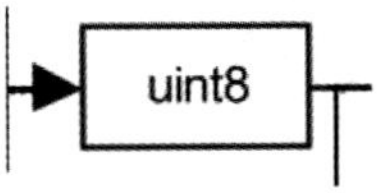

图 2-158
保留低八位

中，只保留低八位，其他的不用。

2. 变量规范

（1）逻辑图中带框的变量表示外部变量，其中以 di、do 结尾的表示是在 I/O 表中能查到的，是硬线控制接入 IOM 模块的。其余的以 rx、tx 结尾的变量是各子系统在中央处理单元（CCU）进行数据交换的源、宿端口的变量。没有框的变量表示是中间变量，tz 开头的变量表示从硬件上获取的，ct 开头的变量表示从其他软件上获取的。见图 2-159、图 2-160、图2-161。

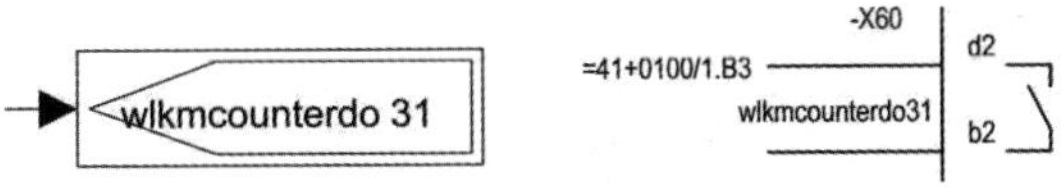

图 2-159
对外输出变量及对应硬件板卡接口位置

（2）变量名需要由四部分组成：例如，qycuttracdo35 含义为牵引系统—切除牵引 —2、7 车—do 指令。组成规则见表 2-11。

设备名称缩写通常采用拼音首字母，自定义变量通常是

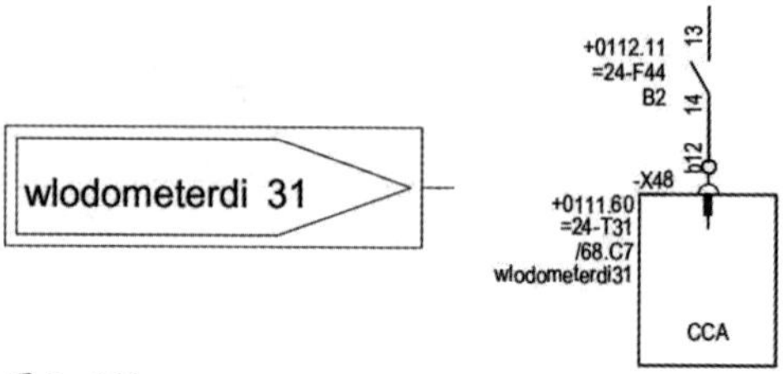

图 2-160
外部输入变量及对应硬件板卡接口位置

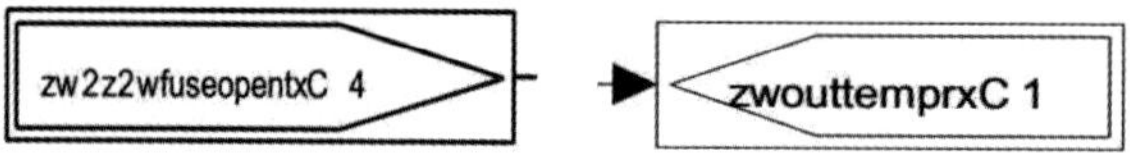

图 2-161
主、子系统之间信息交换的源、宿变量

将变量的含义用简单的一个字母组合描述出来，变量功能可分为 di、do、tx、rx 等。

表 2-11
动车组逻辑变量命名规则

第一部分	第二部分	第三部分	第四部分
××× （两位或三位）	××××××××××少于十五位	×× （两位）	×× （两位）
设备缩写	自定义变量	变量功能	设备地址

（3）变量的类型。依据计算机数据类型规则，可分为数字量和模拟量两大类，根据数据长度不同又可分为字节、字等，详见表 2-12。

表 2-12

变量类型

类型缩写	类型名称
bool	BOOLEAN1
int8	INTEGER8
uint8	UNSIGNED8
int16	INTEGER16
int32	INTEGER32
uint16	UNSIGNED16
uint32	UNSIGNED32

第三章

动车组各系统的原理及调试

第一节

动车组牵引系统的原理及调试

一、动车组牵引系统概述

动车组标准列采取8辆编组，由两个“二动二拖”的牵引动力单元组成“四动四拖”（4M4T）的结构。

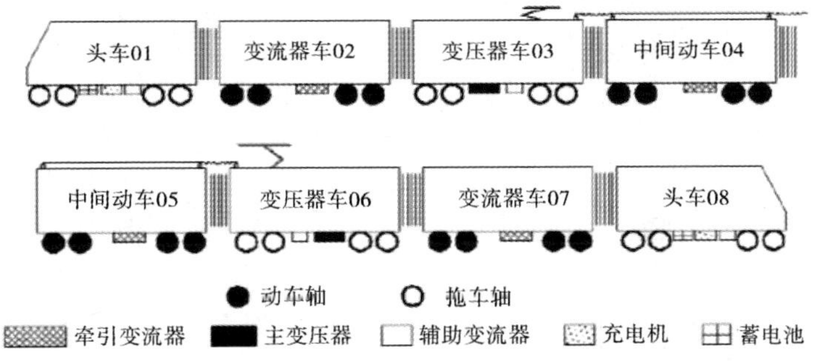

图 3-1
动车组主要牵引系统设备分布

如图3-1所示，其中1、8车为头车亦为拖车，配有蓄电池、充电机、辅助变流器等设备；2、4、5、7 车为动车，配有牵引变流器；3、6 车为变压器车，配有受电弓、主断路器、牵引变压器、辅助变流器等设备。

1. 牵引系统的主要设备

动车组由两个对称的牵引单元（01 至 04 车和 05 至 08 车）组成，它们通过车顶高压电缆互相连接。车顶高压部件包括受电弓、避雷器、线电压互感器、主断路器、接地开关、避雷器、线电流互感器、高压隔离开关等，见图 3-2。

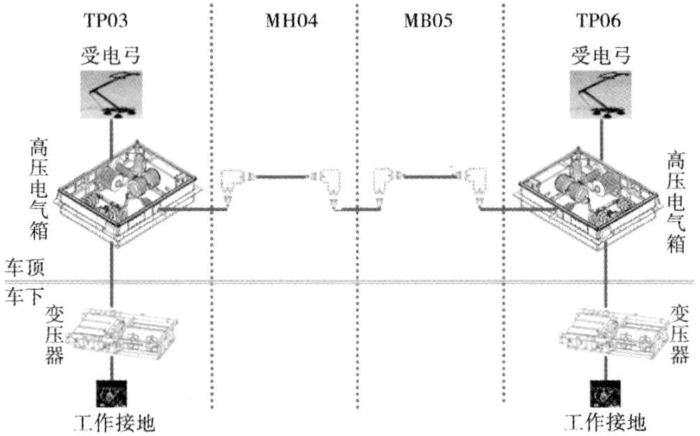

图 3-2
高压主电路

高压系统具备为全车供电、电气保护、检测网压及工作电流的能力。

2. 牵引单元

牵引系统由两个牵引单元组成，每个牵引单元由两个动车和两个拖车构成。电气系统结构见图 3-3。

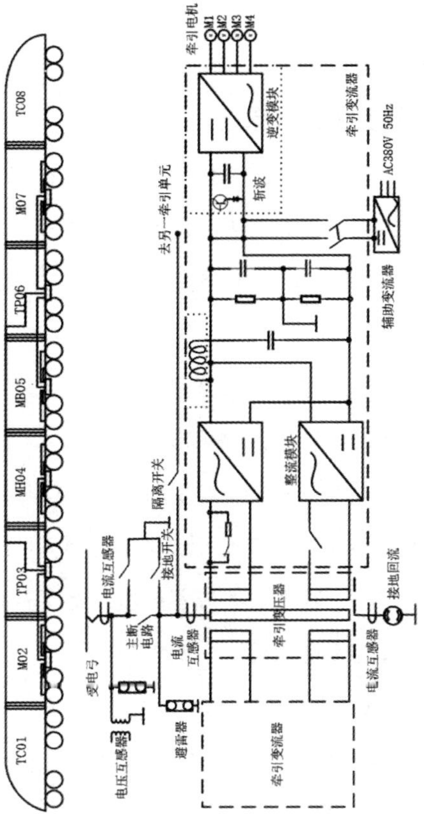

图3-3 牵引单元示意图

每个牵引单元包括1台牵引变压器及冷却单元、2台牵引变流器及其冷却单元、8台牵引电机、4台牵引电机冷却风机。

牵引变流器采用交—直—交变换，可供本车四台牵引电机正常运行，并可实现牵引电机的变频调速。

二、 牵引系统的工作原理

牵引控制单元（TCU）是电传动系统核心控制部分，由外部DC110V供电，通过检测电压、电流、速度、温度、压力等量，完成对牵引变流器的闭环实时控制，实现列车所需的牵引功能。

TCU具备完整的牵引系统故障保护功能，具有符合列车通信网络（TCN）IEC61375标准的MVB通信接口，与中央控制单元等形成控制与通信系统。同时，当列车控制与诊断系统出现故障时，具备可用硬线实现紧急牵引的功能。牵引控制单元具有牵引变流器逻辑控制、四象限整流器控制、牵引逆变器控制、黏着利用控制这四大控制功能模块，见图3-4。

1. 受电弓的作用

每个牵引单元都装备有一个同类型的受电弓，安装在TP车上。受电弓配备了一个压缩空气驱动的自动升降装置，当接触带破裂时，驱动装置将降低受电弓。受电弓所有功能以及监控通过各自的阀控制模块实现，升起通过安装在控制阀

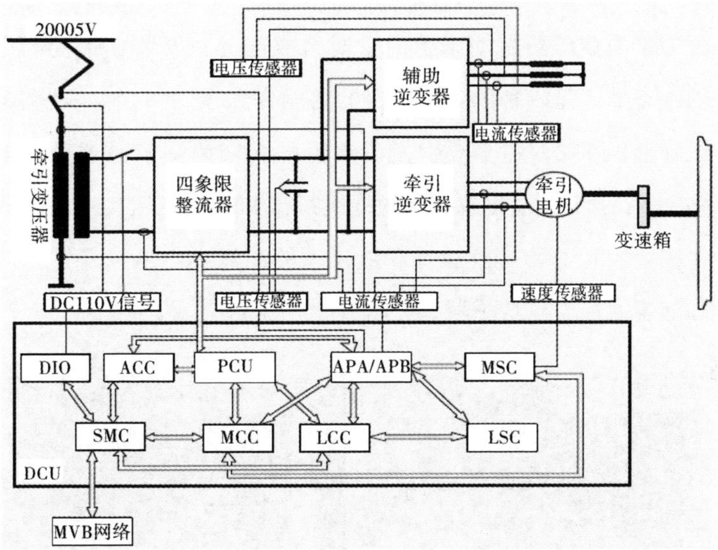

图 3-4
牵引系统原理框图

模块中的电磁阀实现，升弓时间通过输入电缆中的电抗设置，降弓时间、静态接触力以及自动升降装置中的压力开关的压力通过阀控制面板设置。阀控制模块所需的压缩空气由列车总风管（MR）提供，当列车整备时，辅助空气压缩机会被使用。辅助空压机为直流电机，电源直接由列车蓄电池供给，用于在全列无高压、中压、无总风或压力低时升起受电弓。

2. 牵引变压器的作用

牵引变压器是动车组的重要组成部分，安装在带受电弓的拖车上，是一种固定变压比的单相变压器，将 25kV 网侧电压降至 1850V，用于牵引变流器供电（四象限斩波器输入电路）。牵引变压器设置有原边绕组过流和次边绕组接地监控和保护，同时安装有监控冷却液流动的油流继电器以及监控冷却液温度的温度传感器，见图 3-5、图 3-6、图 3-7。

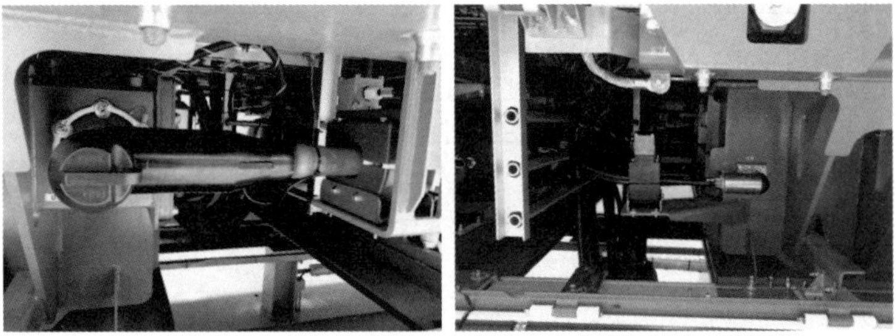

图 3-5
牵引变压器输入 T 字头电流互感器和回流端回流电流互感器

3. 牵引变流器的构成

在动车组高压电路中，经受电弓、主断路器、牵引变压器将牵引变流器连接到单相 25kV/50Hz 供电线上。用单极断路器将变压器次级线圈与牵引变流器分离。通过预充电单元（在接通期间）和两个并联四象限斩波器（4QC）模块，每个模块为一个半桥，给中间直流环节电压回路供电。中间直流

图 3-6
牵引变压器输出端到牵引变流器的连接

图 3-7
主变压器油位视窗

环节电容器、谐波电路、接地故障装置和保护模块位于中间直流环节内。经脉冲变换器将中间直流环节电压能量传递至三相变频脉冲输出电压，给三相异步牵引电机供电。

牵引变流器安装在动车组动力车车下的牵引设备箱中，由2个四象限斩波器（4QC）、带谐振电路的中间电压电路、1个制动斩波器（BC）以及1个脉冲宽度调制逆变器（PWMI）组成。牵引变流器的输入线路接触器由列车控制单元（TCU）控制。在中间直流回路充电完成后，牵引控制单元（TCU）根据检测到的牵引变流器状态（包括冷却水温、水压、模块状态等），在无故障的情况下，启动整流模块，维持中间直流回路电压稳定在额定值，并根据列车控制监控系统（TCMS）的辅助变流器启动指令，启动辅变模块并实现辅变的并联运行，接收到司控室的牵引/制动指令后，启动逆变器模块，实现列车的牵引、制动运行。

4. 牵引变流器的工作过程

牵引变流器接收主变压器的AC1850V电压（1V、1U）→经过预充电接触器AK→预充电电阻ACH（R8）→4QC1，直流电压给中间直流环节电容FC充电，达到要求后主接触器K1、K2闭合，预充电接触器断开。此时（1V、1U）和（2V、2U）→K1和K2→4QC1和4QC2→DC3000V（中间直流环节）一部分→AuxK1（输出接触器）→辅助变流器。DC3000V（中间直流环节）另一部分→PWMI→AC（0V—2800V）→牵引电机。其中DRE1、DRE2和FC组成了谐波吸收器。谐波吸收器是谐振电路，由电容器和一个外部扼流圈构成（不在牵引变流器的内侧）。其分两次过滤由线频率输入电压能流导致的中间直流环节中的波动，它是二次变为线频率的串联谐波电路。GRe、Gc、GCT 组成了接地故障探测器，在出现接地故障 15s 后，逆变器会被封锁。如果这仍不能终止接地故障，整流器和直流电路辅助输出电源也会被封锁。

三、 牵引系统的调试

1. 牵引手柄通道测试

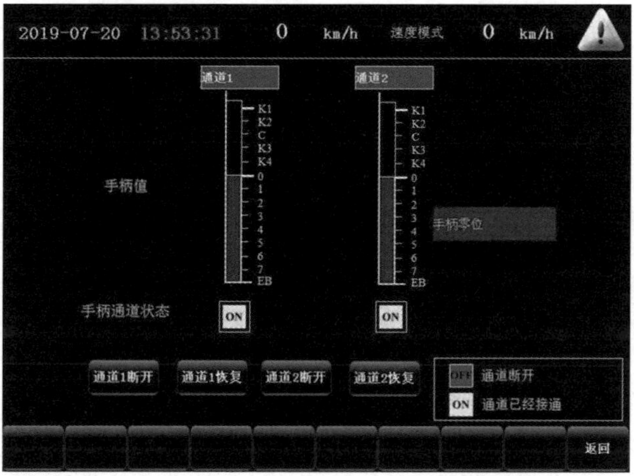

图 3-8
牵引手柄通道测试界面

分别在两个头车司机钥匙=22-S04 置于 ON 位；方向开关=22-S02 在向前位；列车处于静止且降弓状态，操作司机显示屏 HMI，进入维护界面，选择通道测试，将控制器=22-S01

手柄从0位逐级移动至最大牵引位；将控制器=22-S01手柄从0位逐级移动至紧急制动位；检查手柄位置与司机监控屏HMI，手柄通道1、2显示应保持一致，见图3-8。

2. 试验紧急制动

将司机钥匙=22-S04置于ON位，占用头车司机室；方向开关=22-S02在向前位；列车处于静止且降弓状态，连接TCU服务软件，检查EB、UB信号，打开TKDMON，加载工程列表，与TCU建立连接选择“工程变量”，选择“显示筛选器”，筛选并将图3-9中的变量（SBNBBSBS、SBUBCMD）添加到“watch list”中。

实例路径	变量名	数据类型	长度	规模	单元	存储属性	在线值
SGSIGNAL	SBNBBSBS	BOOL				Normal	
SGSIGNAL	SBUBCMD	BOOL				Normal	

图3-9
牵引控制单元变量界面

3. 牵引力测试

将司机钥匙=22-S04置于ON位，占用头车司机室；方向开关=22-S02在向前位；牵引制动手柄制动位7级制动。将升弓开关=21-S02置于“升弓”位；闭合主断路器。确认动车=23-F01、=23-F02闭合。在司机监控屏HMI中选择“牵引界面”键，进入牵引力测试界面。点击位于“牵引界面”中的“测试开始”。

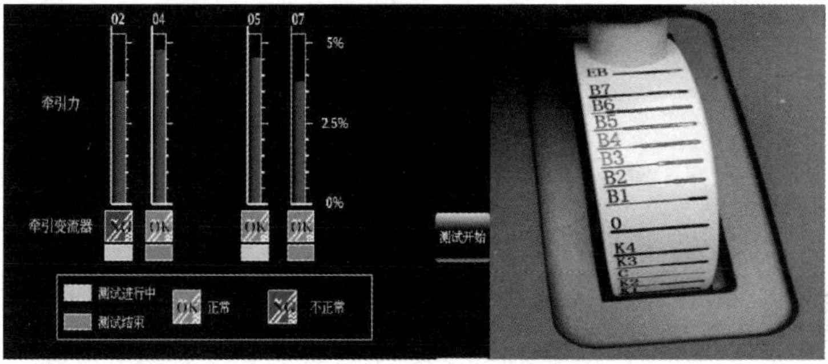

图 3-10
牵引力测试界面

见图 3-10，“测试进行中”柱状条点亮。牵引力测试结束后，“测试进行中”柱状条变为常亮的绿灯。各车牵引力显示柱上升至5%左右。测试完成后，恢复0%。

4. 测试逆变器信号

将司机钥匙=22-S04 置于 ON 位，占用头车司机室；方向开关=22-S02 在向前位；列车必须施加停放制动，将升弓开关=21-S02 置于“升弓”位；将主断路器操作开关=21-S03 置于闭合位，主断路器闭合，连接 TCU 服务软件，打开 TKD-MON，加载工程列表，与 TCU 建立连接，选择“工程变量”，选择“显示筛选器”，筛选并将变量添加到“watch list”中。

占用头车司机室，方向开关=22-S02在向前位，2、4车SBZSGRS，5、7车SBZSGRS；方向开关=22-S02在向后位，2、4车SBZSGRS，V为“TRUE”，R为“TRUE”；5、7车SBZSGRS信号检查位，R为“TRUE”，V为“TRUE”。“SUDISTG”检查其在线值，SBQHSACE为“TRUE”时说明主断闭合，SBZSGRSR为“TRUE”时说明方向向后，SBZSGRSV为“TRUE”时说明方向向前。SBZSGRSR和SBZSGRSV不能同时为“TRUE”。闭合主断时，中间直流环节电压“SUDISTG”应大于2600V；列车方向正确。见图3-11。

实例路径	变量名	数据类型	长度	规模	单元	存储属性
SGSIGNAL	SBQHSACE	BOOL				Normal
SGSIGNAL	SUDISTG	N2		2600	V	Normal
SGSIGNAL	SBZSGRSV	BOOL				Normal
SGSIGNAL	SBZSGRSR	BOOL				Normal

图3-11
牵引控制单元变量界面

5. 动车组设备切除及投入测试

将司机钥匙=22-S04置于ON位，占用头车司机室；方向开关=22-S02在向前位；在司机监控屏设备管理界面操作切除车顶隔离开关和TP06车受电弓，切除TC01车辅助变流器；将升弓开关=21-S02置于“升弓”位；将主断路器操作开关=21-S03置于闭合位，闭合主断路器。再次闭合主断路器。断开主断路器，降弓，恢复切除的辅助和车顶隔离开关，并进行小复位操作。在司机监控屏 HMI 上确认主断路器短暂闭合后跳开，变流器设备界面确认牵引变流器 TCU 切除。在司机监控屏 HMI 上确认主断闭合、受电弓、隔离开关、牵引和辅助设备状态正常，见图 3-12。

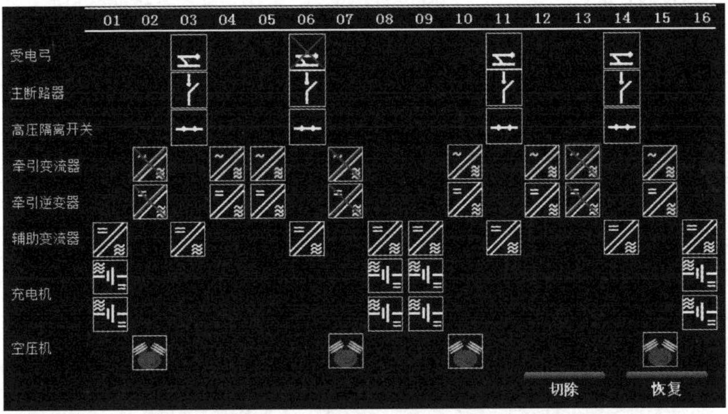

图 3-12
牵引设备切除及投入操作界面

6. 风扇测试

将司机钥匙=22-S04 置于 ON 位，占用头车司机室；方向开关=22-S02 在向前位；将升弓开关=21-S02 置于“升弓”位；将主断路器操作开关=21-S03 置于闭合位，闭合主断路器。在司机监控屏 HMI 维护界面可进行风扇测试，如“风机半速测试”“风机全速测试” “风机停止测试”，见图 3-13。在司机监控屏 HMI 上确认主断路器闭合，高压正常。在调试软件中查看 fztracfan1lsdo35 = 1、fztracfan1lsdo36 = 1、fztracfan2lsdo35 = 1、fztracfan2lsdo36 = 1、fzmotfan1lsdo35 = 1、fzmotfan1lsdo36 = 1、fzmotfan2lsdo35 = 1、fzmotfan2lsdo36 = 1；在车下确认风扇低速启动，且无异响。在调试软件中查看 fztracfan1hsdo35 = 1、fztracfan1hsdo36 = 1、fztracfan2hsdo35 = 1、fztracfan2hsdo36 = 1、fzmotfan1hsdo35 = 1、fzmotfan1hsdo36 = 1、fzmotfan2hsdo35 = 1、fzmotfan2hsdo36 = 1；在车下确认风扇高速启动，且无异响。

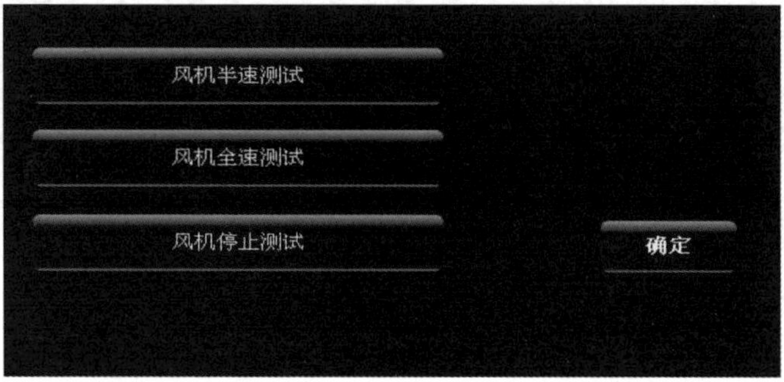

图 3-13
风扇测试界面

7. 检验牵引电机的旋转方向

一次只能检测一个动车的牵引电机旋转方向。用这一动车行驶约 300m 的距离，在此期间，对单个牵引电机的速度予以检验。当行程完成时，通过调试软件在牵引变流器 TCU 中比较牵引电机的温度。如果旋转方向正确，则牵引电机之间的最大温度差应小于等于规定值。如果列车不行驶或者行驶困难，那么至少一个牵引电机的旋转方向可能有错误。旋转速度传感器的信号将使用表 3-1 检验。每个牵引变流器 TCU 读出五个旋转速度信号。

表 3-1
速度信号检查表

信号	意义	值
SNI1FZA	速度，牵引电机 1	正或者负，取决于行进方向
SNI2FZA	速度，牵引电机 2	正或者负，取决于行进方向
SNI3FZA	速度，牵引电机 3	总为正
SNI4FZA	速度，牵引电机 4	总为正
SNIST5	TW 中承载车轴的速度	总为正
SVIST	TCU 的计算的实际速度（km/h）	—
SMS0VZSA	实际扭矩，Nm	正或者负，取决于行进方向

开始试验之前，启用 M02 车的牵引变流器，并且通过司机监控屏 HMI 左屏切除其他动车的牵引变流器，见图 3-14。

头车的司机室为主控司机室。缓解制动，并且将主控制器 =22-S01 推至“牵引”位，按规定距离行驶。在 TC01 车司机室连接交换机接口，通过牵引调试软件测试牵引电机速度，

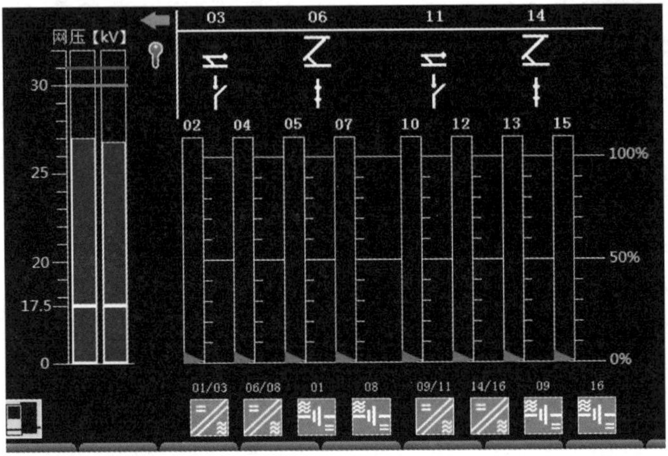

图 3-14
检验牵引电机的旋转方向监控软件界面

施加制动，直到静止。通过牵引调试软件测试牵引电机的温度 MCIFM1、MCIFM2、MCIFM3、MCIFM4，TC08 车的司机室为主控司机室。缓解制动，并且将主控制器 = 22-S01 推至"牵引"位，行驶距离约 300m。在 TC08 车司机室连接交换机接口，通过牵引调试软件测试牵引电机速度所有 5 个速度值与速度平均值的百分比。SNI1F_ ZA 为正，SNI2F_ ZA 为正，SNI3F_ ZA 为正，SNI4F_ ZA 为正，SNIST5 为正，SMS0VZSA 为正。牵引电机的温度差不大于规定值。所有 5 个速度值与速度平均值的百分比应在规定范围以内。SNI1F_ ZA 为负，

SNI2F_ ZA 为负，SNI3F_ ZA 为正，SNI4F_ ZA 为正，SNIST5 为正，SMS0VZSA 为负。施加制动，直到静止。通过牵引调试软件测试牵引电机的温度值 MCIFM1、MCIFM2、MCIFM3、MCIFM4，通过调试软件查看牵引变流器 TCU 的错误存储区，牵引电机的温度差不大于规定值。无错误发生。见图 3-15。

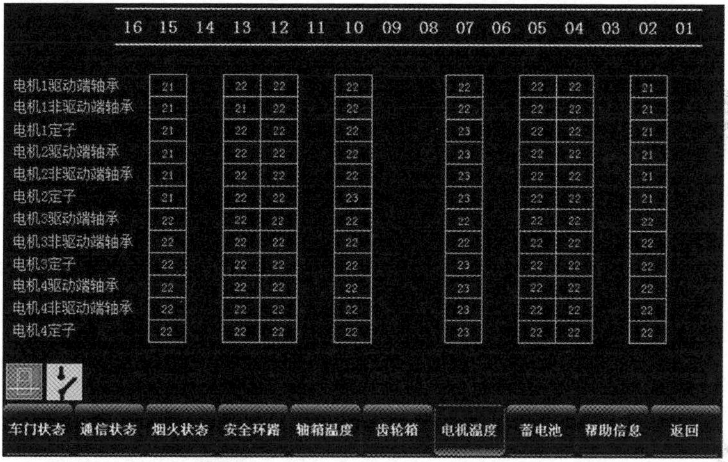

图 3-15
电机监控界面

四、 牵引系统的故障诊断

1. 拖轴速度传感器 LG 故障（34B0）

某动车组 TP03 车故障现象：配属某动车所的重联动车组试担当 G143 次交路，动车组 TC01 车为主控端。16 时 14 分，动车组运行至济南西至徐州东区间，M02 和 MH04 车报故障代码 34B0（拖轴速度传感器故障），该故障未影响车组运行。

原因分析：TP03 车 LG 速度传感器故障，导致报故障代码 34B0（拖轴速度传感器故障）。

处理过程：随车机械师确认故障车辆，按动车组最大牵引能力维持运行。车辆回库后进行 TP03 车 LG 速度传感器更换。

2. 牵引变流器内输出给辅助电流过流（31AB）

某动车组 M04 车，故障现象：配属某动车所的重联动车组担当 G2 次运营交路，TC08 车为主控端。12 时 23 分，车组运行济南西至德州区间，M04 车报故障代码 31AB（牵引变流器内输出给辅助电流过流），M04 车牵引丢失。

原因分析：由于 M04 车牵引变流器电流传感器 U7 故障导致车组报故障代码 31AB（牵引变流器内输出给辅助电流过流）。

处理过程：牵引丢失，主断路器未跳开。司机监控屏 HMI 显示：牵引变流器内输出给辅助电流过流（31AB）。原因是牵引变流器电流传感器 U7 故障。应急操作：切除故障变流器，在司机监控屏 HMI 上确认故障车辆的牵引变流器是否已经被自动切除，若已被切除直接闭合主断路器，若未被切除需要手动切除故障车辆牵引变流器，闭合主断路器。如果还不允许主断路器闭合，切除该牵引单元的另一个牵引变流器，再次闭合主断路器，按动车组最大牵引能力维持运行。

3. IGBT 控制模块故障（3100）

故障现象：配属某动车所的某重联动车组，TC01 车主控，担当 G3 交路（北京南—上海虹桥），14 时 56 分 10 秒，M05 车报 IGBT 控制模块故障，故障代码 3100，报中间直流电压变化过快故障，代码 34C4，报牵引内部故障要求牵引切除主断，故障代码 34F2，M05 车报四象限斩波器输入电流超限 1 被封锁，故障代码 34AC，牵引变流器输出电流超过限制值 1 封锁逆变，故障代码 3428，TP03 车报牵引求助打开主断路器，故障代码 3361，M05 车牵引自动切除，未影响运行。

原因分析：由于牵引变流器内的 IBGT 模块故障，导致牵引系统失效。案例对应的应急处理：牵引自动切除，主断路器断开。司机监控屏 HMI 信息：M05 车报 IGBT 控制模块故障（3100），报中间直流电压变化过快故障（34C4），报牵引内部故障要求牵引切除主断（34F2），M05 车报四象限变流器输入电流超限 1 被封锁（34AC），牵引变流器输出电流超过限制值 1 封锁逆变（3428），TP03 车报牵引求助打开主断路器（3361）。

处理过程：切除故障变流器。在司机监控屏 HMI 上确认故障车辆的牵引变流器是否已经被自动切除，若已被切除直接闭合主断路器，若未被切除，需要手动切除故障车辆牵引变流器，闭合主断路器。如果还不能允许主断路器闭合，切除该牵引单元的另一个牵引变流器，再次闭合主断路器。按动车组的最大牵引能力维持运行。

4. 牵引电机 2 非驱动端轴承过热（3124）

故障现象：配属某动车所重联动车组担当 G143 次交路（北京南—上海虹桥）。动车组于昆山南站发车时，动车组 M04 车报故障代码 3124（电机 2 非驱动端轴承预警）。切除 M04 车牵引，限速 200km/h 运行，后续途中故障消除，恢复正常速度运行，到上海虹桥站晚点 20 分钟。

原因分析：当动车组报出故障代码 34DF（牵引电机风机 1 全速故障）时，牵引电机冷却风机自动转低速运行，牵引变流器不自动切除牵引和减载功率。动车组按最大牵引力运行时，牵引电机冷却风机通风量无法满足牵引电机冷却，会导致牵引电机温度升高。当牵引电机非驱动端温度大于等于 120℃时，会报出故障代码 3124（电机 2 非驱动端轴承预警）。司机监控屏 HMI 自动弹出故障画面提示电机轴承超温预警，HMI 屏同时出现限速标识。

处理过程：司机降速。当司机监控屏 HMI 屏报出上述故障时，司机施加最大常用制动将列车速度降至 200km/h 以下，若 1 分钟内列车速度未降至 200km/h 以下，列车自动施加最大常用制动，降速至 200km/h 以下后自动缓解，维持运行，通知随车机械师。

温度确认及监控。随车机械师通过 HMI 屏“电机温度”界面，确认故障位置。密切关注“电机温度”界面，观察温度变化，并重点监控故障车辆的振动和运行声音。预警消失：预警故障消除后，车辆振动及声音无异常，密切关注“电机温度”界面温度显示，司机恢复正常速度运行，运行途中随车机械师对预警车辆进行重点监控。

预警不消失：维持限速到前方站，下车检查。温度值持续上升或车辆有异常振动、异音，立即通知司机停车，下车检查。

按规定程序申请下车检查，由主及次的顺序进行全面检查。牵引电机、联轴节无破损；牵引电机（轴端）温度传感器无断线、破损，连接器无松脱、无变形。参照“走行部重点部位点温”对报警部位进行点温。

若发现联轴节破损、偏斜，牵引电机破损，但可视范围内无异常，未伴随其他组合故障，滚动试验后，视情况限速 40km/h 维持运行，或申请救援。

若牵引电机点温超标但可视范围内无异常且未伴随发生其他组合故障，滚动试验后，切除故障车牵引，限速 140km/h 维持运行，申请前方站救援。

维持运行途中，随车机械师对故障车辆进行重点监控，如出现异常振动或异音，应立即通知司机停车。

通知司机切除限速，恢复正常运行。

运行途中随车机械师对故障车辆进行重点监控，并密切关注“电机温度”信息。如出现异常振动或异音，应立即通知司机停车。

第二节

动车组制动系统的原理及调试

一、动车组制动系统概述

制动系统采用微机控制的直通电空制动、电制动和弹簧储能式停放制动三种制动模式。

1. 动车组制动系统的组成

动车组制动系统由直通式电空制动系统、电制动、风源系统、BP 救援转换装置和基础制动装置等组成，具有常用制动、紧急制动 EB、紧急制动 UB、停放制动、保持制动、比例制动、清洁制动、乘客紧急制动、WSP、DNRA、撒砂、升弓供风、监测、诊断和故障记录、制动试验、回送和救援等功能。

制动系统设有 MVB 车辆总线接口，可与列车控制系统等进行通信，其通信共用列车 TCN 网络，全列 8 个车共分为 2 个牵引单元，在一个牵引单元内的通信由车辆数据总线 MVB

来完成，单元间的通信由列车总线 WTB 完成。

制动系统按预设的模式曲线控制列车减速或停车，设有列车运行控制系统的车载设备接口，并受其控制；具有冲动限制功能，可以确保乘客的乘坐舒适性。

制动控制装置（BCU）根据制动指令、车轮速度和车辆载重、再生电制动等信息进行空气制动力的计算、分配和控制，产生相应的空气制动压力。

基础制动装置用于将空气制动压力转换为车轮的摩擦力矩，使车辆实施减速或停车。动车组基础制动装置采用铸钢制动盘和粉末冶金闸片，动车每轴设 2 套轮装制动盘，拖车每轴设 3 套轴装制动盘，其性能满足动车组制动能力的要求。部分拖轴上设有停放制动缸，停放制动缸设置的数量满足动车组在定员载荷下停放具有不小于 1.2 倍的安全系数。

2. 动车组风源系统的作用

风源系统由压缩机、电机和干燥器等组成，可为制动、牵引、列车运行控制、空气悬挂等系统和风笛、塞拉门、集便器等用风装置提供压缩空气，满足各系统性能指标的要求。列车总风管风压为 800~950kPa，当救援或回送时，总风管风压为 600kPa。装设受电弓的车辆设置辅助供风装置，以满足总风缸欠压或无风时升弓用风需求。

动车组设有紧急制动 UB 环路、紧急制动 EB 环路、乘客紧急制动环路、制动缓解环路，保证车辆在紧急情况下的安全性和可靠性。

二、 动车组制动系统的组成

制动系统主要由制动控制装置、BP 救援转换装置、主供风单元、辅助供风单元、撒砂装置、基础制动装置等组成，如图 3-16 所示。

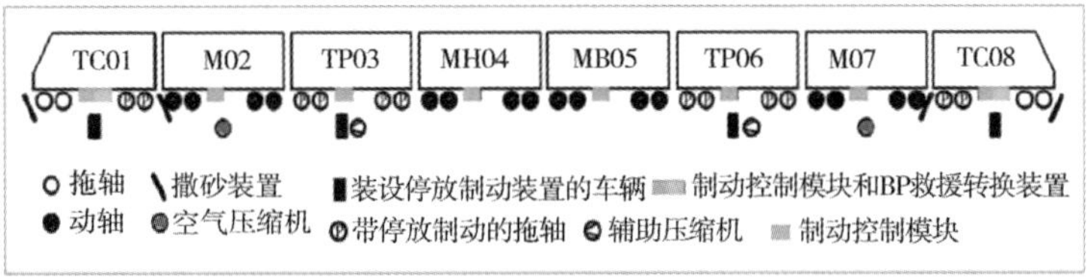

图 3-16
动车组制动系统分布图

三、 动车组制动系统的功能及工作原理

1. 常用制动

列车正常运行时，实施常用制动，制动力设定与牵引/制动控制手柄的扳动角度成比例。动车组共设有 7 级常用制动位。常用制动时，制动系统根据牵引/制动手柄、列车运行控制系统等给出的制动指令进行制动施加和缓解。

常用制动时，进行列车空电复合制动控制，按速度模式曲线控制方式实施制动控制。在制动过程中，空气制动随时与电制动进行自动配合。

动车组制动系统制动力分配由主控端 EBCU 负责统一实施，EBCU 根据电制动、空气制动的可用制动力和当前列车所需制动力，优先采用电制动，只有当电制动力不足时，才补充施加空气制动。

动车组控制系统从动车组制动指令线和列车运行控制系统的车载设备、ASC 等读取制动力设定值，并由制动管理系统实现可用的再生制动和电空制动复合。制动管理系统保证了在制动时的速度—黏着控制，也保证了列车摩擦制动与负载的匹配，即空气制动时磨耗最优化和过热时的保护。

常用制动时，制动系统进行列车空电复合制动控制，按速度模式曲线控制方式实施制动控制。

（1）常用制动气动工作原理。

常用制动时，见图 3-17。动车组一位转向架空簧载荷压力信号 T1 通过压力传感器（B12.07）获得，动车组一位转向架空簧载荷压力信号 T2 通过压力传感器（B12.22）获得。电子制动控制单元根据制动指令和车辆载荷压力信号 T1 和 T2，通过电空转换阀（高速开关阀）（B12.04）［包括充风电磁阀（B12.04-1）、排风电磁阀（B12.04-2）和压力传感器（B12.04-3）］将 R 压力转化成预控压力 Cv。如果压力传感器（B12.04-3）检测到的压力信号与要求的压力信号不符，通过电子制动控制单元控制电磁阀（B12.04-1）充风或控制电磁阀（B12.04-2）排风来校正预控压力 Cv 压力，预控压力 Cv 经紧急制动电磁阀（B12.03），紧急制动电磁阀得电，A2-A3 通路到达中继阀（B12.13）。减压阀（B12.20）的设定值为 550kPa，防止上游产生异常过高的压力，对下游部件进行保护。

（2）常用制动电路原理。

常用制动采用主从控制，列车级/单车制动管理，制动指令采用硬线和网络信号冗余传输方式，优先采用网络模式，故障模式下采用硬线模式。

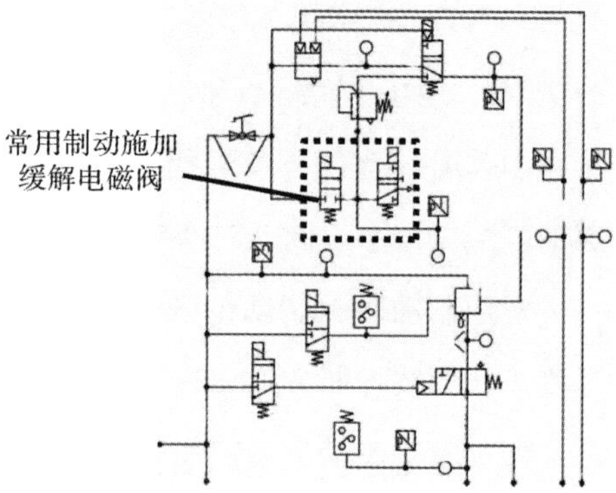

图 3-17
常用制动气动原理

网络模式时，牵引制动手柄发出制动指令→信号传给主控 BCU（TBM）→TBM 计算制动力后分配给端车 SBM→SBM 处理信号后分配给 LBCU，实现全列常用制动施加和缓解，见图 3-18。

硬线模式下，制动控制单元通过采集列车线制动继电器=28-K31、=28-K32、=28-K33 信号，从而产生 CL_ C_

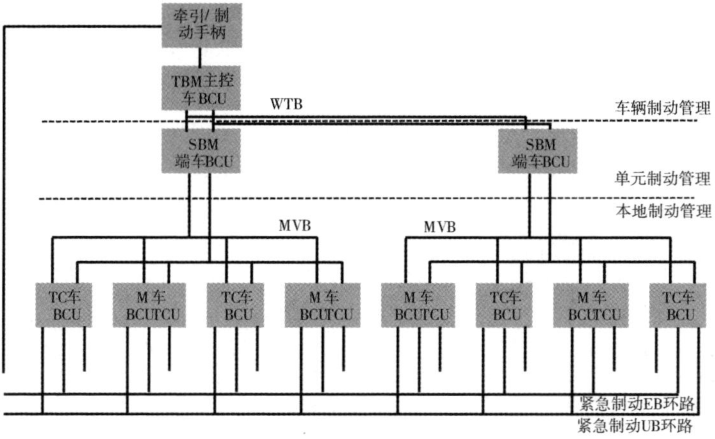

图 3-18
常用制动气动原理

BrakeDemand1、CL_ C_ BrakeDemand2、CL_ C_ BrakeDemand3 信号，实现 B1、B2、B3、B4、B5、B6、B7 制动级位以及缓解位的确认。

见图 3-19、图 3-20、图 3-21。常用制动控制继电器=28-K31、=28-K32、=28-K33 得电路径是闭合 1 车（8 车）=28-F32断路器，经=28-K52 继电器常开触点 23-24 得电或=22-K06 继电器常开触点 73-74 得电闭合，经=96-D11 二极管，经=28-K41 继电器常开触点 13-14，=28-K42 继电器常开触点 13-14，=28-K43 继电器常开触点 13-14 得电吸合，使=28-K31 继电器、=28-K32 继电器、=28-K33 继电器得电吸合，经=28-K31继电器常开触点13-14，=28-K32继电器常开触点13-14，=28-K33继电器常开触点13-14将制动指令传输给制动控制单元BCU，实现车辆制动。

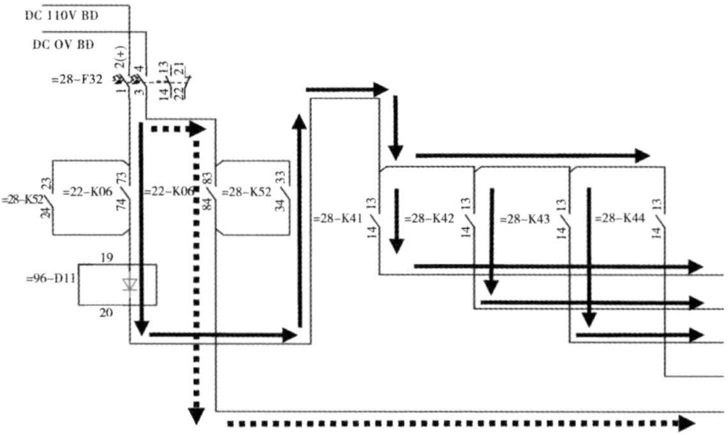

图 3-19
牵引制动手柄信号输出

继电器=28-K52为车辆被救援模式继电器，当车辆救援开关=28-S10打到被救援模式时，得电吸合。

继电器=22-K06为头继电器，当占用主控端时，继电器得电吸合。继电器=28-K41、=28-K42、=28-K43为牵引制动手柄输出的制动指令。

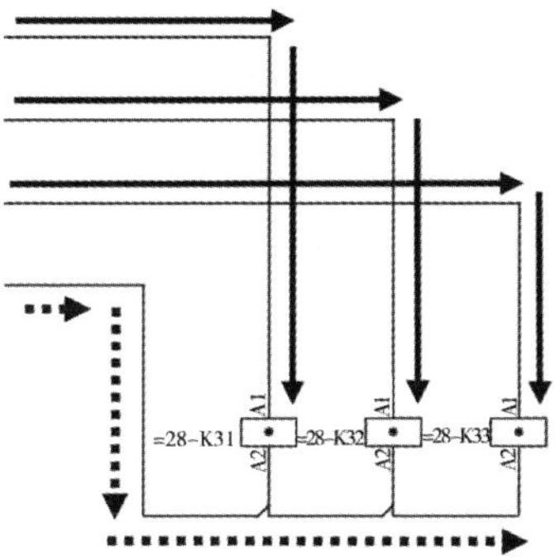

图 3-20
常用制动继电器得电

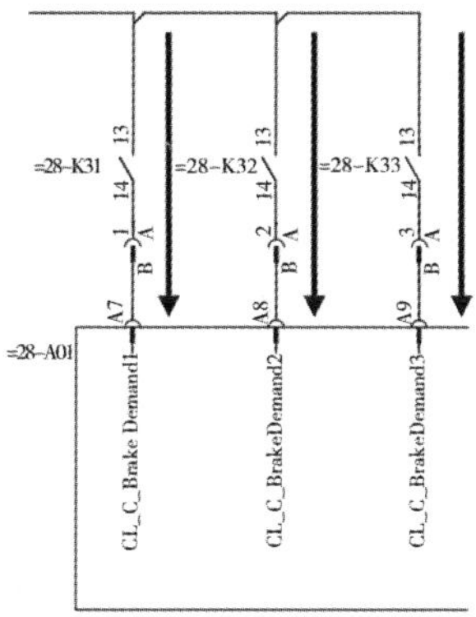

图 3-21
制动信号传输给制动控制单元

2. 紧急制动 EB

紧急制动 EB 是在制动系统设备正常情况下实施的紧急制动，按速度模式曲线控制方式实施制动控制。

紧急制动 EB 时，制动系统是空气制动随时与电制动进行自动配合的空电复合制动控制系统，能充分利用电制动。

紧急制动 EB 由各车独立控制，减少制动响应时间。紧急制动 EB 时，紧急制动 EB 环路断开，单车制动控制单元（BCU）同时通过列车网络和硬线获得紧急制动 EB 指令，控制电空转换阀输出紧急制动 EB 预控压力，预控压力经中继阀放大后，生成制动缸压力。

见图 3-22、图 3-23、图 3-24、图 3-25。紧急制动 EB 电

路工作原理：以1车为头举例，紧急制动EB继电器=43-K74得电路径为闭合供电断路器=43-F06（1车），经继电器=43-K01常开触点13-14，经紧急制动EB请求继电器=43-K35常开触点13-14，经紧急制动EB旁路开关=43-S31，经管穿线到（8车）紧急制动EB旁路开关=43-S31，经紧急制动EB请求继电器=43-K35常开触点13-14，经继电器=74-K64常闭触点51-52，经继电器=43-K01常闭触点=81-82，经继电器=43-K05常闭触点61-62，实现全列=43-K74得电吸合，吸合后始终给制动控制单元（BCU）低电平信号，保证车辆不施加EB紧急制动。

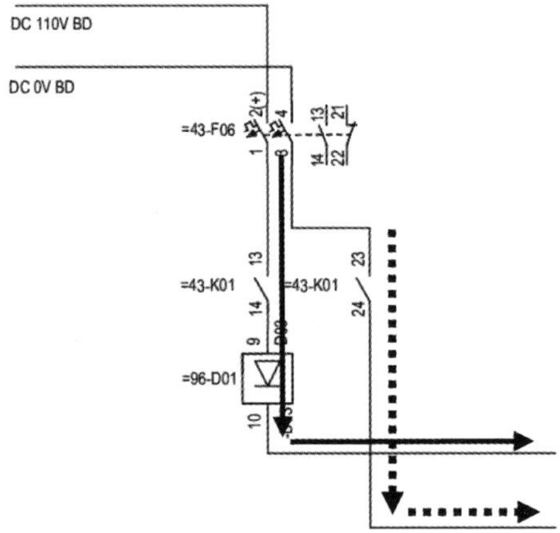

图 3-22
紧急制动 EB 控制供电

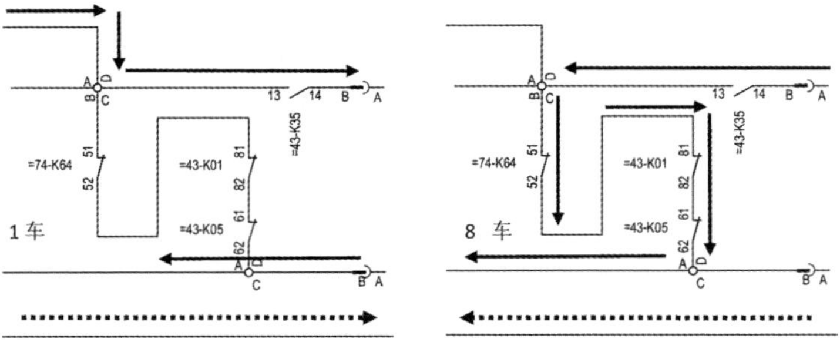

图 3-23
紧急制动 EB 请求继电器

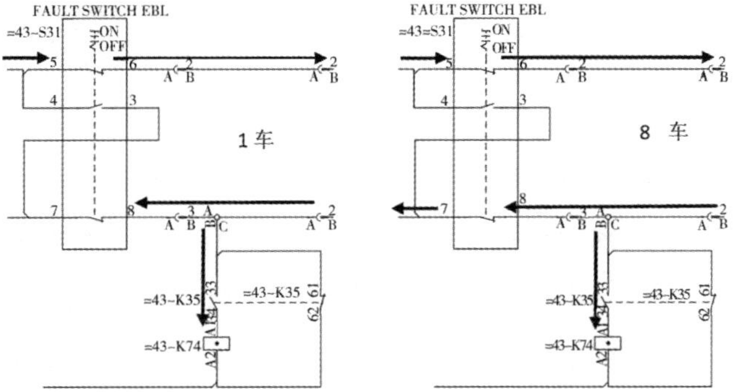

图 3-24
紧急制动 EB 继电器得电过程

其中，继电器 =43-K01 为头继电器，当占用主控端时，继电器得电吸合；继电器 =43-K05 为头继电器，当占用主控端时，继电器得电吸合；继电器 =43-K35 为紧急制动 EB 请求

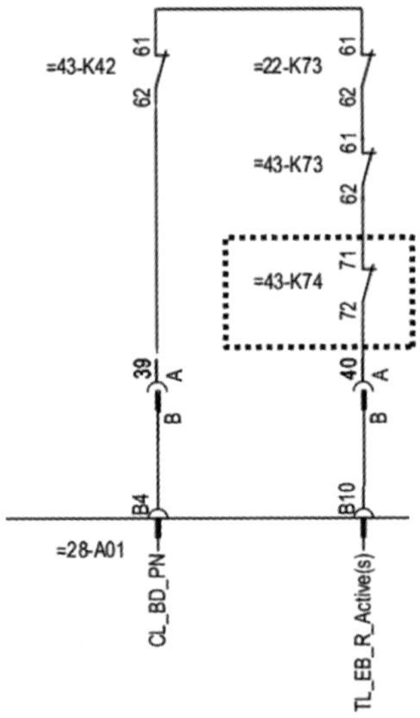

图 3-25
信号送入制动控制单元

继电器，监控乘客报警环路是否建立，监控牵引制动手柄=22-S01是否处于EB位，监控车辆停放制动监控回路是否建立，监控司机是否触发警惕装置，全部满足条件才可得电吸合；继电器=43-K73为旁路继电器，当紧急制动环路处于旁路状态时得电吸合。

3. 紧急制动UB

紧急制动UB功能是在UB安全环路失电时控制紧急制动电磁阀实施的紧急制动。紧急制动UB时，制动系统只施加空气制动，不施加电制动。当紧急制动UB启动时，牵引逆变器控制将驱动锁死。

紧急制动 UB 时，由空重车调整阀根据空气弹簧的空气压力调整制动力。空簧压力平均阀产生的平均载重压力通过空重车调整阀杠杆将来自制动储风缸的总风压力变换成相应车辆载荷的预控压力，进一步通过中继阀转换为制动缸压力。

同时在常用制动通路由 EBCU 根据设定的紧急制动力，通过电空转换模块产生预控制压力，实施冗余的紧急制动，见图 3-26。

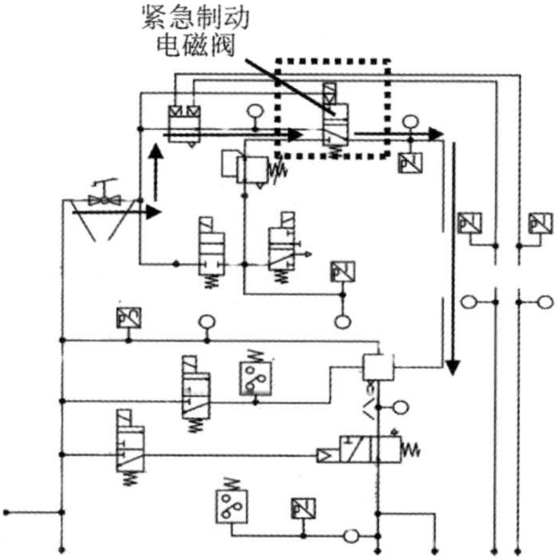

图 3-26
紧急制动 UB 气路原理

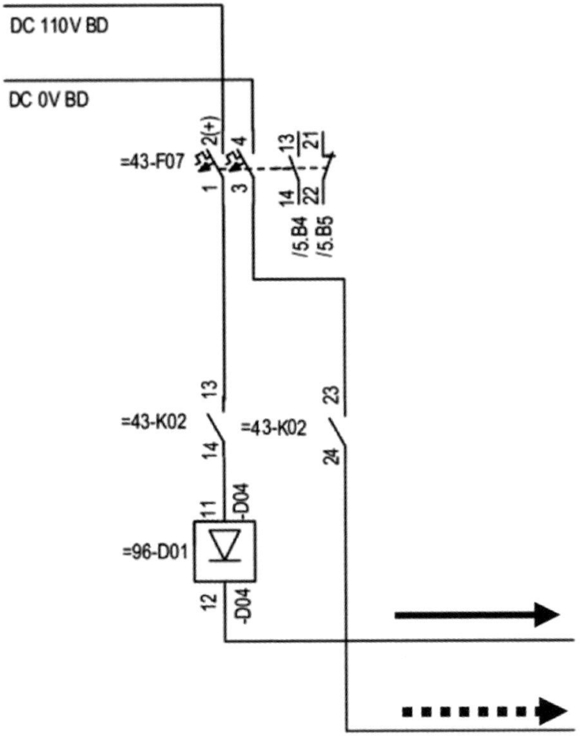

图 3-27
紧急制动电源供电

见图 3-27、图 3-28、图 3-29、图 3-30。紧急制动 UB 电路原理：以 1 车为头举例，紧急制动 UB 继电器=43-K24 得电路径，闭合供电断路器=43-F07（1 车），经继电器=43-K02 常开触点 13-14，经紧急制动 UB 请求继电器=43-K33 常

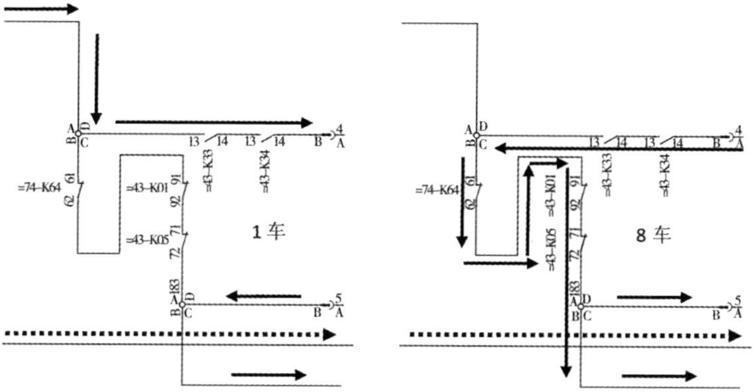

图 3-28
紧急制动电环路

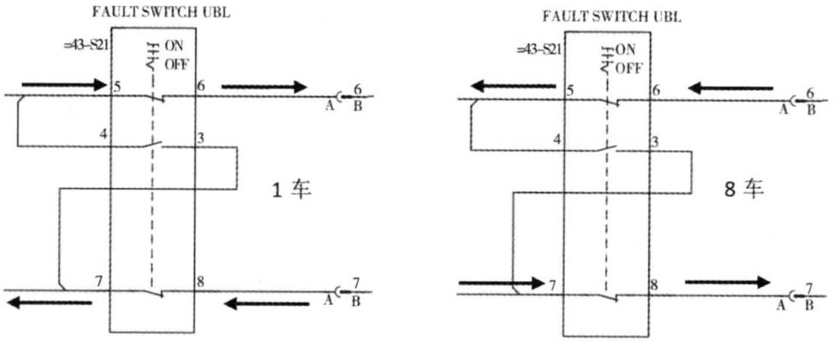

图 3-29
紧急制动电环路

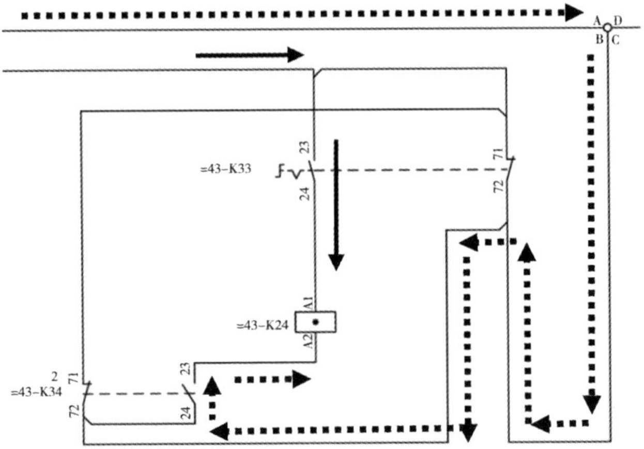

图 3-30
紧急制动 UB 继电器得电过程

开触点 13-14，经紧急制动 UB 请求继电器=43-K34 常开触点 13-14，经紧急制动 UB 旁路开关=43-S21，经管穿线到（8 车）紧急制动 UB 旁路开关=43-S21，经紧急制动 UB 请求继电器=43-K33 常开触点 13-14，经紧急制动 UB 请求继电器=43-K34 常开触点 13-14，经继电器=74-K64 常闭触点 61-62，经继电器=43-K01 常闭触点 91-92，经继电器=43-K05 常闭触点 71-72，实现全列=43-K24 得电吸合，吸合后始终给制动控制单元（BCU）高电平信号。

其中，继电器=43-K01 为头继电器，当占用主控端时，继电器得电吸合；继电器=43-K05 为头继电器，当占用主控端时，继电器得电吸合；继电器=43-K33、继电器=43-K34为紧急制动UB请求继电器，监控紧急制动按钮是否被按下，ATP自动列车保护装置是否触发UB状态，以及特定条件下紧急制动EB的状态，全部满足条件才可得电吸合。

4. 停放制动

（1）停放制动系统。

停放制动系统设弹簧储能式停放制动装置，停放制动通过弹簧力实施，不需要压缩空气。缓解停放制动，采用压缩空气来抵消机械弹簧力。

为了紧急缓解停放制动，在拖车转向架的两侧设有停放制动手动紧急缓解拉手。在设有停放制动的车辆上，车内、车下均设有停放制动隔离塞门，通过停放制动隔离塞门（车上、车下均设）和停放制动手动缓解拉手可切除或在紧急情况下缓解停放制动。

当空气制动和停放制动同时施加时，空气制动产生的制动缸压力通过双向止回阀向停放制动缸加压，使停放制动缓解到与空气制动施加的制动力相同程度，从而防止停放制动夹钳单元过载。

停放制动通过贯穿全列车的硬线直接控制单车EBCU内的停放制动控制模块上的双稳态电磁阀，控制停放制动的施加和缓解。

当司机操作停放制动施加、缓解按钮后，由司机按钮产生的施加、缓解停放制动信号通过停放制动控制线进行传输，并将“施加”和“缓解”信号分配到单车制动控制单元中的停放制动控制模块上。

施加停放制动时，双稳态电磁阀将停放制动管中的压缩空气排除，当缓解停放制动时，双稳态电磁阀将压缩空气充入停放制动管中。

当电源故障时，双稳态脉冲电磁阀保持最后一次的设置，保证列车在电源故障时停放制动不会无意中被施加或缓解。

停放制动双稳态电磁阀具有手动操作功能。

停放制动气动原理：来自总风的压缩空气通过减压阀（B15.01）、双脉冲电磁阀（B15.03）抵达双向止回阀（B15.06），然后进入停放制动缸。双向止回阀（B15.06）的功能是防止弹簧停放力和空气制动的制动力的叠加，造成制动盘的热负荷过载。压力传感器（B15.05）用于监控“实施停放制动”和“缓解停放制动”。当停放施加指令发出后，双脉冲电磁阀（B15.03）动作将下游压缩空气排空，使夹钳单元施加停放；当停放缓解指令发出后，双脉冲电磁阀（B15.03）动作向下游停放制动缸输入压缩空气，使夹钳单元缓解停放制动。双脉冲电磁阀（B15.03）设置有停放施加和缓解手动操作按钮，也可以通过手动操作实现停放施加和缓解。

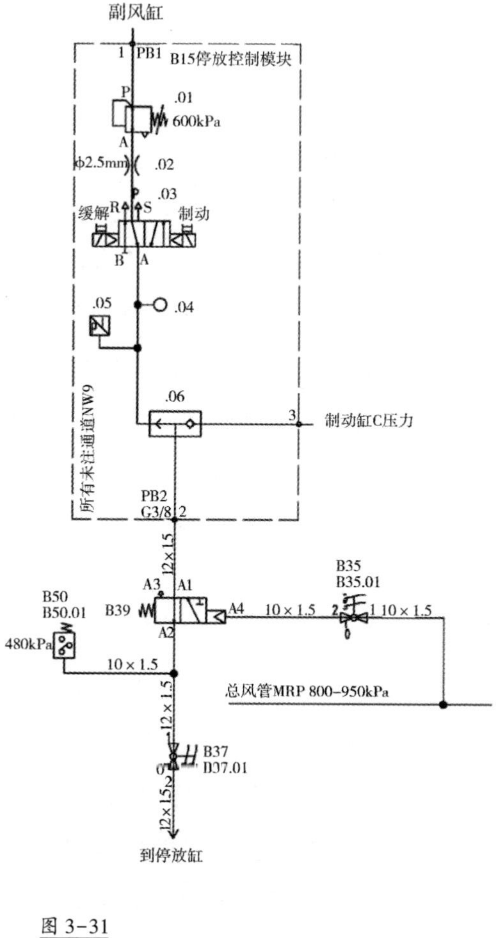

图 3-31
停放制动控制原理

截断塞门（B37）可以用来在车下隔离停放制动。截断塞门（B35）设置在车上，通过操作该塞门控制气控阀（B39），可以在车上隔离停放制动。压力开关（B50）用来监视停放制动的施加和缓解，见图 3-31。

（2）停放制动电路原理。

见图 3-32、图 3-33、图 3-34、图 3-35、图 3-36。停放制动施加继电器 = 28-K91 得电路径为闭合供电断路器 = 28-F28，经 = 28-S02 停放施加按钮 13-14 触点闭合，经继电器 = 28-K97 常开触点 13-14，使继电器 = 28-K91 的 A1 有正电（或直接经供电断路器 = 28-F28 到继电器 = 28-K96 常开触点 13-14，使继电器 = 28-K91 的 A1 有电）。负电是闭合供电断路器 = 28-F28，停放施加按钮 28-S02 触点 23-24，继电器 = 28-K97 常开触点 23-24 或继电器 = 28-K96 常开触点 43-44，负电到达继电器的 A2。

停放制动缓解继电器 = 28-K92 得电路径，闭合供电断路器 = 28-F28，经 28-S03 停放施加按钮 13-14 触点闭合，经继电器 = 28-K97 常开触点 73-74，使继电器 = 28-K91 的 A1 有正电，负电是闭合供电断路器 = 28-F28，停放施加按钮 = 28-S03 触点 23-24，继电器 = 28-K97 常开触点 23-24，负电到达继电器的 A2。

通过 = 28-K91 的触点 43-44， = 28-K92 的触点 43-44 将

缓解和施加命令送入制动控制单元，通过逻辑运算控制停放制动电磁阀。同时将停放制动相关状态信息送入车辆监控系统。

其中，=28-S02 的作用是停放制动施加按钮，按下此按钮后，列车施加停放制动。=28-S03 的作用是停放制动缓解按钮，按下此按钮后，列车缓解停放制动。=28-K97 的作用是停放制动的使能继电器，停放制动如果想动作，首先要该继电器得电。=28-K96 的作用是停放制动的施加继电器，该继电器可以直接触发停放制动施加，不需要按动按钮 =28-S02。=28-K91 的作用是停放制动施加继电器。=28-K92 的作用是停放制动缓解继电器。

5. 防滑系统

动车组所有轮对上安装车轮防滑保护系统。车轮防滑保护系统满足 UIC 541-05 要求，并具有滑行控制、轮径修正、故障导向安全控制等功能。

BCU 防滑系统同时实现电制动和空气制动的防滑控制，并在必要时切除电制动。

(1) 滑行控制。

当滑行发生时，为了满足实际轮轨的黏着条件，防滑系统通过控制防滑阀的动作减少制动力，按照减速度和速度差等判据来调整制动力，制动力的恢复满足列车纵向冲击极限的要求。

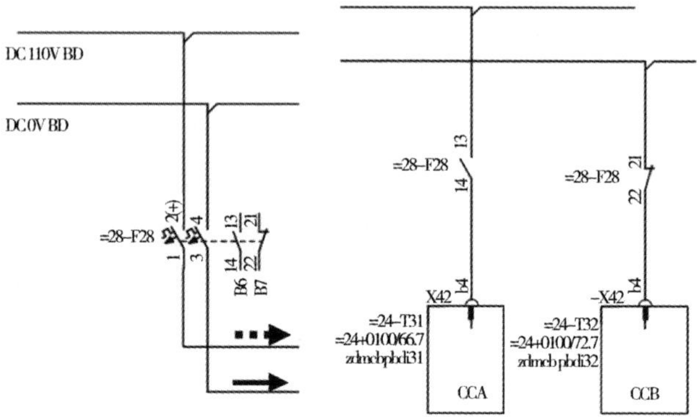

图 3-32
供电断路器及状态反馈

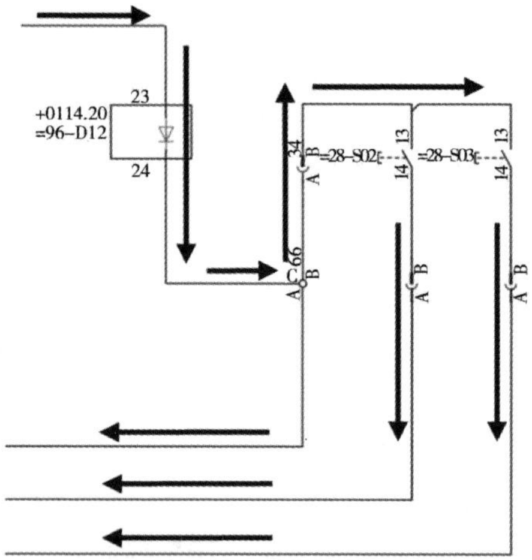

图 3-33
停放制动施加和缓解按钮

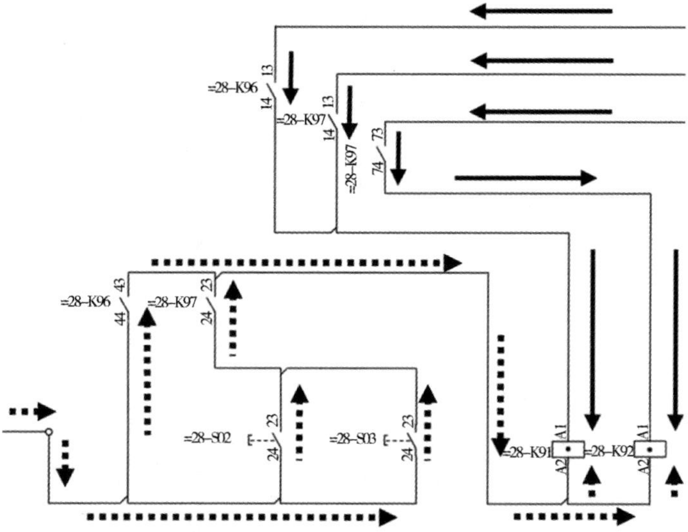

图 3-34
停放制动施加和缓解继电器

(2) 轮径修正。

在惰行时，由制动微机控制单元进行当前车辆轮对直径修正。

(3) 故障导向安全。

当空气制动防滑系统失效时，空气制动仍能维持运用而无滑行保护。

(4) 防滑控制。

防滑装置由速度传感器、微机控制单元（集成在 EBCU 中）、防滑阀等组成，其组成结构如图 3-37 所示。防滑装置

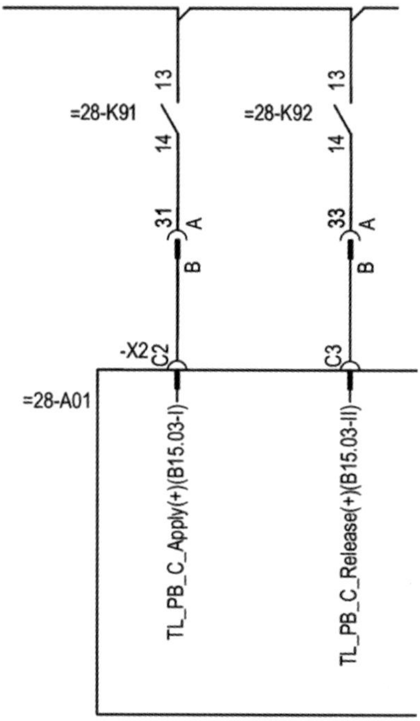

图 3-35
指令信号送入制动控制单元

通过设在每根车轴轴端的速度传感器获得各轴的速度及减速度信息，然后计算出参考速度，通过对各轴速度、角速度等参数与参考速度、预设减速度等进行比较，判定轮对是否出现滑行。

防滑气动原理是当某一轴的转速与其他轴的最高转速之差大于预定值时，这根轴的防滑阀排风，制动缸压力降低，

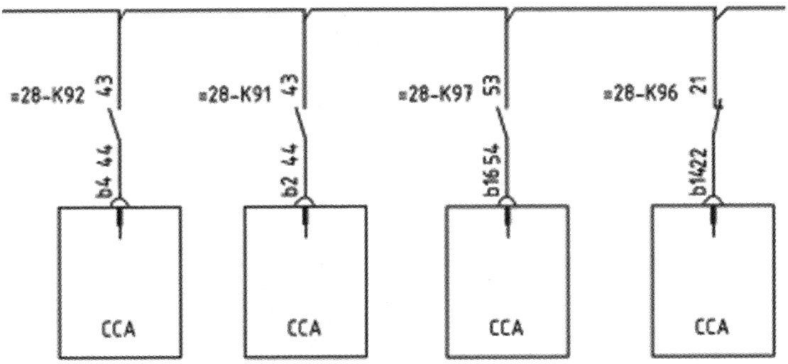

图 3-36
停放制动状态送入车辆监控系统

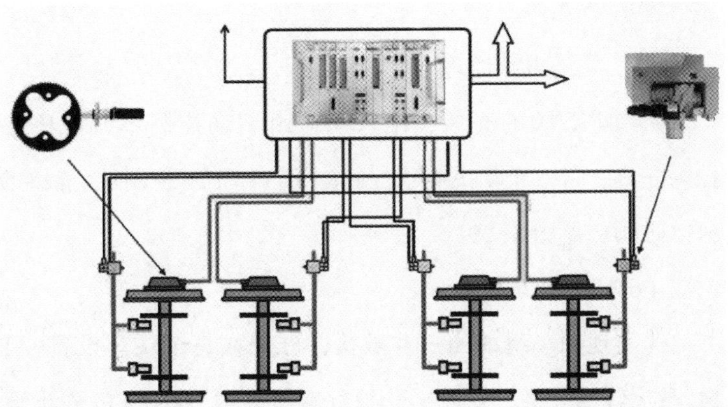

图 3-37
防滑装置组成

使这根轴转速回升，避免滑行；当转速差小于预定值时，该轴防滑阀排风口关闭，制动缸保压；当转速完全恢复正常时，防滑阀进风，恢复制动力，见图 3-38。

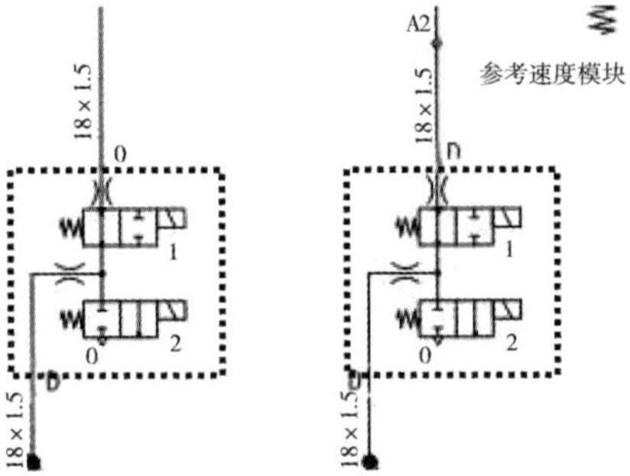

图 3-38
防滑装置气路原理

（5）防滑电路原理。

防滑电磁阀的充风、排风动作由制动控制单元（BCU）控制完成，每一个动车制动控制单元（BCU）控制 4 个轴的防滑电磁阀，见图 3-39。

（6）BP 救援装置。

为实现动车组的回送和救援，分别在每个头车设置一套 BP 救援转换装置，并设置一根额定压力为 600kPa 的列车管，通过检测列车管的压力变化来控制被救援和回送的动车组，BP 救援转换装置可识别和输出 7 个级别常用制动和紧急制动 UB 指令。

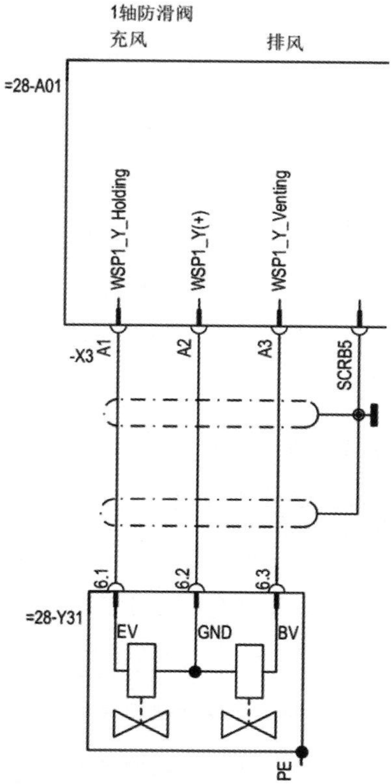

图 3-39
防滑装置电路原理

动车组在两端司机室内设有救援/被救援选择旋钮，司机通过操作连挂端司机室内的旋钮选择救援模式或被救援模式，随车机械师将连挂端车下相关截断塞门置于接通位，使动车组处于救援或被救援状态。

在救援模式下，BP 救援转换装置将本车的常用制动电气指令转换为 BP 压力。接收到紧急制动 UB 指令后，BP 救援转换装置内的紧急电磁阀失电，迅速将 BP 管压力排空。

见图 3-40，BP 救援装置气动原理：动车组救援其他动车组时，连挂端 BP 救援转换装置被激活，连挂端 BP 救援转换装置（T01）上的电磁阀（T01.06）得电，通过活塞阀（T01.07）打开列车管压力，同时电磁阀（T01.03）失电，通过活塞阀（T01.11）关闭列车管排风通道。减压阀（T01.01）将总风管压力降至 600kPa。

常用制动时，BP 救援转换装置（T01）上的电空转换阀（B12.04）[包括充风电磁阀（T01.02-1）、排风电磁阀（T01.02-2）和压力传感器（T01.02-3）] 将来自总风的 600kPa 转化成预控压力 Cv，如果压力传感器（T01.02-3）检测到的压力信号与要求的压力信号不符，通过电子制动控制单元控制电磁阀（T01.02-2）排风来校正预控压力 Cv 压力。预控制压力信号经中继阀（T01.04）按比例放大流量形成列车管 BP 压力信号。被救援动车组通过本车连挂端 BP 救援转换装置（T01）上的压力传感器（T01.09）识别列车管压力信号，将压力信号转换成对应的电气制动指令信号，施加对应级位的常用制动。

动车组救援别的动车组时，连挂端 BP 救援转换装置被激

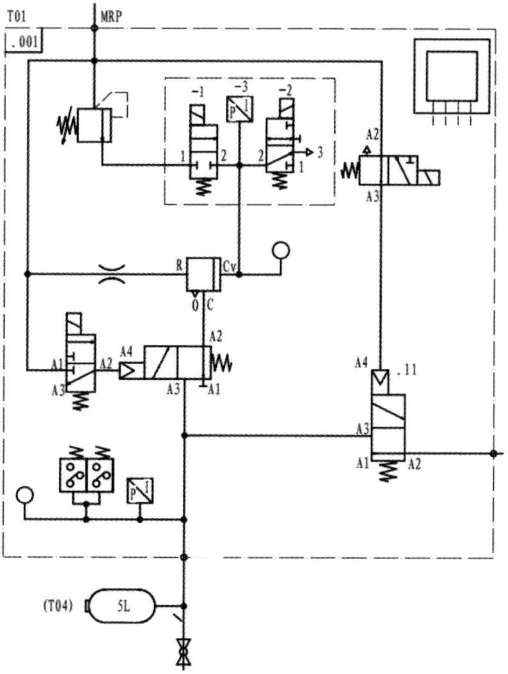

图 3-40
BP 救援转换装置气路原理

活，施加紧急制动 EB 和紧急制动 UB 时，连挂端 BP 救援转换装置（T01）上的电磁阀（T01.06）得电，通过活塞阀（T01.07）关闭列车管压力，同时电磁阀（T01.03）得电，通过活塞阀（T01.11）打开列车管排风通道，将列车管排空。被救援动车组通过本车 BP 救援转换装置（T01）上的压力开关（T01.10）断开本车安全环路，施加紧急制动 UB，见图3-40。

四、 制动试验

制动试验的目的是防止动车组带有潜在的制动故障运营，制动系统设置制动试验功能，在动车组投入运营前对整列动车组的制动性能和相关参数进行检查，制动试验的每个操作步骤和方法应列在司机室的监控屏上，以指导司机进行试验。

1. 试验内容

（1）直通制动试验。检查电空直通制动的施加和缓解状态。

（2）紧急制动 EB、EB 转 UB 试验。检查紧急制动 EB 与 EB 转 UB 功能。

（3）紧急制动 UB 试验。检查紧急制动 UB 的施加和缓解状态。

（4）防滑系统试验。防滑系统功能检查。

（5）总风贯通试验。检查总风管路的连续性。

2. 试验前提

制动试验的前提条件是无紧急制动请求，停放制动施加，总风压力为正常工作压力；制动处于缓解状态。

在制动试验期间，不能出现车辆移动等不安全的现象，如在开始制动试验或制动试验过程中，检测到停放制动未施加，应立即终止制动试验，并提示司机停放制动未施加，无法进行制动试验。

五、 主空压机

制动系统具有对主供风单元控制的功能，EBCU 对全列车空压机启动和停止进行统一控制管理。协调并控制列车中的各空压机为动车组提供压缩空气，各台空压机启动时采用错峰启动方式，避免同时启动造成瞬间电流过大。

空压机车辆的 EBCU 将本车检测的 MR 压力通过列车网络传送到头车主控 EBCU，由头车主控 EBCU 通过列车网络统一控制主空压机的启停。

（1） MR 压力值≤工作值时，单列时主控端牵引单元内的空压机为首选空压机启动。

（2） MR 压力值≥最高值时，所有空压机关闭。

（3） MR 压力值≤最低值时，单列时两台空压机同时激活错开启动。

（4） EBCU 故障控制方式。

EBCU 故障时，空压机可通过压力开关控制启动，保证系统安全。MR 压力值≤设定值时，直接控制本车主空压机启动。MR 压力值≥设定值时，压力开关控制空压机停止。

主空压机气路原理见图 3-41。

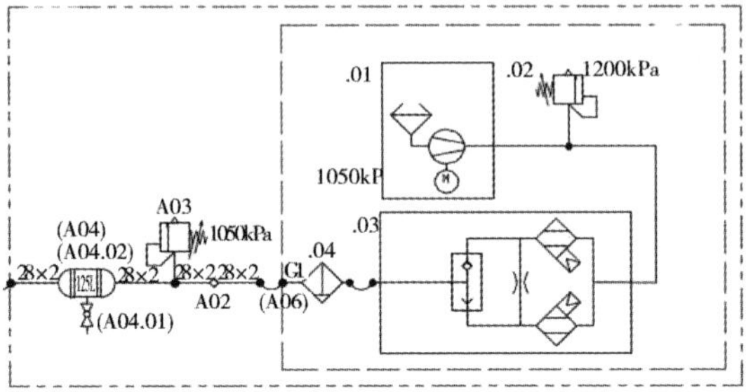

图 3-41
主空压机气路工作原理

六、 基础制动装置

基础制动采用盘形制动，主要包括制动盘、闸片及夹钳单元。

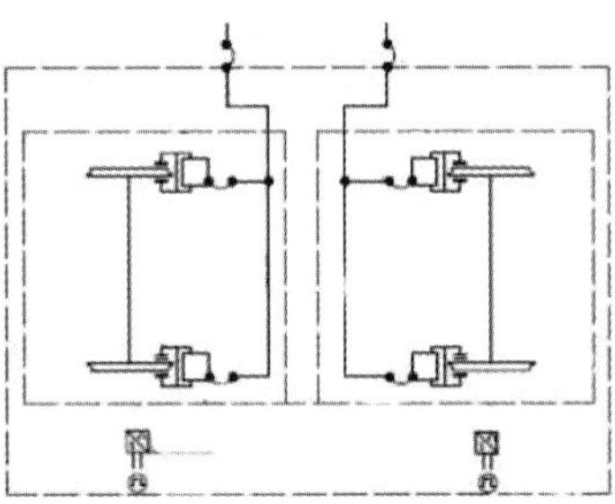

图 3-42
动车转向架基础制动管路

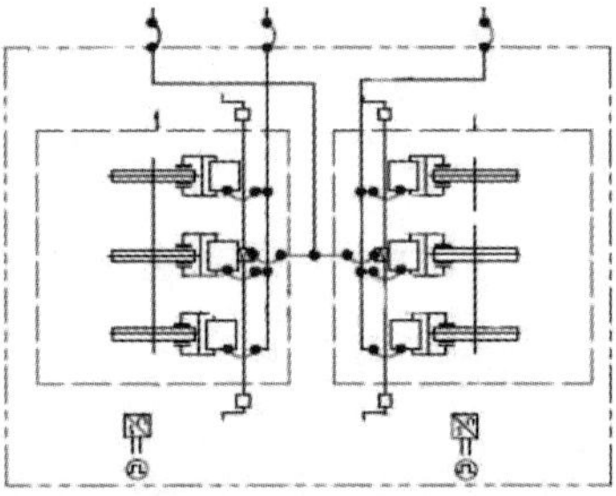

图 3-43
拖车转向架基础制动管路

动车每根轴上安装 2 个铸钢轮装制动盘及三点吊挂式夹钳单元。拖车每根轴安装 3 个铸钢轴装制动盘及夹钳单元，其中部分夹钳单元具有停放制动功能。见图 3-42、图 3-43、图 3-44、图 3-45。

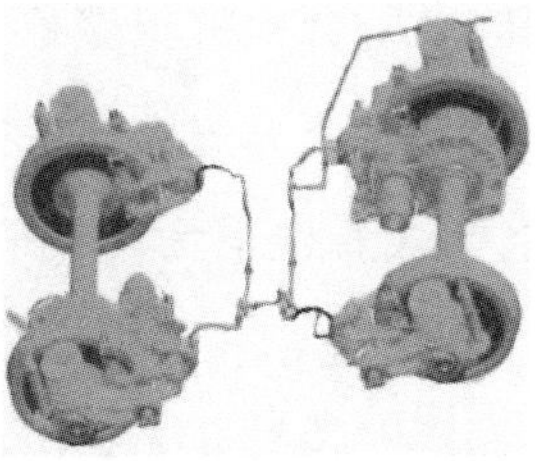

图 3-44
动车转向架基础制动装置

图 3-45
拖车转向架基础制动装置

第三节

动车组火灾报警系统的原理及调试

一、 火灾报警系统概述

火灾报警检测系统的目的是用来监控“复兴号”动车组多个单元列车内的单个车厢，便于尽早地发现即将发生或已经发生的火灾，同时也应用在主要的电气单元内。

1. 火灾报警系统的构成

每节车厢均设有 1 个火灾报警控制器、7 个火灾探测器，用来采集 PIS 柜、电气柜、司机室、卫生间、客室、厨房等区域的烟雾浓度和温度信息，火灾探测器将这些信息通过 CAN

总线传输给火灾报警控制器。由火灾报警控制器将这些火警信息、工作状态信息通过 MVB 总线传给 TCMS，对采集的火警信号进行处理，并作出报警。同时，每台火灾报警控制器设置一组硬线信号，用于输出单车火警状态。火灾报警控制器内部通过 CAN 通信自成网络，各火灾探测器为网络节点；火灾报警控制器通过其内部总线实时管理监测各火灾探测器，能够及时地探测到各位置探测器的故障、火警状态和内部网络总线状态。

（1）系统结构。

每节车厢都安装有一套独立的由火灾报警控制器和不同数量的火灾探测器共同组成的烟火报警系统，见图 3-46。

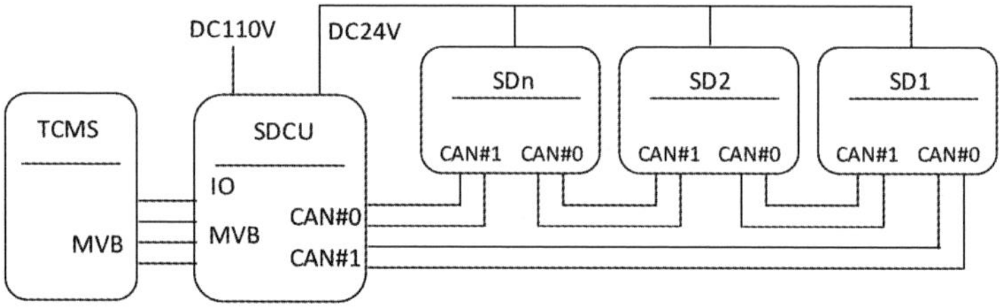

图 3-46
动车组火灾报警系统结构

（2）火灾报警系统的主要功能。

火灾报警控制器通过 MVB 与 TCMS 系统接口，并通过该接口接收来自 TCMS 系统的指令或向 TCMS 报告火灾报警系统状态，见图 3-47。

火灾探测器用以监控列车中必须进行监控的区域。具有上电自检功能，能够对火灾报警控制器与火灾探测器进行自检和测试。具备信息存储功能，存储信息包括事件的时间、类型（火警或故障）、车厢号、探头位置、烟雾与温度参数等，方便故障调查追踪。记录容量不少于999条。具有诊断功能，火灾报警控制器要对自身、火灾探测器及总线进行状态检测，并能够报告相关故障，见图 3-48、图 3-49。

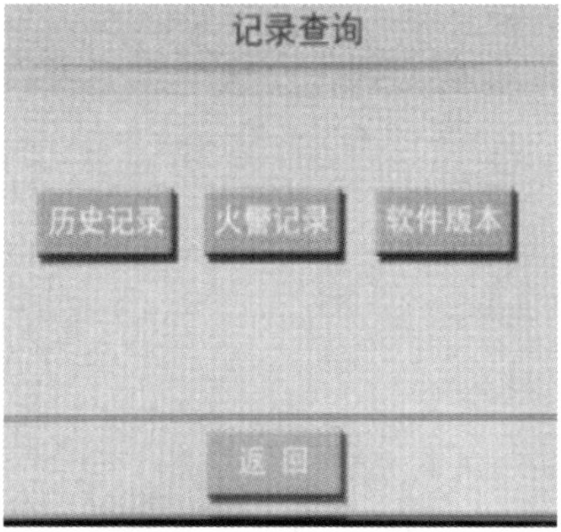

图 3-47
火警显示屏记录查询

支持连接线性热探测器（LHD），可对车下牵引和辅助变流器采用基于超温监测的原理进行火灾监测；线性热探测器被连接到火灾探测器的一个接口上。测量值通过信号回路传送到火灾报警控制器。

（3）火灾报警控制器系统接口，见表 3-2。

图 3-48
火警显示屏探头检测

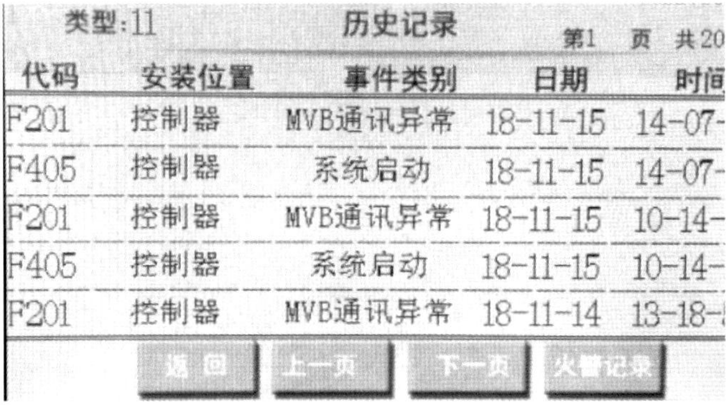

图 3-49
火警显示屏历史记录

表 3-2
火灾报警控制器系统接口

序号	板卡名称	面板宽度	功能
1	空	3HP	/
2	电源板	9HP	DC110V 输入；DC24V 输出
3	空	4HP	/
4	IO 板	4HP	设备状态、安全环路输出；指示灯；地址配置
5	指示灯	8HP	指示灯
6	CPU 板	8HP	RS232 服务接口；MVB 通信接口
7	CAN 板	8HP	CAN#0、CAN#1 通信接口
8	存储板	4HP	数据存储 USB 接口
9	备用	4HP	产品标识
10	显示屏	32HP	用于显示

电源板使用两个连接器，带有防错插功能。一个连接器作为 DC110V 输入，定义为 X1；另一个连接器作为 DC24V 输出，定义为 X2。见表 3-3。

表 3 3
电源板连接器定义

X1 针位	定义	X2 针位	定义
1	110+	1	DC24V+
2	NC	2	NC
3	110-	3	DC24V-

IO 板卡使用 1 个连接器，作为数字量输入输出端口，定义为 X3。其中 3 针（COM）为公共端，1 针（DO1 端）为常开触点输出，2 针（DO2 端）为常闭触点输出，见表 3-4。

表 3-4
IO 板连接器定义

X3 针位	定义	X4 针位	定义
1	DO1（常开触点）	1	ADD0
2	DO2（常闭触点）	2	ADD1
3	COM 端（公共端）	3	ADD2
4	NC	4	ADD3
5	NC	5	ADD4
		6	GND
		7	GND

另一个连接器定义为 X4，其中 ADD0-ADD4 用于车厢号识别，每个地址插头必须使用 2 根环线，否则地址识别为错误。为防止地址重叠导致总线故障，根据连接器环线接地方式进行二进制编码，X4 连接器中 ADD0-ADD4 与 GND 环接为 0，悬空为 1。

CPU 板使用 2 个标准 D-sub 连接器，1 个公针、1 个母针连接器，分别定义为 X5A 和 X5B，见表 3-5。

表 3-5

CPU 板连接器定义

X5A 针位	定义	X5B 针位	定义
1	MVB-AP	1	MVB-AP
2	MVB-AN	2	MVB-AN
3	NC	3	NC
4	MVB-BP	4	MVB-BP
5	MVB-BN	5	MVB-BN
6	NC	6	NC
7	NC	7	NC
8	NC	8	NC
9	NC	9	NC

CAN 板使用 2 个标准 D-sub 连接器，1 个公针、1 个母针连接器，定义为 X6A 和 X6B，见表 3-6。

表 3-6

CAN 板连接器定义

X6A 针位	定义	X6B 针位	定义
1	NC	1	NC
2	CANH	2	CANH
3	NC	3	NC
4	NC	4	NC
5	NC	5	NC
6	NC	6	NC
7	CANL	7	CANL
8	NC	8	NC
9	NC	9	NC

2. 火灾报警控制器的功能

（1）火灾报警控制器通过 CAN 总线，实时管理、监测各火灾探测器，能够及时地探测到各位置探测器的故障、火警状态和 CAN 总线状态，具有 MVB 接口、CAN 接口和硬线接口。

（2）火灾报警控制器接收来自火灾探测器的火灾报警信号，向车辆关联系统发出火灾报警信号，同时指示火灾发生部位。记录火灾报警时间，并保持，直至手动操作复位按钮予以复位。

火灾报警控制器能够对火灾探测器和自身的状态进行检测，如探测器无应答、探测器线路故障、探测器自身污染故障、监测到故障时火灾报警控制器进行光报警、火灾探测器光报警应能区分故障和火警等，见图 3-50。

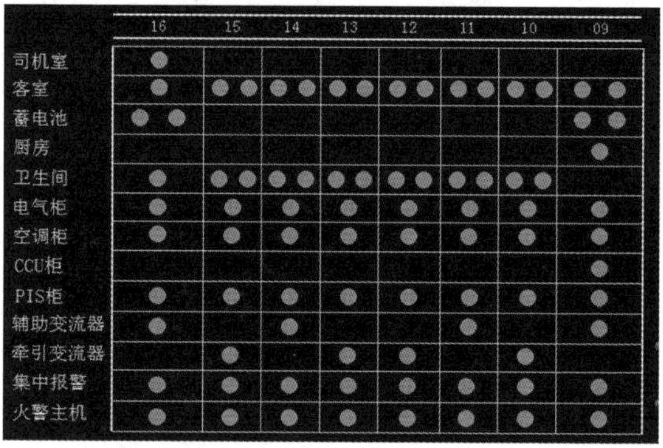

图 3-50
司机监控屏 HMI 显示屏探头状态

火灾报警控制器能够显示最先发生火灾报警部位。

（3）当 MVB 总线中断时，不影响本车火灾报警控制器的正常工作，发生火警时能够进行记录和提示，并通过 IO 板卡输出进行硬线报警。

火灾告警指示灯采用红色发光二极管，告警时预警指示灯和告警指示灯均以 1Hz 频率闪烁，同时驱动外接蜂鸣器以 4Hz 频率鸣叫。运行指示灯采用绿色指示灯，用于指示火灾探测器运行状态。绿灯以 1Hz 频率闪烁时，表示火灾探测电路与网络管理单元之间的通信故障（亮的时间很短，灭的时间很长；即不是等长的亮/灭时间），绿灯以 1/2Hz 频率闪烁时，表示火灾探测器存在其他故障；绿灯以 1/4Hz 频率闪烁时，表示火灾探测器处于正常工作模式且工作正常；绿灯以 2Hz 频率闪烁时，表示火灾探测器正在进行自检；常灭表示未供电或 LED 损坏。

3. 显示屏功能

显示屏可以显示火警信息和火灾探测器故障、污染等状态信息。具有记录查询功能，能够显示火警记录和历史记录。具有单个探头屏蔽功能，当某个探头发生多次火警误报时，可以手动隔离误报火灾探测器。

显示屏具有消音、复位和自检按钮，可以触发火灾报警控制器的消音、复位和自检功能，见图 3-51、图 3-52。

图 3-51
火警显示屏系统操作登录

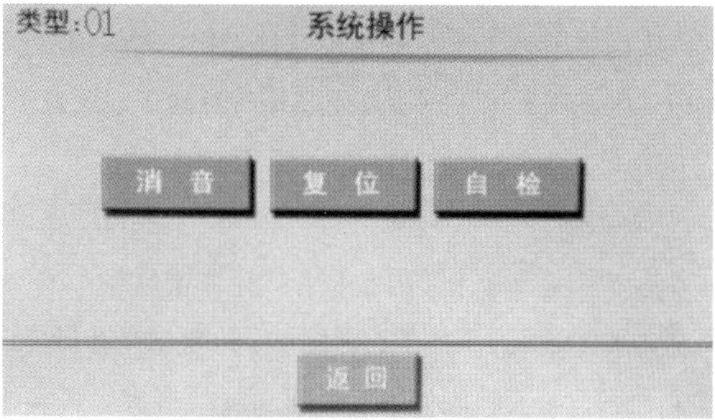

图 3-52
火警显示屏系统操作

4. 各组件的作用

光学烟气探测器（SD）可用作火警探测器，除了探测烟气及高温，还负责监测线性热探测器。

（1）SD 探测烟气及高温，并将此信息通过 CAN 总线传送至烟气探测控制单元。

烟气检测控制单元（SDCU）接收来自烟气探测器的信息，并对系统故障进行检控；依靠所检测的系统状态使公共信号线受到激活，发出报警、故障、准备就绪等信号；对测试要求作出响应，并提供诊断信息；为 SD 提供电源。见图 3-53。

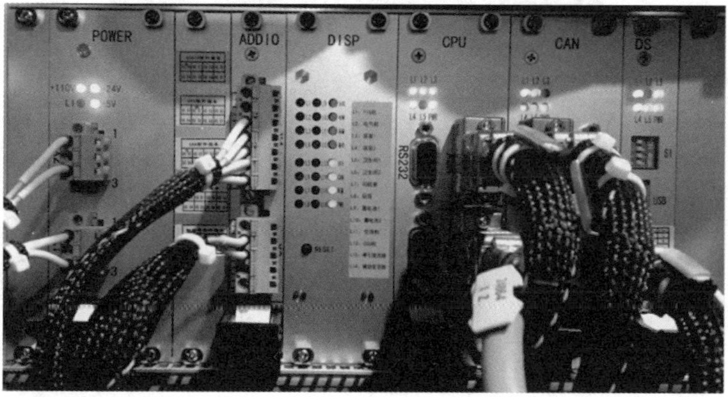

图 3-53
火灾报警主机

（2）线性热探测器（LHD）被连接到烟气探测器的一个接口上，测量值通过信号回路传送到烟气探测控制单元。LHD负责检测安装在地板下的设备（牵引变流器、辅助变流器装置）可能或已经发生的火灾，若测量出温度过高，可能引起两个线路间的短路，见图 3-54。

图 3-54
牵引/辅助变流器内部电阻

分散式输入输出接口（IOM）接收 SDCU 通过公共信号线传来的信息并报告给列车控制器，如报警信息、故障信息、准备就绪信息；通过公共信号线向 SDCU 发送来自列车控制器的命令，如测试命令。

（3）指示灯。见图 3-55。

L1：PIS 柜报警。红指示灯，用以显示 PIS 柜的烟气警报。只要有烟气警报，则指示灯会一直点亮。

L2：电气柜报警。红指示灯，用以显示电气柜的烟气警报。只要有烟气警报，则指示灯会一直点亮。

L3：客室 1 报警。红指示灯，用以显示客室内的烟气警报。只要有烟气警报，则指示灯会一直点亮。

L4：客室 2 报警。红指示灯，用以显示客室内的烟气警报。只要有烟气警报，则指示灯会一直点亮。

L5：卫生间 1 报警。红指示灯，用以显示卫生间内的烟气警报。只要有烟气警报，则指示灯会一直点亮。

L6：卫生间 2 报警。红指示灯，用以显示卫生间内的烟气警报。只要有烟气警报，则指示灯会一直点亮。

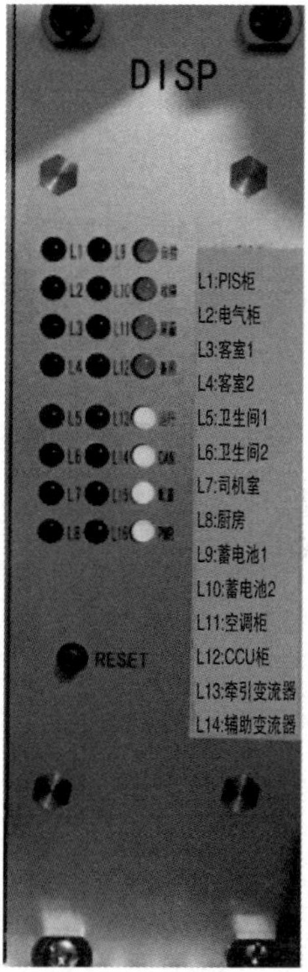

图 3-55
火警主机指示灯

L7：司机室报警。红指示灯，用以显示司机室内的烟气警报。只要有烟气警报，则指示灯会一直点亮。

L8：厨房报警。红指示灯，用以显示厨房内的烟气警报。只要有烟气警报，则指示灯会一直点亮。

L9：蓄电池 1 报警。红指示灯，用以显示蓄电池内的烟气警报。只要有烟气警报，则指示灯会一直点亮。

L10：蓄电池 2 报警。红指示灯，用以显示蓄电池内的烟气警报。只要有烟气警报，则指示灯会一直点亮。

L11：空调柜报警。红指示灯，用以显示空调柜内的烟气警报。只要有烟气警报，则指示灯会一直点亮。

L12：CCU 柜报警。红指示灯，用以显示 CCU 柜内的烟气警报。只要有烟气警报，则指示灯会一直点亮。

L13：牵引变流器报警。红指示灯，用以显示牵引变流器内的烟气警报。只要有烟气警报，则指示灯会一直点亮。

L14：辅助变流器报警。红指示灯，用以显示辅助变流器内的烟气警报。只要有烟气警报，则指示灯一直点亮。

（4）SD 探头。

SD 探头有 2 个 CAN 总线接口。一个输入/输出接口用于监控线性热探测器功能：每个烟气探测器可生成一个警报信号、一个故障信号及一个准备就绪信号。每个烟气探测器均会传送维护及诊断信号，此类信号从烟气探测器通过 CAN 总线被传送至烟气探测控制单元上，烟气探测控制单元处理该类信号，并显示结果于其自身的显示单元以及信号线上，见图 3-56、图 3-57。

图 3-56
探头的正面

图 3-57
探头的背面

此外，此烟气探测器还有一个传感器，可用于补偿温度灵敏性的效果，若温度一直高于 90℃，则即使没有任何烟气，也会发出一个警报信号。

二、 火灾报警系统的工作原理

火灾报警控制器工作电源由断路器＝49-F01 提供。送至火灾控制器＝49-A01-X1 的 1、3 针，见图 3-58a。

探头电源 DC24V 由火灾控制器＝49-A01-X2 的 1 针、3 针提供，送出到达每一个探头，见图 3-58b、图 3-58c。

通信线路是 CAN 总线，从控制器的 49-A01-X6 引出，经过每一个 SD 后再回到控制器的插 49-A01-X6，这种环形的结构保证线路中的一个节点开路仍然能够维持通信，见图 3-59a、图 3-59b、图 3-59c、图 3-59d。

＝49-B01：PIS 柜内探头；＝49-B07：司机室内天花板探头；＝49-B03：客室内探头；＝49-B11：空调柜内探头；＝

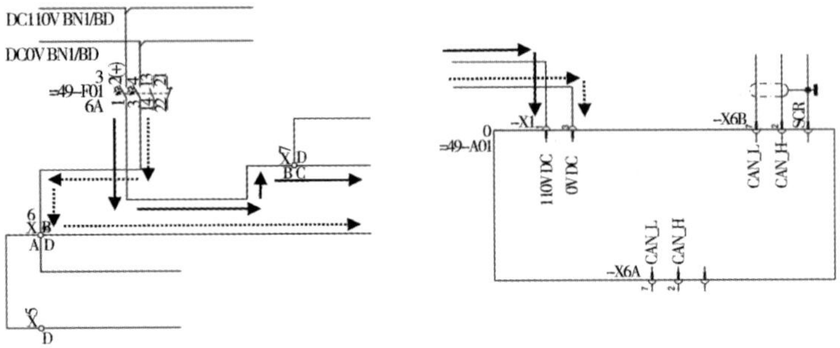

图 3-58a
火灾报警控制器供电（1）

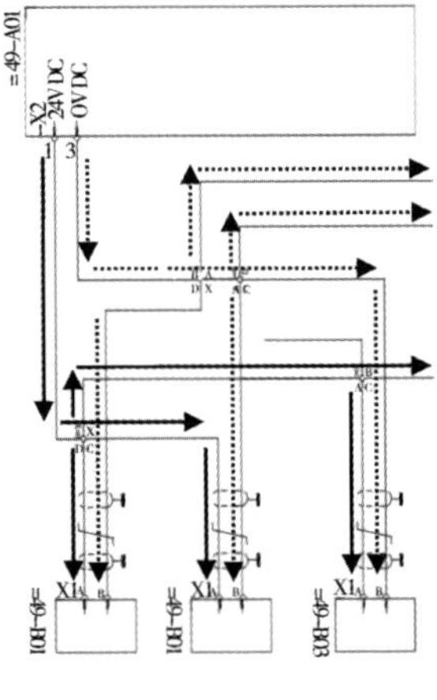

图 3-58b
火灾报警控制器供电（2）

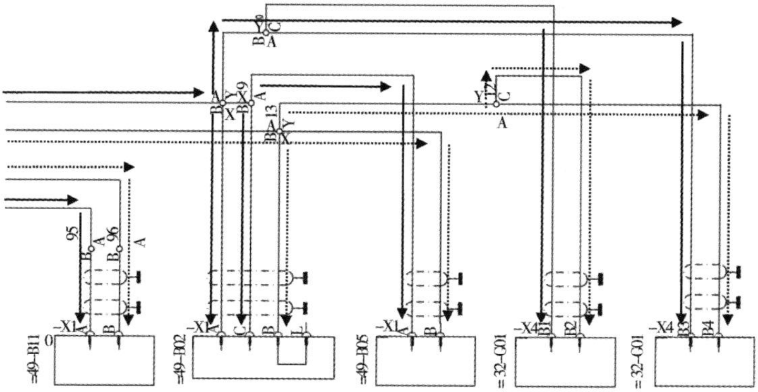

图 3-58c
火灾报警控制器供电（3）

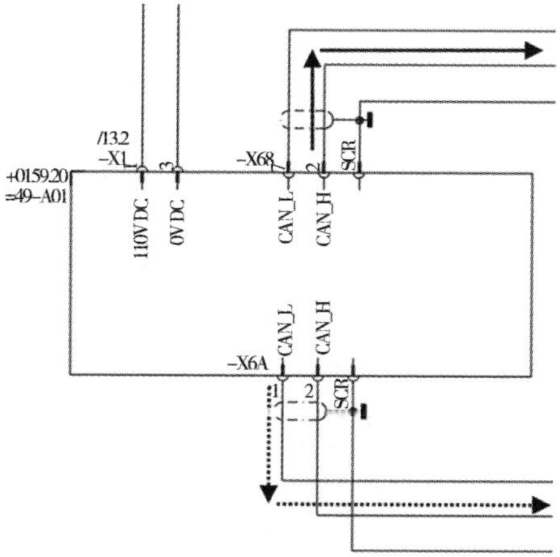

图 3-59a
CAN 总线（1）

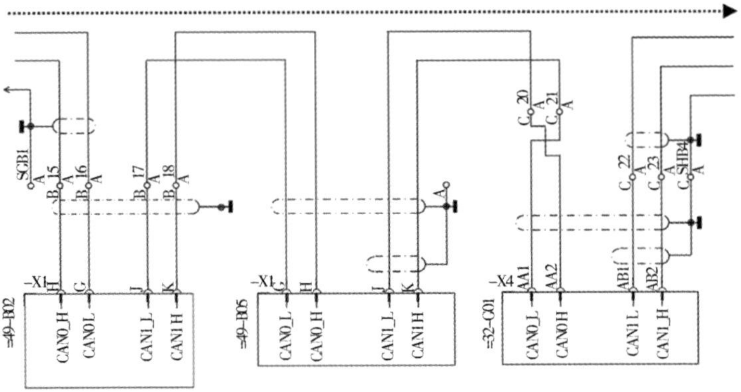

图 3-59b
CAN 总线（2）

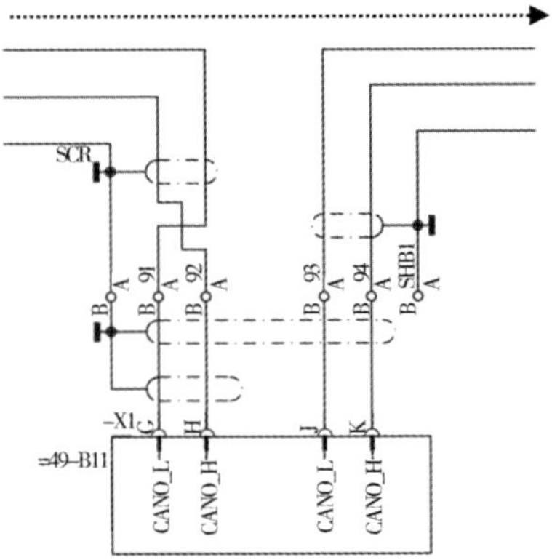

图 3-59c
CAN 总线（3）

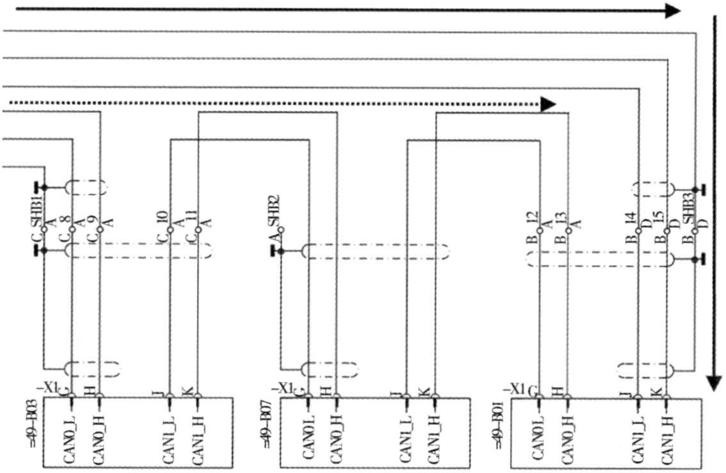

图 3-59d
CAN 总线（4）

49-B02：电气柜内探头；=49-B05：卫生间内探头；=32-G01：蓄电池传感器探头。

无火灾报警时，火灾集中报警继电器=49-K11 始终得电。当火灾控制主机收到任意一个或几个报警时，会将输出的触点断开，使火灾集中报警继电器=49-K11 失电。同时火灾集中报警继电器=49-K11 的触点 71、72，81、82 接通，将火灾信号送入列车监控系统，见图 3-60。

在出现集中报警的状态下可使用火灾报警旁路开关进行旁路。将火灾报警旁路开关旋转至旁路位，火灾报警旁路继

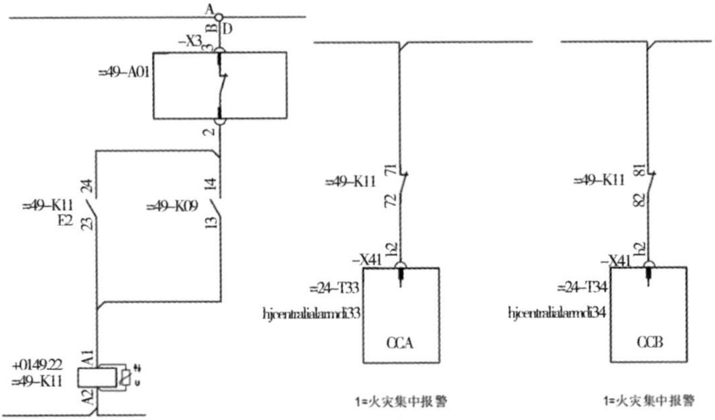

图 3-60
火灾集中报警

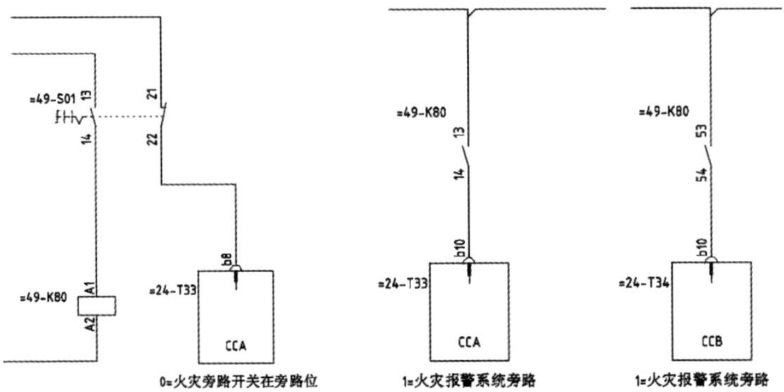

图 3-61
火灾报警旁路

电器=49-K80得电，同时火灾报警旁路继电器=49-K80的触点13、14，53、54接通，将火灾旁路信号送入列车监控系统，见图3-61。

在出现集中报警并且未使用火灾报警旁路时，为保证动车组安全，通过火灾集中报警继电器=49-K11的触点43、44断开，使空调停止工作继电器=49-K61断电，同时空调停止工作继电器=49-K61的触点73、74，83、84断开，将工作状态送入列车监控系统。触点13、14，23、24断开，切断空调启动允许，见图3-62a、图3-62b。

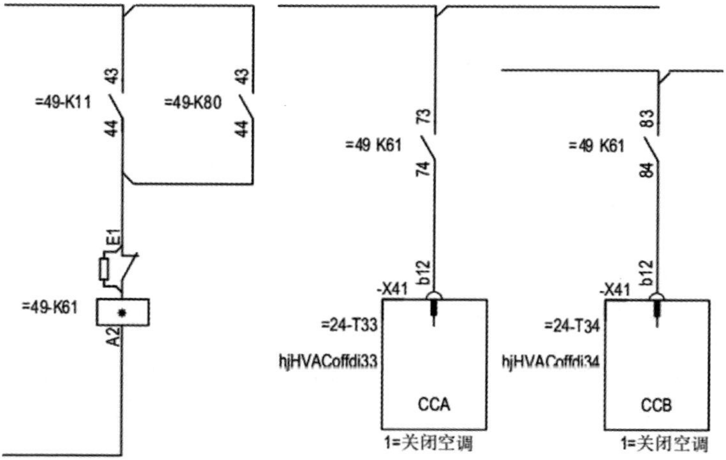

图3-62a
关闭空调系统（1）

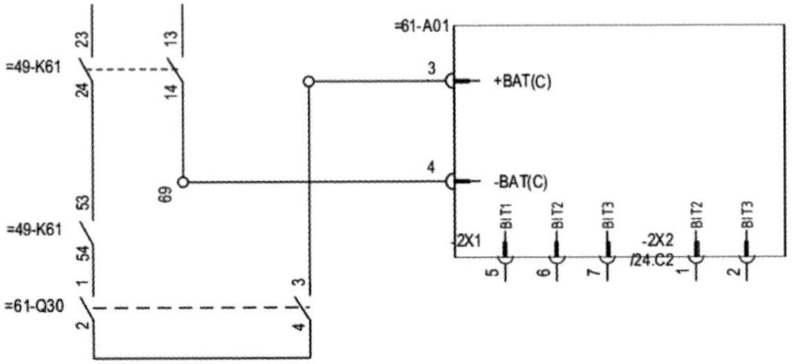

图 3-62b
关闭空调系统（2）

动车组任意车厢发生火灾并触发火灾报警系统信号时，当前车厢的火灾集中报警继电器=49-K11 的触点 13、14 断开可以使火灾报警环路断开。

整列火灾报警环路：由于=43-K03、=43-K03 为钥匙占用继电器，头车该继电器得电，其触点 01、02 断开，正电送至连接器 24 针位，见图 3-63a。

经头车火灾报警环路旁路开关=43-S26 的触点 5、6，至头车火灾集中报警继电器=49-K11 触点 13、14 送至端墙连接器 37 针位，见图 3-63c。

经过所有中间车火灾集中报警继电器=49-K11 触点 13、14 至送尾车 37 针位，见图 3-63e。

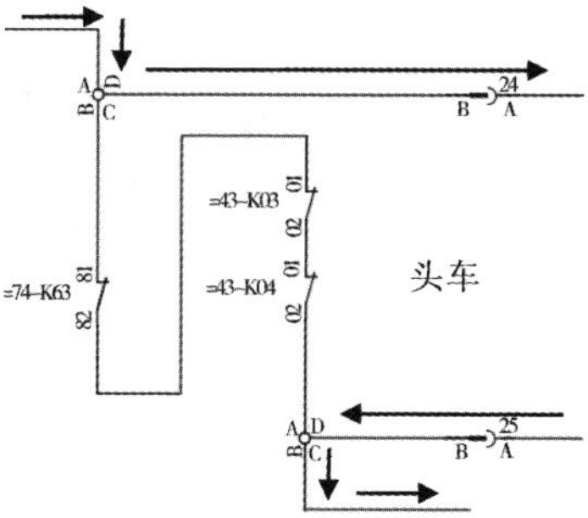

图 3-63a
火灾报警环路（1）

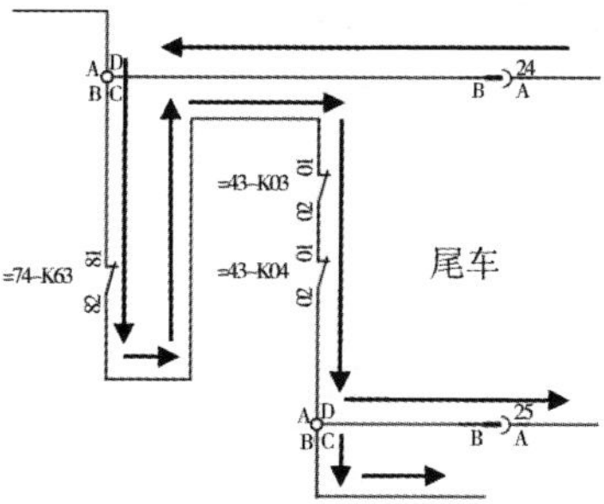

图 3-63b
火灾报警环路（2）

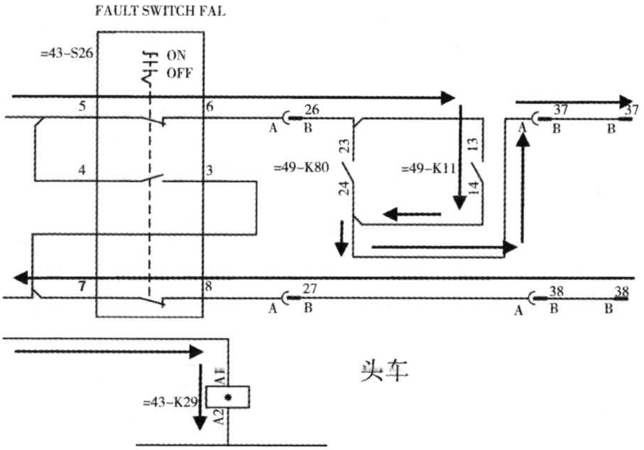

图 3-63c
火灾报警环路（3）

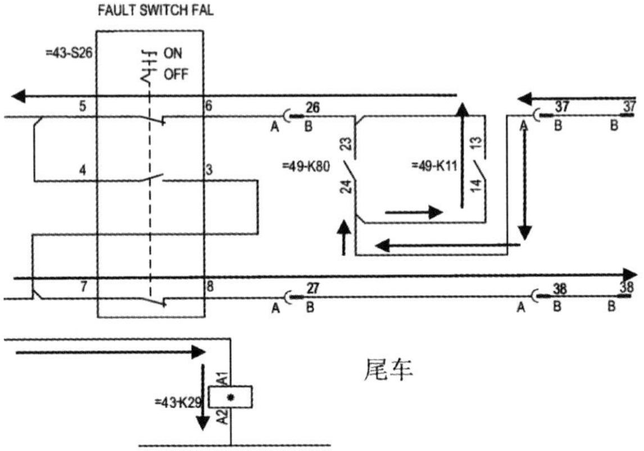

图 3-63d
火灾报警环路（4）

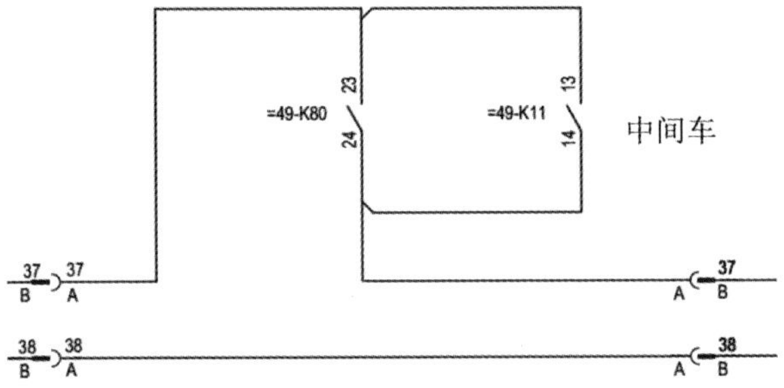

图 3-63e
火灾报警环路（5）

经尾车端墙连接器 37 针位至尾车火灾集中报警继电器 =49-K11 触点 13、14，至尾车火灾报警环路旁路开关 =43-S26 的触点 5、6，见图 3-63d。由于尾车 =43-K03、=43-K03 钥匙占用继电器无电，故经连挂继电器=74-K63（非重联状态时无电）触点81、82，钥匙占用继电器=43-K03、=43-K03触点01、02至连接器25针位，尾车火灾报警环路状态继电器=43-K29得电，见图3-63b、图3-63d。经尾车火灾报警环路旁路开关=43-S26的触点7、8送至端墙连接器38针位。返回头车，经头车火灾报警环路旁路开关=43-S26的触点7、8，头车火灾报警环路状态继电器=43-K29得电，至此火灾环路建立。

见图3-63f，当火灾报警环路断开，火灾报警环路状态继电器=43-K29触点21、21断开。继电器=43-K23触点15、18接通。经头车继电器=22-K04触点43、44至=48-P01产生声光报警。30秒后，继电器=43-K23触点15、18接通断开，通过司机监控屏HMI可以实现消音功能，远程IO=24-T31网络输出触点闭合，消音继电器=49-K24得电并通过触点43、44自锁。消音继电器=49-K24触点31、32断开蜂鸣器。

三、 火灾报警系统的调试

火灾报警试验的目的是检查整列车内的火灾报警线路报警功能和自动复位功能。

1. 工具设备准备

触发火灾报警的烟雾发生器；车辆已经安装连接蓄电池；外接DC110V电源适配器。

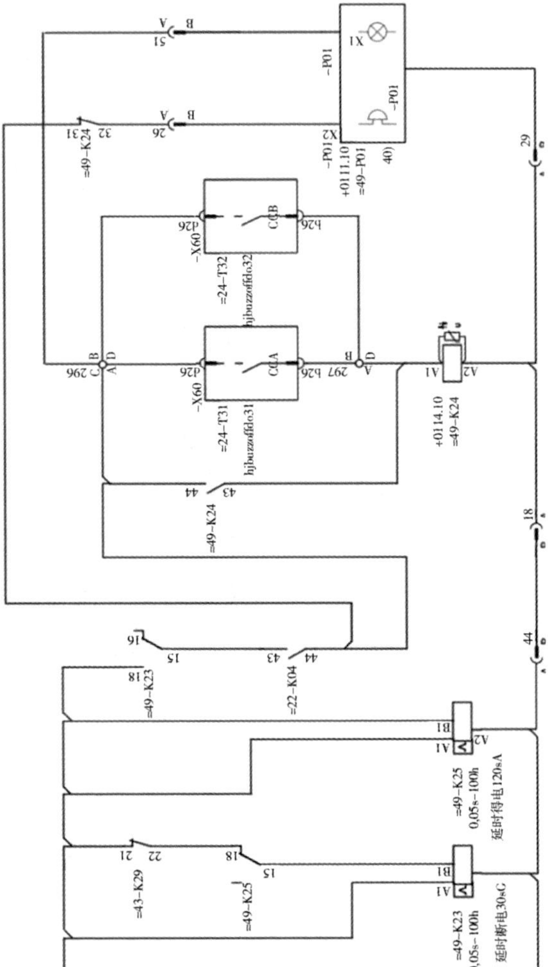

图3-63f
火灾报警环路（6）

2. 火灾报警系统调试过程

（1）自动复位。

动车组电池电源接通及准备工作就绪后，列车控制系统输出确认脉冲，从而使得火灾报警继电器的报警触点接通，使报警继电器得电吸合。

将司机钥匙处于ON位，占用司机室。闭合蓄电池，列车控制系统输出确认脉冲，各车集中报警接触器=49-K11得电吸合。

（2）车辆初始状态。

蓄电池闭合，牵引制动手柄在正常位，在头车的闭合主断路器，火灾环路（FAL）故障开关=43-S26处于正常位置，将所有车中的火灾报警旁路开关处于正常位置：所有车中的火灾报警组合报警接触器=49-K11均吸合，头车火灾报警环路继电器=43-K29得电，火灾报警环路建立，见图3-64、图3-65、图3-66、图3-67。

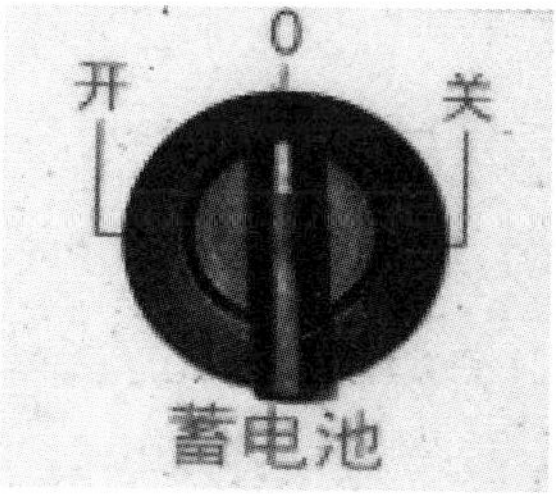

图3-64
蓄电池控制开关

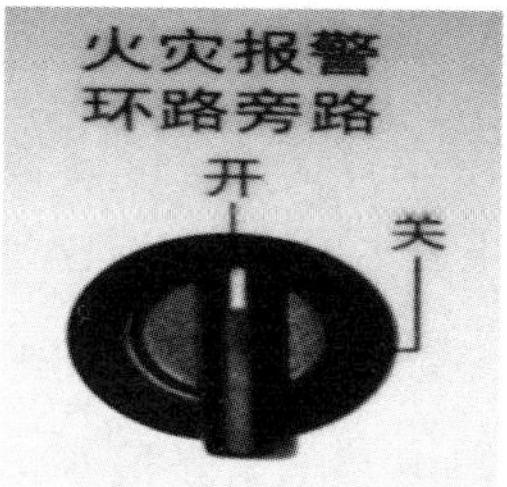

图3-65
火警环路故障开关

图 3-66
牵引制动手柄

图 3-67
司机台上烟火报警器

使用烟雾发生器触发本头车电气柜的火灾探测器：头车的继电器=49-K11 失电释放，两个头车继电器=43-K29 失电释放，火灾报警环路断开。头车司机台上烟火报警器=49-P01 声光报警，司机监控屏显示正在触发的报警线路，人机界面火灾报警主界面中火灾探测器状态显示的信息和位置正确，机械师室的监控屏上显示触发的报警线路，机械师室的烟火报警器=49-P01 声光报警，见图 3-68、图 3-69、图 3-70、图 3-71。

在报警后 30 秒内，将司机室占用车的火灾报警旁路开关

=49-S01 旋转至“关”位置：两个头车继电器 =43-K29 闭合，头车的烟火报警器 =49-P01 停止声光报警，机械师室烟火报警器 =49-P01 停止声光报警。

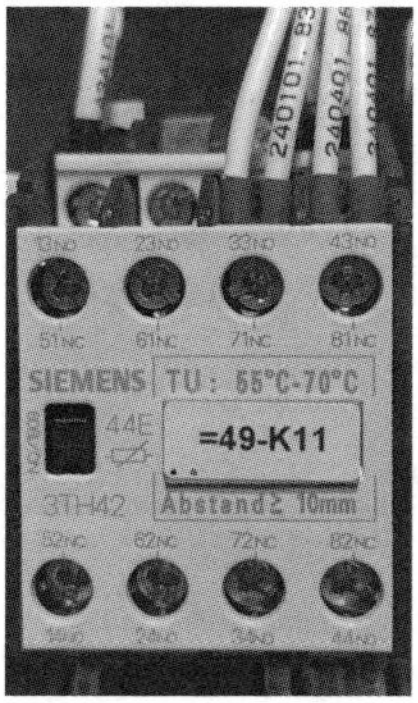

图 3-68
=49-K11 继电器

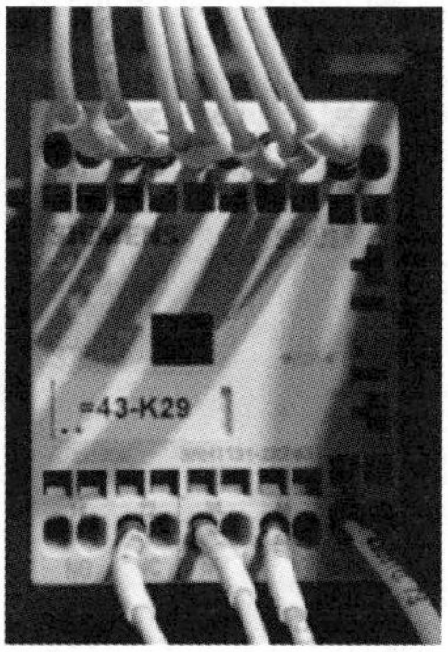

图 3-69
=43-K29 继电器

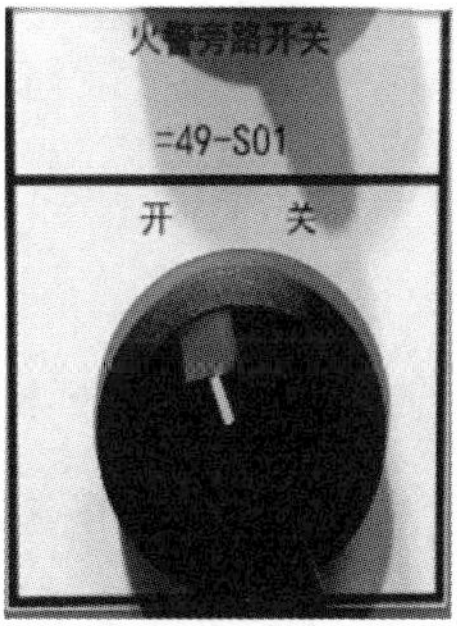

图 3-70
各车火警旁路开关

图 3-71
机械师室烟火报警器

在火警主机上手动隔离PIS柜的火灾探测器：在人机界面火灾报警主界面中，火灾探测器状态显示的隔离信息和位置正确。

在火警主机上手动恢复PIS柜的火灾探测器：在人机界面火灾报警主界面中，火灾探测器状态显示的信息和位置正确。

（3）紧急模式下的火灾报警试验。

将头车司机钥匙处于“ON”位，蓄电池闭合，火灾环路（FAL）故障开关=43-S26处于“开”位置，将所有车中的火警旁路开关=49-S01旋转至“开”位置，所有车受电弓没有升起，检查火灾报警环路继电器=43-K29得电闭合。

将头车紧急模式开关打至“ON”位，使用烟雾发生器触发头车任意一个火灾探测器，头车的集中火灾报警继电器=49-K11失电释放，两头车火灾报警环路继电器=43-K29失电释放，头车的指示灯烟火报警器=49-P01声光报警，机械师室的烟火报警器=49-P01声光报警，30秒后司机室占用车的烟火报警器=49-P01停止声音报警。

烟雾消散后，在头车火灾报警控制器上按下复位按键：两头车继电器火灾报警环路继电器=43-K29得电吸合。将头车紧急模式开关=22-S03打至“关”位，将头车司机钥匙处于关闭位，将另一个头车司机钥匙处于“ON”位，火灾报警环路（FAL）故障开关=43-S26处于“开”位，检查两头车继电器=43-K29吸合。

将另一个头车紧急模式开关=22-S03打至“开”位，使用烟雾笔触发本车任意一个火灾探测器：本车的继电器=49-K11失电释放，两个头车继电器=43-K29失电释放，本车的烟火报警器=49-P01声光报警，机械师室的烟火报警器=49-P01声光报警，30秒后烟火报警器停止鸣叫。

烟雾消散后，在本车火灾报警控制器上按下复位按钮：两头车继电器=43-K29得电吸合，本车的烟火报警器=49-P01熄灭，机械师室的烟火报警器=49-P01停止声光报警。

将本车紧急模式开关=22-S03打至“OFF”位。

第四节

动车组旅客信息系统的原理及调试

一、 动车组旅客信息系统概述

旅客信息系统（PIS）是分布于动车组上的分布式信息服务系统，主要由三个子系统构成，分别是旅客信息显示系统，通告广播系统，列车内部对讲通信系统以及音频、视频娱乐节目播放系统，除了通告广播/内部对讲通信，各个系统都采用集中控制方式。

PIS的主要作用是通过内外显示器为旅客提供列车的行车

信息（列车车次、时间表、车厢号、列车速度、列车位置、到达车站等），车内外温度，列车内部的广播、对讲、通信功能以及提供给旅客的娱乐功能（音频、视频娱乐节目播放等）。两列重联时，PIS 的内部总线通过车端的自动车钩连接，信息显示功能、通告广播功能及内部通信功能与单列车的功能相同。座位信息显示系统是动车组车辆座位的电子指示系统，提供座位号指示和座位售票状态指示。

动车组旅客信息系统由三部分构成，分别为旅客信息及娱乐系统、座位信息显示系统、受电弓监控系统。

（1）旅客信息及娱乐系统由内部信息显示子系统、广播子系统、内部通信子系统和客室电视播放单元组成。旅客信息及娱乐系统列车级控制总线采用冗余的千兆以太网总线，音频总线采用 UIC568 总线标准。动车旅客信息系统如图 3-72 所示。旅客信息系统具有车内外信息显示、公共广播、内部通信、乘客紧急报警、娱乐系统等功能。

（2）动车组座位信息显示系统是动车组车辆座位的电子指示系统，提供座号指示和座位售票状态指示，主要由车地通信—地面站车无线交互平台接入和内部通信组成。

（3）动车组受电弓视频监控系统包括视频监控服务器、受电弓摄像机和监控屏。

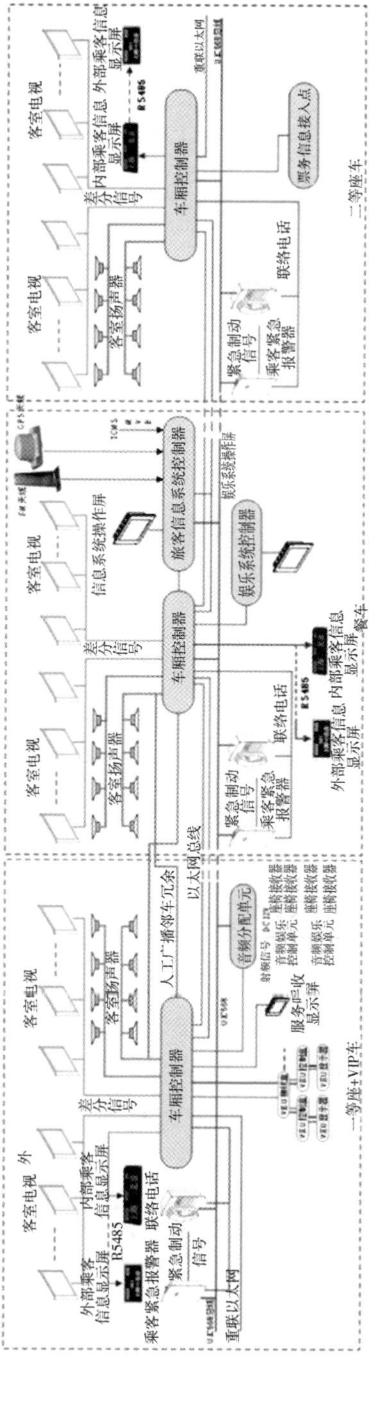

图3-72 动车旅客信息系统

二、 各组件的作用

1. 旅客信息及娱乐系统

乘客信息显示系统具有旅客引导及旅行信息服务的功能，分车内乘客信息显示系统和车外乘客信息显示系统。

（1）车内乘客信息显示系统。

安装在车厢内端部两端头，显示内容包含车次、车厢号、起点站、当前站、下一站、终点站。途中信息，如速度、车外温度等，以及其他服务信息，如禁烟、用餐、紧急信息等。车内信息显示器划分 2 个显示区域，车厢号固定在左侧显示，其他信息固定在右侧显示。

（2）车外乘客信息显示系统。

安装在车厢两侧车门附近，显示旅客信息系统发送过来的线路信息，显示的内容包含车次、始发站和终点站、车厢顺位号。旅途中，车外信息显示器接收旅客信息系统控制命令，实现根据列车行驶速度自动熄灭和点亮。

2. 公共广播

乘务员通过旅客信息系统操作屏界面触发预录制广播，并通过车内扬声器进行播放；自动广播由旅客信息系统主机根据动车组行驶线路自动触发，并通过车内扬声器进行自动广播；备用广播输入通过车内扬声器播放；MP3、FM 节目、电视伴音通过车内扬声器播放；司机室、机械师室、乘务员室设置音量调节器，可调节本区域扬声器音量，但不可完全静音。动车组人工广播主要通过车内联络电话实现司机对乘客、乘务员对乘客的通告。

动车组人工广播优先级高于自动报站、背景音乐等，不依赖于动车组以太网总线和系统控制器通信，在动车组通信总线故障时，保障人工广播功能的正常。自动播报内容采用预录方式，预录制的语音文件存储在旅客信息系统控制器的存储器内。语音存储器可存储报站广播、预定义广播等信息，采用通用的 MP3 格式，广播的内容可以多种语言/方言进行录制，并通过旅客信息系统控制器的以太网接口或 USB 接口实现内容更新及升级。

内部通信主要实现司机和司机、司机和乘务员、乘务员和乘务员之间的对讲。司机室和乘务员室设置一台车内联络电话，其他车每节车厢设置一台车内联络电话。车内联络电话主机和话筒采用集成设计，话筒设置 PTT 按键，按住该按键可进行通话。

乘客紧急报警功能。每节车厢客室靠近乘客紧急制动手柄处设置乘客紧急报警装置，在出现突发事件时，乘客可通过报警器向司机室发起报警，乘客紧急报警器设有指示灯引导和指示乘客通话状态。当乘客拉下紧急制动手柄，系统将通过硬线 I/O 干接点信号（正常时节点为常开，拉下制动手柄时闭合），自动触发乘客紧急报警。乘客紧急报警器通过以太网及 UIC568 总线自动和旅客信息系统主机通信，实现与司机进行紧急对讲的功能。

3. 娱乐系统

动车组内部通信子系统控制总线为以太网总线，主要由安装客室间壁的间壁电视、安装在车厢顶板的吊顶电视和 VIP 服务呼叫单元组成。其中，VIP 服务呼叫单元由 VEU 接线盒、VEU 控制盒和服务呼叫显示器组成。用户可通过操控娱乐系统操作屏选择在电视上播放的节目，可选的音视频包括 1 路视频、3 路 MP3、1 路 FM 音频节目。娱乐系统控制器内置的服务软件将音频数据传输至车厢控制器，各车车厢控制器接收到音视频后，通过内部的解码单元对音视频数据进行解码并输出至电视。动车组头尾车观光区设置 VIP 座椅，每个 VIP 座椅设置服务呼叫按键，可通过按键实现服务呼叫功能。

4. 座位信息显示系统

（1）车地通信—地面站车无线交互平台接入。

动车组座位信息显示系统根据列车车次号、车厢号等查询条件，从地面站车无线交互平台进行各座位售票状态的检索。列车座位信息显示系统通过座位信息接入点的客票系统专用网络访问地面站车无线交互平台，获取本车次各座位的售票信息。

（2）内部通信。

动车组座位信息显示系统由座位信息接入点、座位显示网关、座位信息显示器和车顶 3G/4G 天线组成。座位信息显示系统与旅客信息及娱乐系统共用全列以太网总线。座位信息显示系统框图如图 3-73 所示。

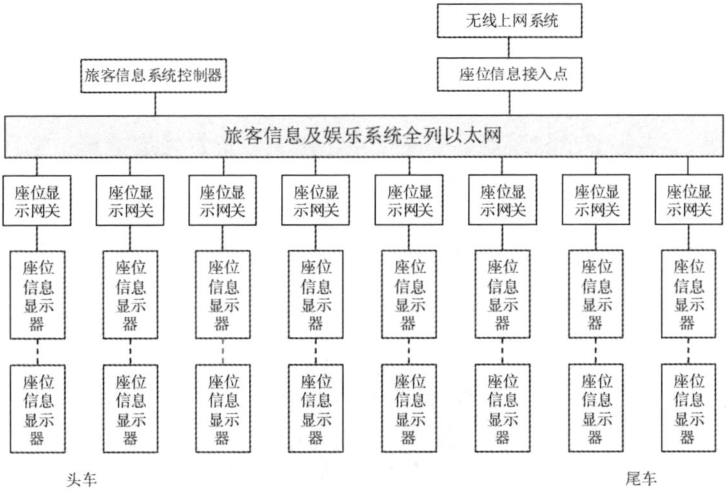

图 3-73
动车组座位信息显示系统框图

座位信息接入点是车辆的座位信息中央处理单元，为标准 1U 机箱，座位信息接入点实物如图 3-74 所示，全列设置一个。可通过车载无线网络系统接入公网，获取本车各座位的售票信息。借助全列旅客信息及娱乐系统以太网，座位信息接入点将各座椅的售票信息下发至座位显示网关，由座位显示网关转发给座位信息显示器。

图 3-74
动车组座位信息接入点

在每节车厢设置 1 个座位显示网关，负责处理本车过道两侧的座位信息。座位信息显示网关实物如图 3-75 所示。在完成本车厢座位信息管理的同时，还负责完成对本车所有座位信息接入点的管理、座位信息显示器的集中供电等功能。

图 3-75
动车组座位信息显示网关

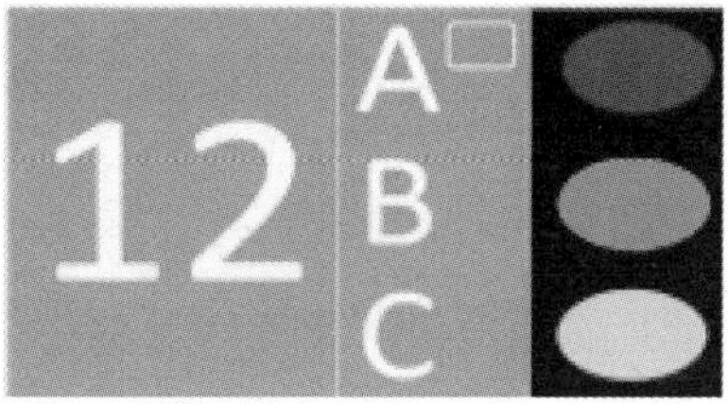

图 3-76
动车组座位信息显示器

座位信息显示器通过RS485通信总线与座位显示网关通信，获取本座椅各座位的售票信息。座位信息显示器效果如图3-76所示。座位信息显示器显示区域分为两部分：一部分是座位号显示部分，提供白色或用户要求的其他颜色的背景光，用于点亮行李架PC板的座位指示镂空区域；另一部分是座位信息显示区域，负责显示对应座位的售票信息。车顶天线安装在车顶，实现座位信息接入点的公网或专网接入功能。车顶天线应支持系统所采用的公网或专网接入方式所使用的频段。

三、受电弓监控系统

受电弓视频监控系统包括视频监控服务器、受电弓摄像机和监控屏。

监控屏设置在5车机械师室，集成列车级视频监控服务器和人机接口，具有数字视频解码和播放功能，单画面轮询方式显示各受电弓及高压部件视频监控画面。

视频监控服务器设置在3车和6车，存储视频图像，图像设里程、区间信息、日期、时间、车次、车厢号和速度标记。

视频监控服务器为受电弓摄像机提供电源。

受电弓摄像机设置在3车和6车，靠近邻车受电弓，集成摄像头、云台、补光灯和加热玻璃等，具有云台控制、电动变焦、补光和强光抑制等功能。系统启动后，补光灯默认开启，可根据升降弓信号自动开启和关闭，降弓2分钟后补光灯自动关闭。同时，监控屏设置摄像头和补光灯开启关闭按键，可以手动操作。当摄像头关闭后，监控屏对应画面显示“摄像头关闭”；当补光灯关闭后，监控屏对应画面显示“补光灯关闭”。受电弓摄像机集成加热玻璃，具有除雾融雪功能。视频监控服务器之间通过车体以太网线组网，将视频数据传输至监控屏；STC通过以太网线连接至视频监控服务器，将旅客信息系统提供的车次、里程等数据和列车网络提供的升降弓信号传输至监控屏。受电弓视频监控系统结构框图如图3-77所示。

四、 主要器件详解

1. 旅客信息系统车厢控制器（=45-T60）

旅客信息系统车厢控制器（=45-T60）是一个总线分配器，用来复制和转换主数据总线和车辆级总线之间的数据，监督控制本车的所有PIS设备，如固定通话站、扬声器、内外显示器及部分音视频设备等。旅客信息系统车厢控制器实物图如图3-78所示。

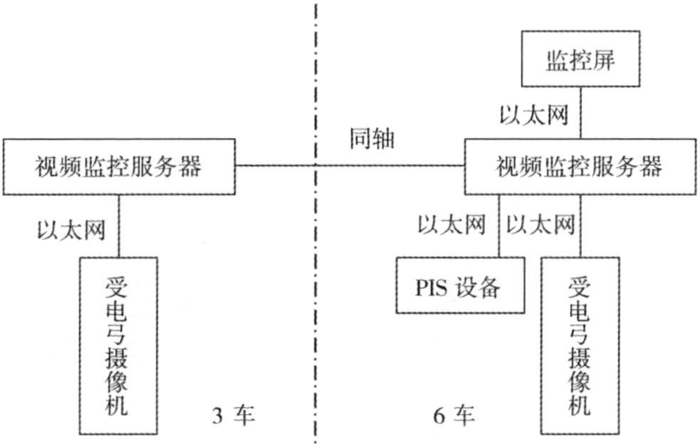

图 3-77
动车组受电弓视频监控系统结构框图

图 3-78
动车组旅客信息系统车厢控制器

2. 旅客信息系统车辆系统控制器（45-T61）

旅客信息系统车辆系统控制器（45-T61）是旅客信息显示、通告通信和娱乐系统的中心设备，负责监视和控制与系统有关的所有外围设备，通过多功能车辆总线（MVB）接口与列车计算机交换数据。旅客信息系统车辆系统控制器实物如图 3-79 所示。

图 3-79
动车组旅客信息系统车辆系统控制器

3. 旅客信息系统控制屏（=45-K12）

旅客信息系统控制器的人机界面在旅客信息系统操作屏上显示，通过旅客信息系统操作屏来完成对旅客信息系统控制器的操作。

4. 固定通话站（=45-T50）

固定通话站（=45-T50）是可以实现车内人工广播以及车内对讲功能的设备。固定通话站功能如图 3-80 所示。

五、 旅客信息系统的调试

在进行旅客信息系统调试前，需要动车组高压供电正常。

1. 车内联络电话的调试

断开 5 车断路器 =45-F01，系统控制器 =45-T61 关闭，信息系统其他部件正常运行，基本 UIC 通信仍然可用。拿起 1

图 3-80
动车组固定通话站

车电话=45-T50（司机室）激活“广播”按键，电话=45-T50上按键“广播”灯亮，通过扬声器向乘客广播，按语音按钮，扬声器发出已连接就绪的声音信号后开始讲话，电话=45-T50的AOC灯亮。客室、卫生间、通过台、观光区、司机室、厨房、乘务员室、机械师室等全列车所有扬声器发出声音信号。断开1车断路器=45-F11，车厢控制器不工作。在TC01右侧内同样可以听见声音。M02车右侧内同样可以听见声音，闭合1车=45-F11。同理测试其他车。广播结束，释放语音按钮，=45-T50的AOC灯熄灭，电话=45-T50上按键“广播”指示灯熄灭。固定通话站实物如图3-81所示。

图 3-81
动车组固定通话站

拿起 7 车电话 = 45-T50，激活“司机”按键，一直按住语音按钮。“司机”指示灯点亮，司机听筒发出蜂音，拿起电话 = 45-T50 听筒不要挂断，指示灯 TOC 点亮。车内联络电话发出提示音。拿起电话听筒并开始讲话。通话结束后，释放语音按钮并挂断电话，“司机”指示灯熄灭，TOC 指示灯熄灭。

拉下 1 车乘客紧急制动拉手 = 28-S53，自动触发乘客紧急报警，实现与司机的对讲通话，司机室车内联络电话 = 46-T50 发出提示音，拿起电话听筒不要挂断，TOC 指示灯点亮。乘客紧急报警 = 46-T53“对讲”绿色指示灯点亮。拿起电话听筒并开始讲话，能正常通话。通话结束后，释放语音按钮并挂断电话。“司机”指示灯熄灭，“对讲”绿色指示灯熄灭，同理分别拉下全列乘客紧急拉手，验证所有拉手功能正常。乘客紧急对讲站实物如图 3-82 所示。

拿起 1 车电话 =46-T50 听筒，活激 1 车“广播”按键，指示灯亮，在前端车钩连接器测量 =74-A1-X1.1 的 197（+）和 198（-）之间有 18~33V 的直流电压。释放“广播”按键后，指示灯熄灭，此时测量不到电压。激活“司机”按键，一直按住语音按键，“司机”指示灯点亮。司机听筒发出蜂音，拿起司机听筒并开始讲话，可以通话。在前端车钩连接器测量 74-A1-X1.1 的 183（+）和 184（-）之间有 18~33V 的直流电压，释放“司机”按键后，指示灯熄灭，此时测量不到电压。

图 3-82
动车组乘客紧急对讲站实物

2. 旅客信息系统控制器—网络—显示系统的调试

调试的前提条件为系统控制器已安装最新版软件；TC01 为主控端；列车静止。

闭合断路器=45-F01。旅客信息系统控制器=45-T61 面板上的状态指示灯“PWR”“RUN”正常，旅客信息系统操作屏=45-K12 屏幕可视，操作旅客信息系统操作屏，输入车次操作屏界面，自动显示相应的线路信息。娱乐系统控制器登录界面如图 3-83 所示。娱乐系统控制器主界面如图 3-84 所示。

图 3-83
娱乐系统控制器登录界面

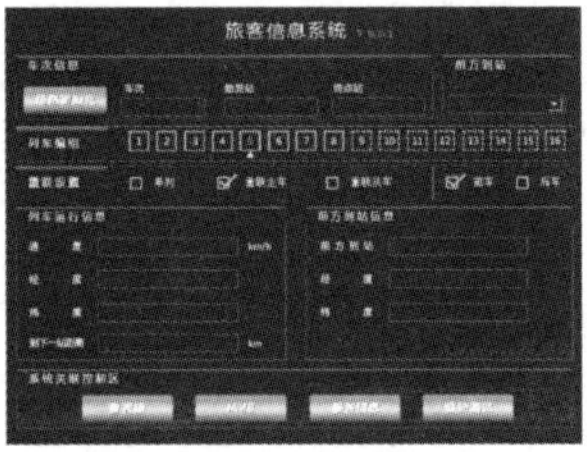

图 3-84
娱乐系统控制器主界面

（1）车外显示器显示的调试。

检查车厢号、车次号、始发站、终点站等。外部显示器如图 3-85 所示。

图 3-85
动车组外部显示器

（2）车内信息显示器的调试。

检查车次、车厢号、起点站、下一站、终点站等。途中信息：运行速度、车外温度等，同时可显示旅客关心的其他信息，如运行时刻等服务信息，中英文交替显示。内部显示器如图 3-86 所示。

图 3-86
动车组内部显示器

点击信息系统操作屏 45-K12 主界面的“服务信息”图标，选择预存的文字信息，选择播放次数，点“播放”图标，所有车内信息显示器开始滚动播放选中的文字信息。旅客信息系统控制器服务信息界面如图 3-87 所示。

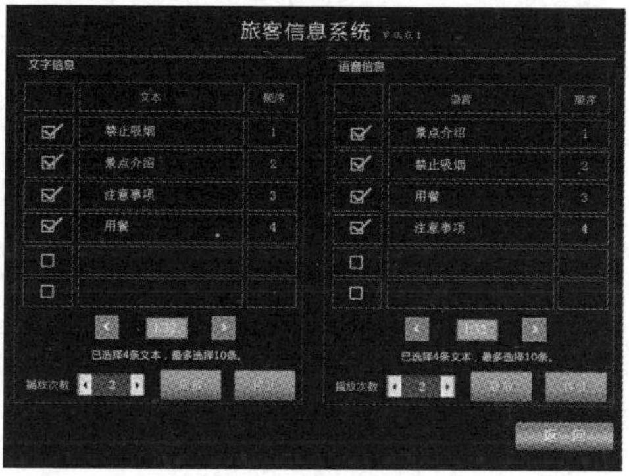

图 3-87
动车组旅客信息系统控制器服务信息界面

（3）插播全列人工广播的调试。

检查旅客信息系统控制器面板上的状态指示灯“PWR”

"RUN"点亮，旅客信息系统操作屏正常。点击信息系统操作屏=45-K12主界面的"服务信息"图标，进入服务信息界面，选择预存的语音信息，选择播放次数，点"播放"图标，所有扬声器开始播放选中的语音信息。在1车和8车前端车钩连接器74-A1-X1.1的195（+）和196（-）之间测得18~33V的直流电压。拿起8车电话听筒，激活"广播"按键，"广播"指示灯亮起，按住语音按钮，开始讲话，自动广播被中断。挂断电话后，所有扬声器开始播放人工广播。

（4）单车广播功能的调试。

在1车激活"单车"按键，按"2"或"0201"或"02"和回车按键。输入数字期间"单车"指示灯闪烁，输入"回车"后指示灯常亮。等PA信号结束后，按语音按钮并开始讲话。4段位数码管一直显示广播的车厢号码，可在2号车厢听到广播。拿起3车电话听筒，激活"单车"按键，AOC指示灯常亮，无法发起广播。

（5）观光区扬声器静音的调试。

检查旅客信息系统控制器面板上的状态指示灯"PWR""RUN"点亮，旅客信息系统操作屏正常。拿起3车电话听筒，激活"广播"按键，指示灯亮起。按住语音按钮，同时开始讲话，所有扬声器开始播放人工广播。点击信息系统操作屏主界面的"音视频"图标，点击信息系统操作屏音视频界面的“1 车静音”图标，1 车观光区扬声器停止播放广播。旅客信息系统控制器音视频界面如图 3-88 所示。

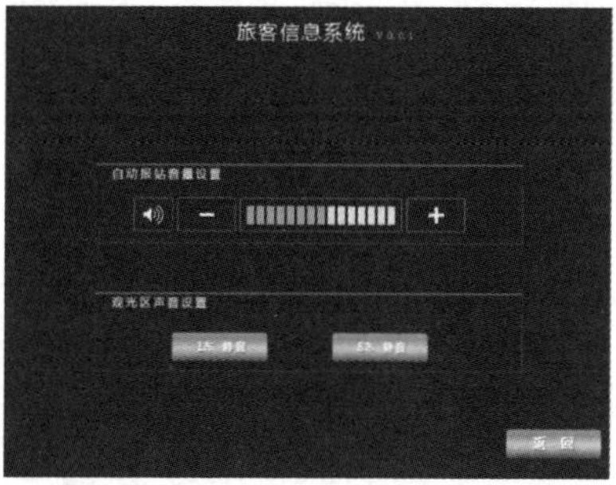

图 3-88
动车组旅客信息系统控制器音视频界面

（6）音视频娱乐的调试。

检查旅客信息系统控制器面板上的状态指示灯“PWR”“RUN”点亮，旅客信息系统操作屏正常。娱乐系统控制器 =47-K51 和娱乐系统操作屏 =47-K52 开启，应用程序完成初始化，进入工作状态，娱乐系统控制器 =47-K51 指示灯“PWR”“RUN”点亮，娱乐系统操作屏 =47-K52 正常。音视频娱乐界面如图 3-89 所示。

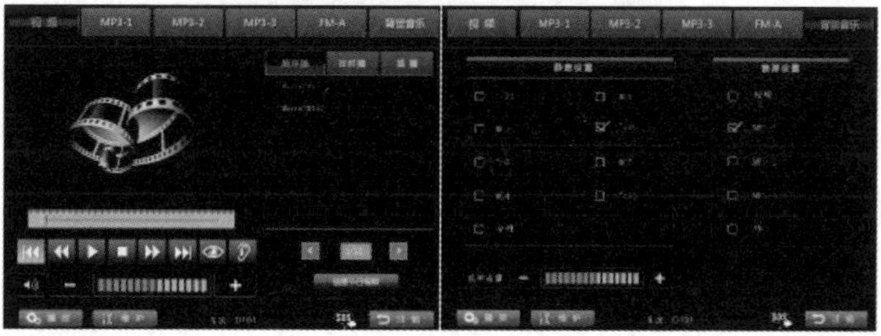

图 3-89
动车组音视频娱乐界面

激活“广播”按键，按语音按钮，天花板扬声器提示连接就绪的声音信号后，背景音乐将被中断，进行人工广播后，可听见人工广播的语音。挂断电话，背景音乐继续播放。

（7）服务呼叫的调试。

在 PIS 系统、VEU 控制盒、VEU 接线盒正常工作状态下，激活服务呼叫显示器电源，服务呼叫系统进入可控状态。在 VIP 座椅按下呼叫按钮，服务呼叫显示器上相应位置的提示框变色。扬声器发出提示音提醒乘务员，按下服务呼叫显示器上的“确认”提示框，复位提示音停止。VIP 乘客服务呼叫按钮如图 3-90 所示。

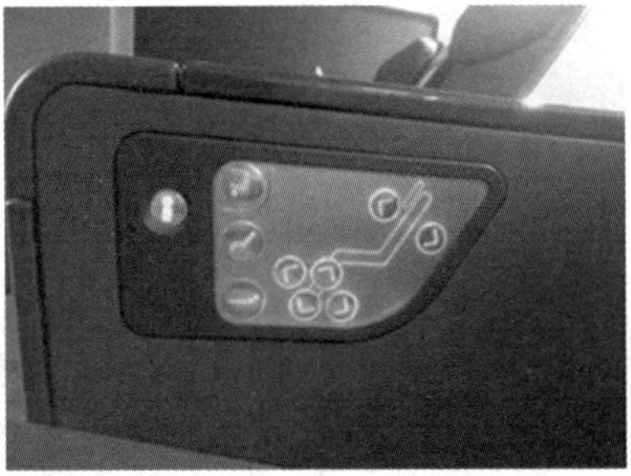

图 3-90
动车组 VIP 乘客服务呼叫按钮

（8）票务信息显示的调试。

调试电脑连接车辆控制器 =45-T60 的服务接口（选择任意一个车），通过票务系统测试软件分别输出任意一个座位号的以下工况：预售（黄色）、售出（红色）、未售出（绿色）。票务信息显示如图 3-91 所示。

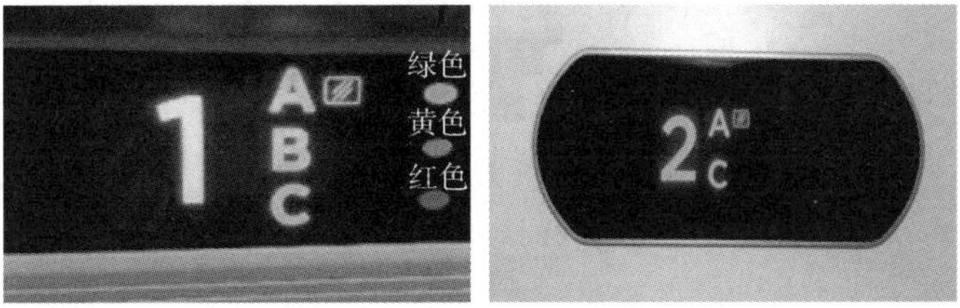

图 3-91
动车组票务信息显示器

（9）受电弓监控系统的调试。

调试条件为 PIS 系统正常运行；所有车厢控制器正常运行；受电弓监控设备正常工作；视频监控服务器 = 47-C70 正常工作；智能分析主机 = 47-K71 正常工作；视频监控屏 = 47-K70 正常工作。

监控屏应用程序打开，进入主界面。进入受电弓监控画面。监控画面应叠加里程、区间信息、日期、时间、车次、车厢号和速度标记等信息。点击调焦按钮，其中左为缩，右为伸，使焦距从小到大，再从大到小。此焦距调节过程中点击对焦按钮，在任意焦距位置，摄像头通过对焦按钮的调节均可清晰成像。观察监控界面，使摄像头视野覆盖受电弓身（包括受电弓和高压线的接触部分）和车顶相关高压元件。调节完成后，将摄像头的焦距调至最小，即最广角视野。点击

“补光灯开”按钮。补光灯正常开启。点击“补光灯关”按钮。补光灯正常关闭。选择录像回放界面，设置录像回放条件进行查询，找到符合条件的录像。下载选中查询到的录像文件，录像下载功能正常。

（10）车厢视频监控系统的调试。

连接笔记本电脑与视频监控服务器，打开设备网络搜索软件 SADP。其中车厢内摄像机设类型：IPC-DF30 或 DF60 为全景摄像机，IPC-DD10 或 DD20 为半球网络摄像机。连接视频监控器的 X2，在左侧区域选中摄像机，修改网络参数，IP 地址+车厢号。打开浏览器，进入摄像头网页，进入摄像机监控画面。监控画面正常、清晰显示，调整镜头位置至最佳视野。

半球摄像机镜头调整方法如下：半球摄像机镜头调整顺序如图 3-92 所示。拧松外壳上的 3 个螺栓，去掉上半部分球罩；水平方向旋转镜头，可调整镜头的水平视野范围；垂直方向旋转镜头，可调整镜头的水平视野范围。

依次连接 X3-X7，按照上述步骤对其他摄像机网络参数进行修改，并对摄像头角度进行调节。视频监控服务器 X2-X7 电源连接器中，保持 X3 电源连接器连接，其余断开，按上述步骤操作，将摄像机 IP 配置为址+车厢号；打开浏览器，进入摄像头网页，登录后进入摄像机监控画面。摄像机参数修改成功，检查监控画面正常、清晰显示，调整镜头位置至

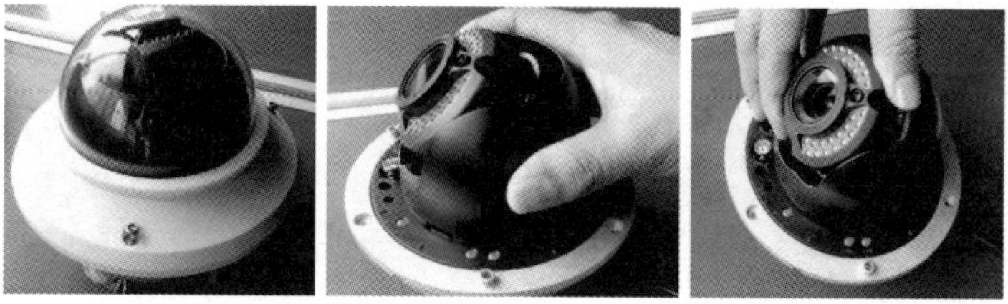

图 3-92
动车组半球摄像机镜头调整顺序

最佳视野。

第五节

动车组内外照明系统的原理及调试

一、 动车组外部照明系统

动车组外部照明系统的作用是保证动车组日间及夜间行驶安全。

1. 外部照明光源的组成

动车组外部照明包含顶部前照灯 = 51-E11，内含一个光源；左前照灯 = 51-E12，内含一个远光光源、一个近光光源；右前照灯 = 51-E13，内含一个远光光源、一个近光光源；左标志灯 = 51-E14，内含一个白色光源、一个红色光源；右标志灯 = 51-E15，内含一个白色光源、一个红色光源；左装饰灯=51-E16，内含一个光源；右装饰灯=51-E17，内含一个光源。见图 3-93。

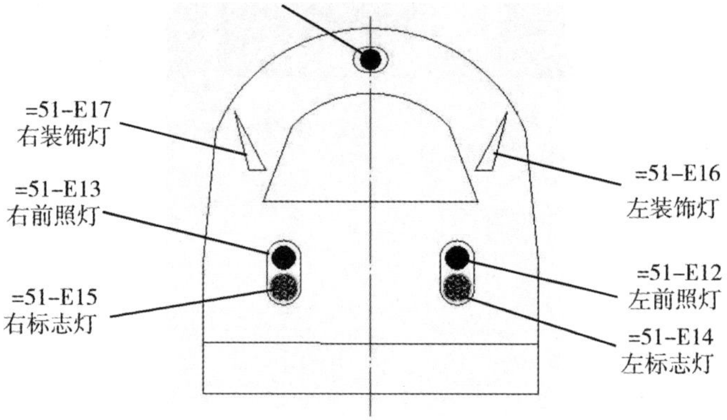

图 3-93
动车组外部照明系统

2. 外部照明系统器件

外部照明主令操作类器件有标志灯开关=51-S12、前照灯开关=51-S11。

执行类器件有标志灯白灯继电器=51-K01、标志灯红灯继电器=51-K02、倒车模式继电器=51-K05、电源转换继电器=51-K07；=51-K03 远光灯继电器、=51-K04 近光灯继电器。

3. 动车组外部照明系统工作原理

（1）外部照明启动前提条件。

外部照明启动前提条件是司机钥匙启动、所有照明灯具处于正常工作状态、动车组充电机正常工作或者蓄电池正常工作准备就绪。

（2）标志灯的模式选择和标志灯对应状态。

标志灯开关=51-S12有自动位、红灯位、白灯位3个位置。在正常动车组运行过程中，模式默认为自动位。将标志灯开关=51-S12置于“红灯”位置，左右标志灯的红灯亮起；将标志灯开关=51-S12置于“白灯”位置，左右标志灯的白灯亮起；将标志灯开关=51-S12置于“自动”位置，方向手柄置于“停止”位置，头车左右标志灯的白灯亮起，列车尾车左右标志灯的红灯亮起；将标志灯开关=51-S12置于“自动”位置，方向手柄置于“前进”位置，头车左右标志灯的白灯亮起，列车尾车左右标志灯的红灯亮起；将标志灯开关=51-S12置于“自动”位置，方向手柄置于“后退”位置，头车左右标志灯的红灯亮起，列车尾车左右标志灯的白灯亮起。

（3）远近光灯模式选择。

前照灯开关=51-S11有关、远光、近光3个位置。将标志灯开关置于“自动”位置，将前照灯开关置于“前照灯关”

位置，左右装饰灯、顶部和左右前照灯的远光灯不亮；将前照灯开关=51-S11 置于“前照灯远光”位置，左右装饰灯亮起，顶部和左右前照灯的远光灯亮起；将前照灯开关=51-S11 置于“前照灯近光”位置，左右装饰灯亮起，顶部前照灯熄灭，左右前照灯的近光灯亮起。

4. 动车组外部照明系统控制原理分析

（1）标志灯白灯点亮方式。

标志灯开关=51-S12 置于白灯位时，=51-K01 继电器吸合，白灯点亮，见图 3-94。

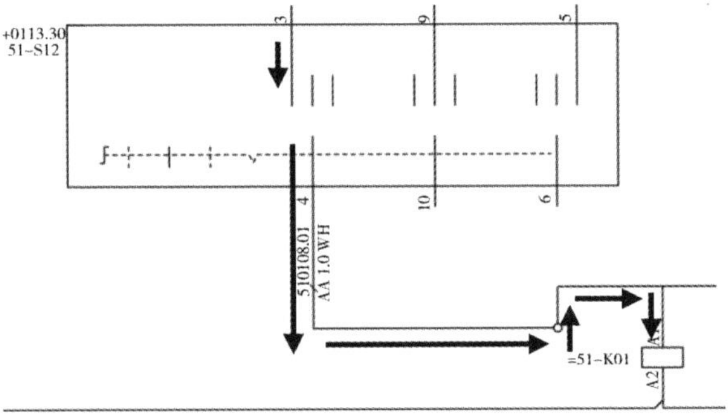

图 3-94
白灯模式下继电器=51-K01 得电过程

标志灯开关=51-S12 置于自动位时，启用倒车模式，未占用司机室，=22-K04、=22-K05 不得电，方向向后继电器=51-K05 得电，=51-K01 继电器吸合白灯点亮；占用司机室，=22-K04、=22-K05 得电，未启用倒车模式，方向向后继电器=51-K05 不得电，=51-K01 继电器吸合，白灯点亮，见图 3-95。

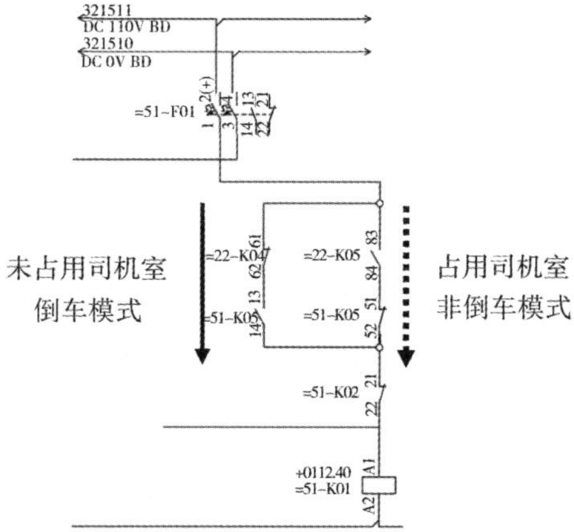

图 3-95
自动模式下白灯继电器=51-K01 得电过程

=51-K01 继电器吸合后，相应触点动作。左侧标志灯点亮白灯，右侧标志灯点亮白灯，见图 3-96。

（2）标志灯红灯点亮方式。

标志灯开关=51-S12 置于红灯位时，=51-K02 继电器吸合，标志灯为红灯、装饰灯点亮，见图 3-97。

标志灯开关=51-S12 置于自动位，占用司机室=22-K05 得电，方向向后继电器=51-K05 得电，=51-K02 继电器得

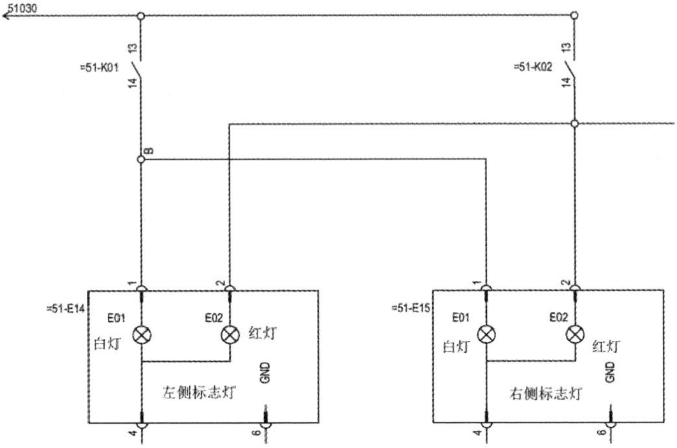

图 3-96
白灯点亮

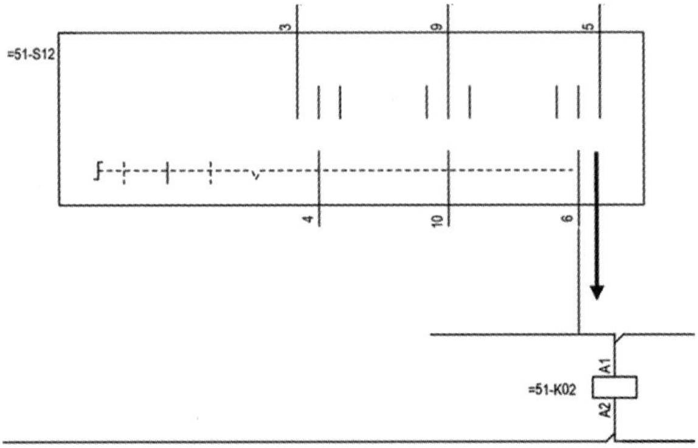

图 3-97
红灯模式下继电器=51-K02 得电过程

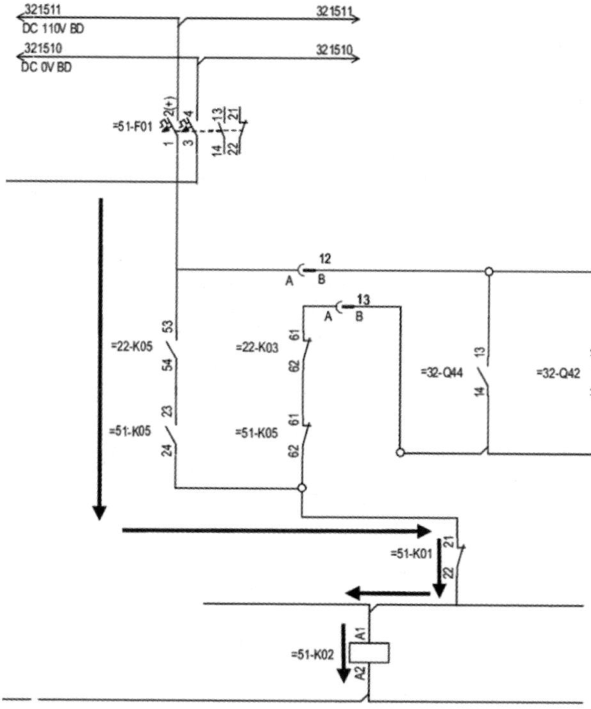

图 3-98
自动模式下继电器=51-K02 得电过程

电，标志灯红灯和装饰灯点亮，见图 3-98。

标志灯开关=51-S12 置于自动位，BN1 转 BD 供电时，接触器=32-Q44、=32-Q42 得电，在司机室未占用，无方向情况下=51-K02 继电器吸合，标志灯为红灯、装饰灯点亮，见图 3-99。

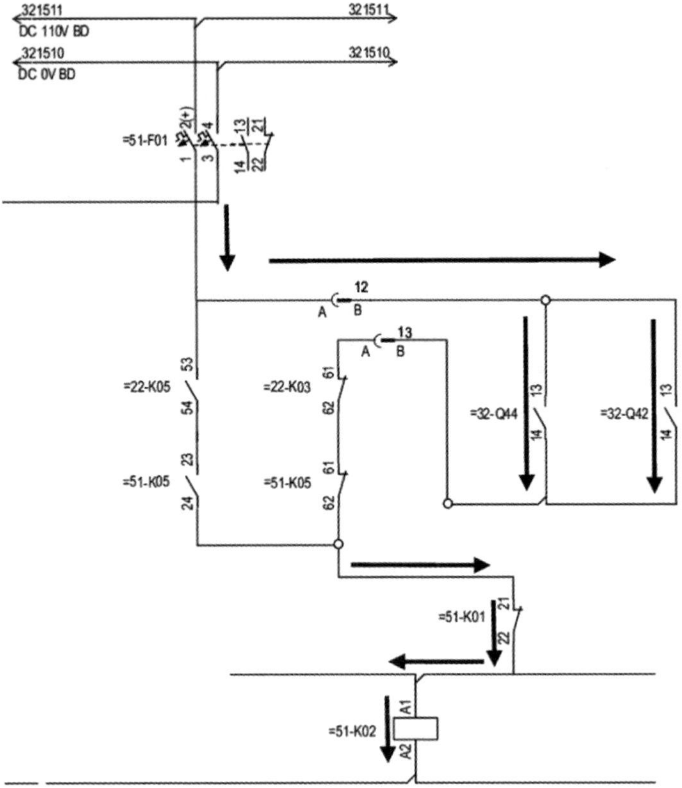

图 3-99
自动模式下 BN1 转 BD 时继电器=51-K02 得电过程

继电器=51-K02 得电后，相应触点动作。左侧标志灯点亮红灯，右侧标志灯点亮红灯，左侧装饰灯点亮红灯，右侧装饰灯点亮红灯，见图 3-100。

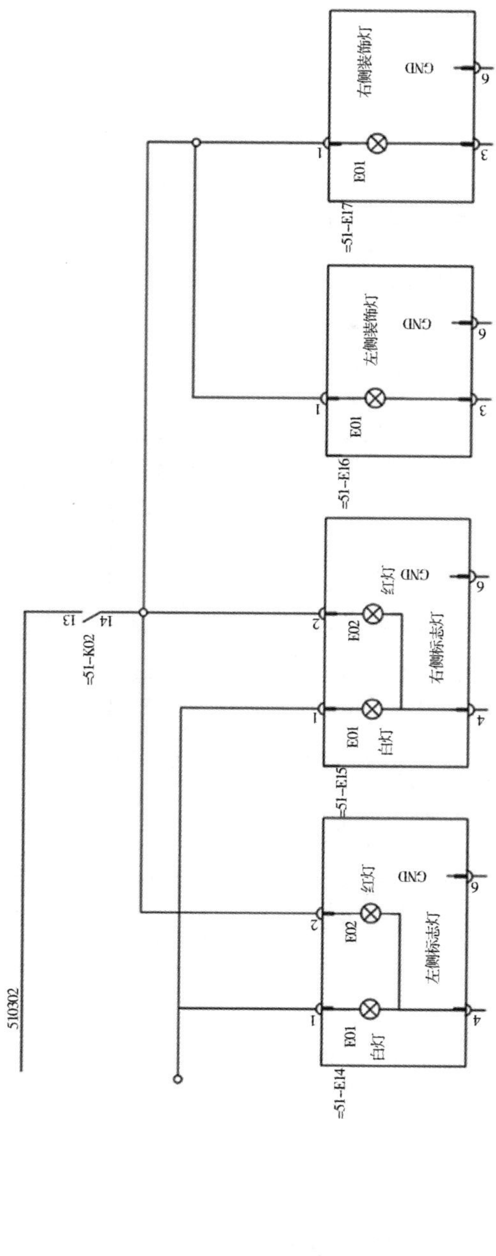
510302
=51-K02
13
14
=51-E14
E01
白灯
E02
红灯
左侧标志灯
GND
=51-E15
E01
白灯
E02
红灯
右侧标志灯
GND
=51-E16
E01
左侧装饰灯
GND
=51-E17
E01
右侧装饰灯
GND

图3-100 红灯点亮

（3）近光灯点亮方式。

当占用司机室，标志灯开关=51-S12在自动位，将前照灯开关=51-S11置于近光位。=51-K04继电器得电后，相应触点动作。只要该占用司机室为非重联端=74-K58无电，左侧前照灯点亮近光灯，右侧前照灯点亮近光灯。见图3-101、图3-102。

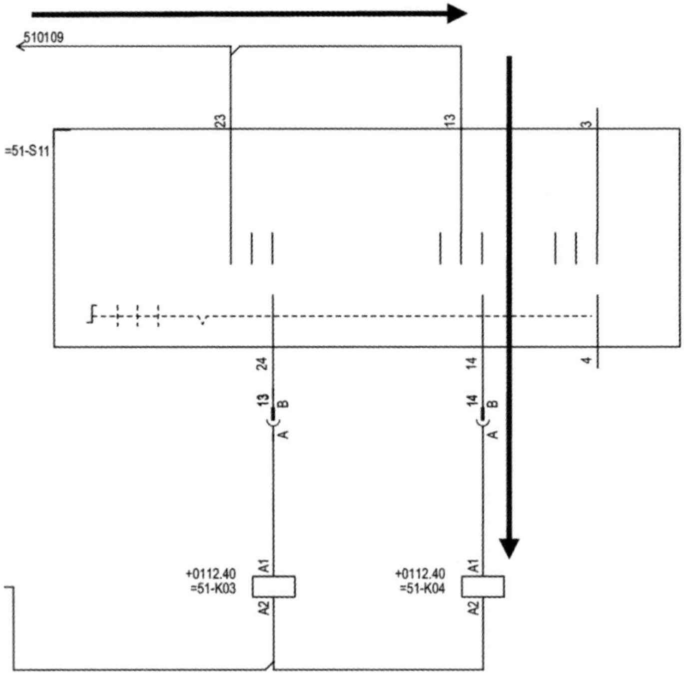

图3-101
前照灯开关置于近光位继电器=51-K04得电过程

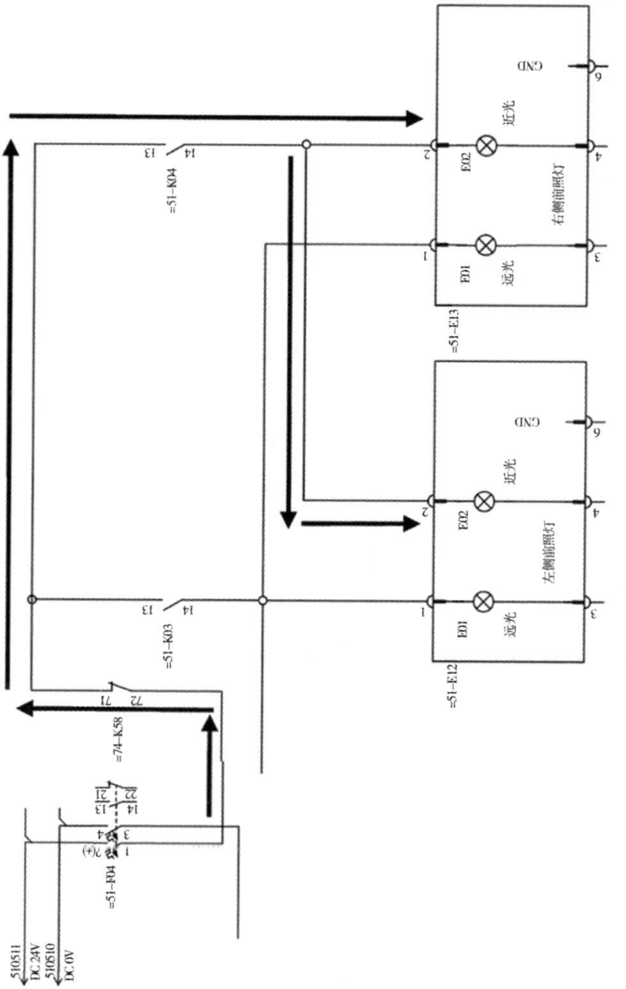
=51-K04
=51-K03
=51-E13
=51-E12
右侧前照灯
左侧前照灯
近光
E01
E02
GND
=74-K58
=51-F04
510511
DC 24V
510510
DC 0V

图3-102 近光灯点亮

（4）远光灯点亮方式。

当司机室占用，方向开关在向前或零位，标志灯开关=51-S12在自动位，将前照灯开关=51-S11置于远光位。=51-K03继电器得电后，相应触点动作。只要该占用司机室为非重联端=74-K58无电，顶部前照灯点亮，左侧前照灯点亮远光灯，右侧前照灯点亮远光灯。见图3-103、图3-104。

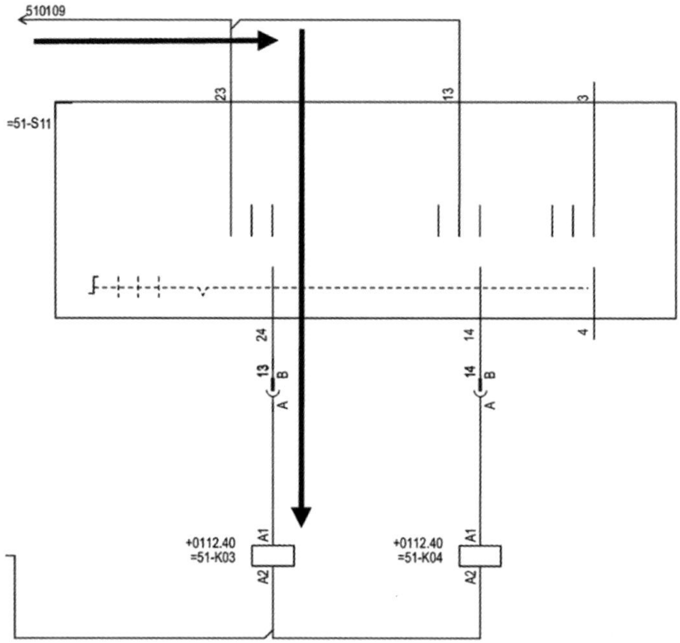

图3-103
前照灯开关置于远光位继电器=51-K03得电过程

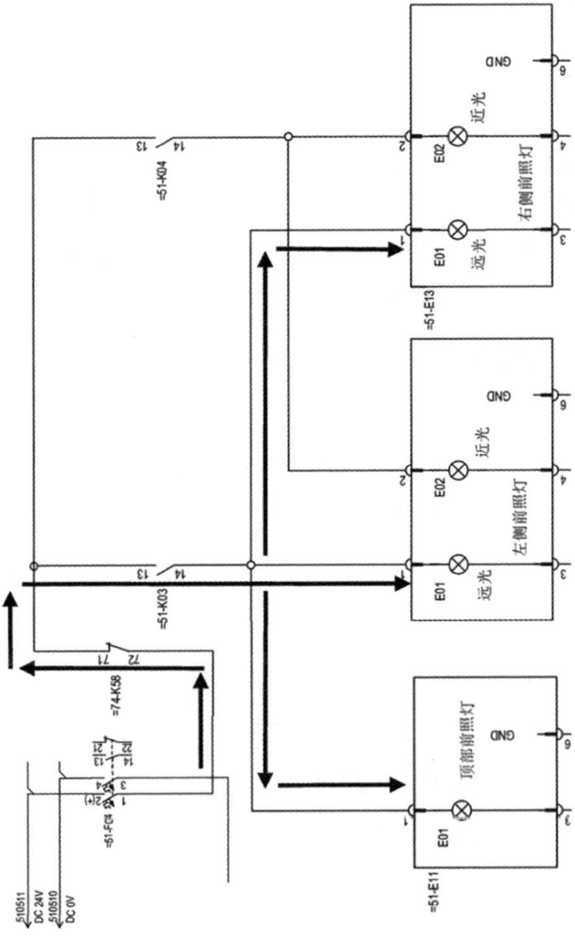

图3-104 顶部前照灯和远光灯点亮

（5）动车组外部照明系统的调试。

① 调试步骤。

将标志灯开关=51-S12 置于“自动”位，将前照灯开关=51-S11 置于“关断”位，将司机钥匙=22-S04 置于闭合位，头车亮“白标志灯”、尾车亮“红标志灯”。将前照灯开关=51-S11 置于“前照灯远光”位，头车亮“前照灯远光”。将前照灯开关=51-S11 置于“前照灯近光”位，头车亮“前照灯近光”。将前照灯开关=51-S11 移至“关断”，头车亮“白标志灯”。使用蓄电池供电，退头，=51-K07 吸合，头车亮“红标志灯”。取消蓄电池供电，=51-K07 断开。启用倒车模式，占头，=51-K05 吸合，头车亮“红标志灯”。取消倒车模式，=51-K05 断开，头车占“白标志灯”。换端至尾车重复试验。

② 调试注意事项。

应注意灯光的各种模式是否一致，各种模式下灯是否点亮，灯光是否存在色差。不同模式切换时，间隔 3~5s，以免产生瞬时过流，烧坏元器件。

二、 动车组内部照明系统

动车组内部照明系统的作用是照亮车厢内部，满足乘客的采光要求。

1. 内部照明系统的组成

动车组的内部照明主要包括左侧主照明、右侧主照明、左侧应急照明、右侧应急照明等。

2. 内部照明系统器件

主令操作类器件有全列照明集控旋钮=52=S04。

执行类器件有左侧主照明接触器=52-Q01、右侧主照明接触器=52-Q02、左侧紧急照明关闭继电器=52-K13 、右侧紧急照明关闭继电器=52-K14 、照明控制器=52-A01 等。

3. 动车组内部照明系统工作原理

(1) 内部照明启动前提条件。

内部照明启动前提条件：所有照明灯具处于正常工作状态；动车组充电机正常工作或者外接 DC110V，亦或蓄电池正常工作准备就绪。

(2) 内部照明功能。

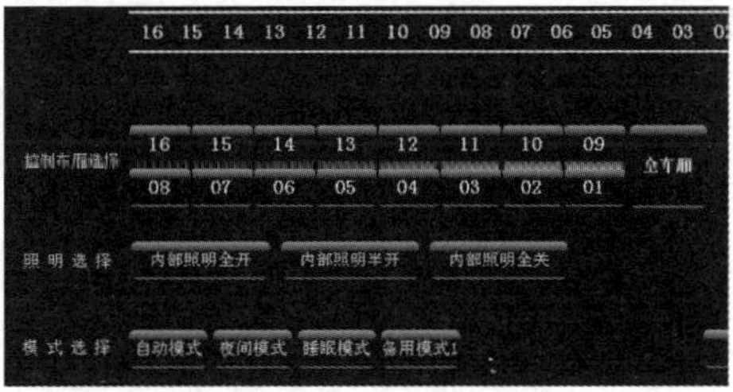

图 3-105
HMI 照明界面

全列照明控制功能是分别将头车 PIS 机柜内全列照明集控旋钮 = 52 - S04 置于全灯、应急灯、关闭位，实现全列照明全部灯亮、应急灯亮、全部关闭。HMI 控制屏的控制是分别在头车司机室、机械师室控制 HMI 屏的照明界面“内部照明全开”“内部照明半开”“内部照明全关”，实现全列照明全开、半开、全关，见图 3-105。

分别在头车司机室、机械师室控制 HMI 屏的照明界面中的“自动模式”“夜间模式”“睡眠模式”“备用模式 1”，可以实现通过色温控制器各个模式下调光的照度。其中，自动模式为色温 4500K，亮度 100%；夜间模式为色温 3000K，亮度 99%；睡眠模式为色温 3000K，亮度 33%；备用模式 1 为色温 4000K，亮度 100%，见图 3-106。

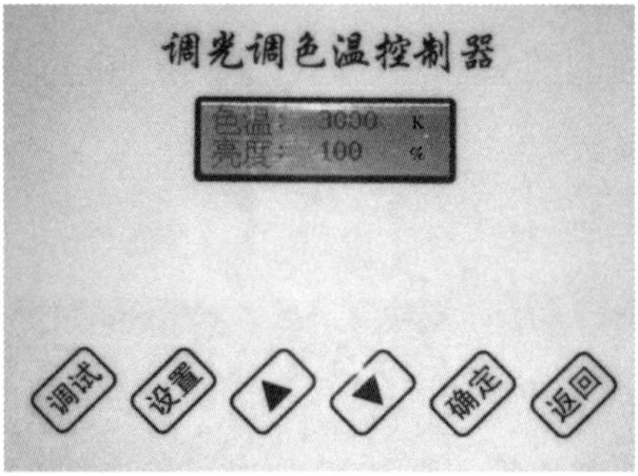

图 3-106
调光调色温控制器

（3）左右主照明的控制。

客室左右主照明通过动车组网络控制，头车司机室、机械师室控制 HMI 屏的照明界面发出控制指令，经过逻辑运算将照明允许信号通过电气柜 IOM 输出，使照明接触器 =52-Q01、=52-Q02 得电，见图 3-107。

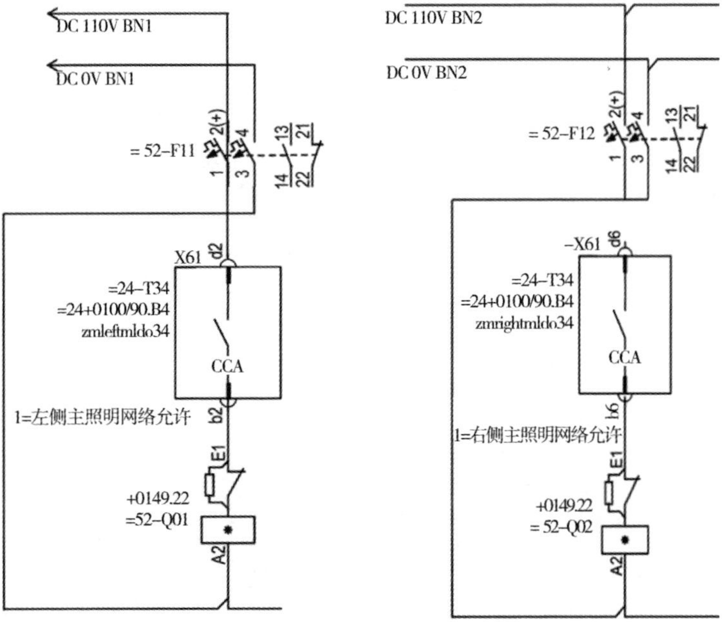

图 3-107
左右主照明的控制

照明集控旋钮 =52-S04 的命令信号通过电气柜内 IOM 输入接口传递至网络，见图 3-105。经过逻辑运算将照明允许信号通过电气柜内 IOM 输出，使照明接触器 =52-Q01、=52-

Q02 得电，见图 3-108。

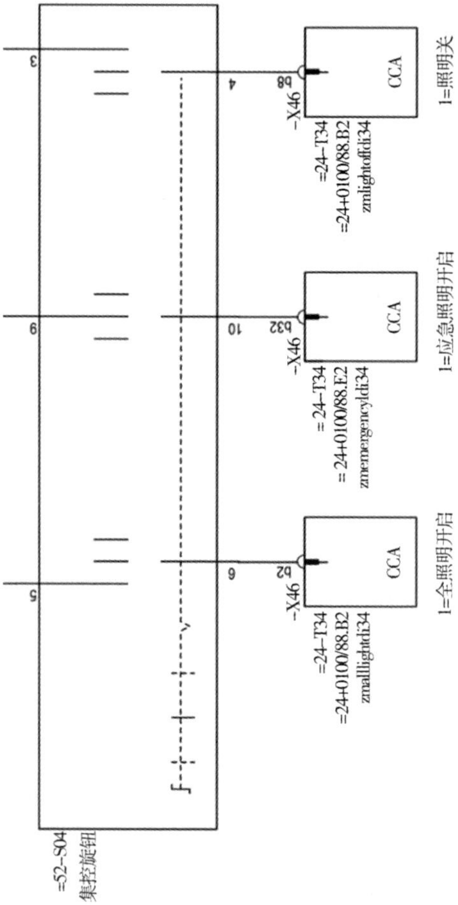

图3-108 照明集控开关的信号输入

（4）左右应急照明的控制。

客室左右应急照明是通过动车组网络控制的，正常状态下紧急照明为常亮。当照明集控旋钮=52-S04 旋转至“关闭”时，发出控制指令，经过逻辑运算，将紧急照明关断信号通过电气柜内 IOM 输出，使照明接触器=52-K13、=52-K14 得电，紧急照明断开，见图 3-109。

4. 动车组内部照明系统的调试

（1）调试步骤。

在头车 PIS 机柜内旋转全列集控旋钮=52-S04 置于“全灯位”，检查全列主照明均打开、应急照明均打开。在头车 PIS 机柜内旋转全列集控旋钮=52-S04 至“应急灯”位，检查全列主照明关闭、应急照明无变化。在头车 PIS 机柜内旋转全列控制旋钮=52-S04 置“全灯位”，检查全列主照明均打开、应急照明均打开。在头车 PIS 机柜内，旋转全列控制旋钮=52-S04 至“关灯位”，检查全列主照明均关闭、应急照明均关闭。

（2）HMI 控制屏的功能检测过程。

占用司机室，在司机室及机械师室 HMI 屏幕中选择照明界面“内部照明全开”，检查全列所有 LED 灯及顶板射灯亮。在司机室及机械师室 HMI 屏幕中选择照明界面“内部照明半开”，检查全列主照明关闭、应急照明打开。在司机室及机械

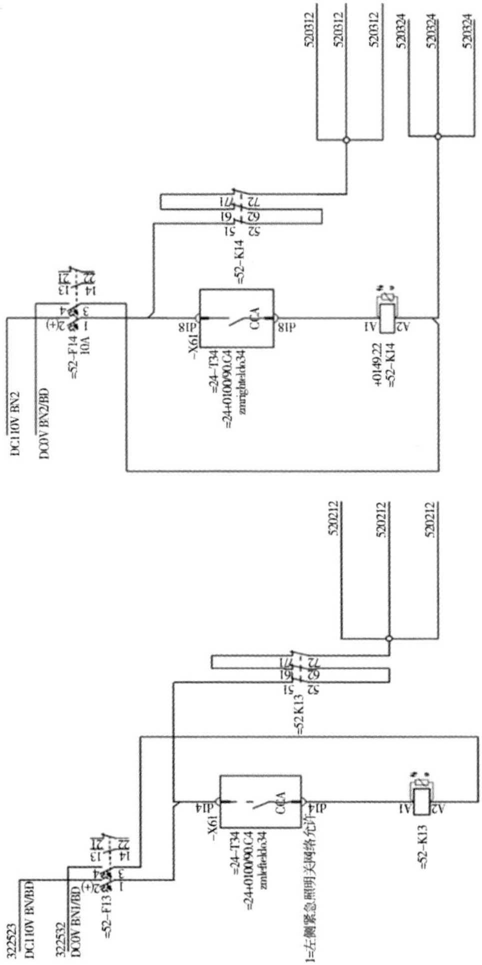

图3-109 紧急照明的控制

师室 HMI 屏幕中，选择照明界面“内部照明全关”，检查全列主照明关闭、应急照明关闭。

（3）照明控制器的检测过程。

在司机室及机械师室 HMI 屏幕中选择照明界面内部照明全开，选择照明界面自动模式，检查所有客室 LED 灯带亮度为 100%，色温 4500K。在司机室及机械师室 HMI 屏幕中选择照明界面夜间模式，选择所有客室 LED 灯带亮度为 100%，色温 3000K。在司机室及机械师室 HMI 屏幕中，选择照明界面睡眠模式，选择所有客室 LED 灯带亮度为 33%，色温 3000K。在司机室及机械师室 HMI 屏幕中，选择照明界面内部照明全开，选择照明界面备用模式 1，检查所有客室 LED 灯带亮度为 100%，色温 4000K。

第六节

动车组网络系统的原理及调试

一、动车组网络系统概述

1. 整体架构

动车组为 8 辆编组，采用 4 动 4 拖编组方式，每 4 节车为 1 个牵引单元。具体编组要求为 Tc+M+Tp+M+M+Tp+M+Tc，其中 Tc 为带司机室的拖车，M 为动车，Tp 为带受电弓的拖车。列车网络控制系统的列车总线采用 WTB 总线，车辆总线采用 MVB 总线。同时布设以太网，以太网故障不影响列车正常运营。列车网络控制系统主要实现整车的控制、监视、诊断及测试，从而保证列车安全可靠地运行，并为司机和机械师提供故障处理指南，为检修维护提供数据支持。

设有无线传输装置，实现数据的存储及远程数据无线发送功能。

2. TCN 网络拓扑结构

动车组网络系统由 MVB+WEB 总线构成，各单元均设有实时以太网接口，形成基于实时以太网的列车监控系统。

（1）动车组网络控制系统采用两级总线式拓扑结构，分为列车级总线 WTB 和车辆级总线 MVB，列车级和车辆级数据转换采用 WTB/MVB 网关。WTB 总线采用两根互为冗余的双绞线，传输速率为 1Mbit/s，两个牵引单元之间通过 WTB 总线和冗余的网关连接，通过网关与本单元的多功能车辆总线（MVB）进行数据交换。

（2）动车组按照牵引单元设置两个网段，每个网段设有列车节点。每个牵引单元为一个或多个 MVB 网段，当某个 MVB 网段出现故障时，只影响本网段内子系统的通信，不影响动车组其他网段中子系统的通信。

（3）列车同时布设以太网列车总线（ETB）。ETB 总线的传输速率为100Mbit/s，主要用于传输状态数据和故障数据。

（4）各子系统的控制设备通过MVB通信接口直接连接至车辆总线MVB，连接到车辆总线（MVB）上的各子系统控制单元主要包括：牵引控制单元、制动控制单元、辅助控制单元、空调控制单元、门控单元、充电机控制单元、PIS系统等。当子系统或子系统控制器不具有MVB通信接口时，允许子系统通过MVB输入输出设备接入车辆网络。

（5）动车组人机接口显示屏通过MVB接口与网络系统交换数据，可显示整车设备状态、故障诊断信息。

3. 网络主要部件

网络主要设备包括中央控制单元（CCU）、输入输出模块（IOM）、司机监控屏（HMI）、中继器（REP）、WTB网关、以太网交换机、高压控制单元、无线传输装置（WTD）等。

（1）中央控制单元（CCU）。

中央控制单元（CCU）作为MVB总线主设备，具有本牵引单元车辆网络的管理功能。其主要负责列车控制、监视和故障诊断，各子系统通过MVB总线与CCU进行通信。见图3-110。

（2）输入输出模块（IOM）。

输入输出模块（IOM）与不具有车辆总线接口的输入输出信号进行连接。例如，对高压系统部件控制继电器、牵引系

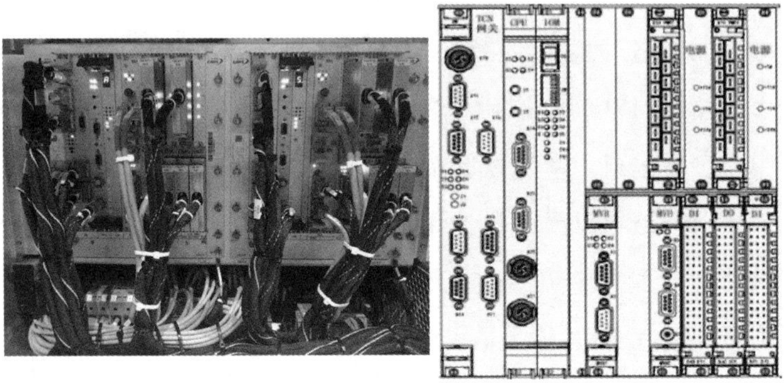

图 3-110
动车组列车中央控制单元（CCU）

统冷却设备供电开关、控制继电器、火灾报警信号以及安全环路状态继电器等设备状态信号进行采集，依据中央控制单元控制指令进行输出控制。见图 3-111。

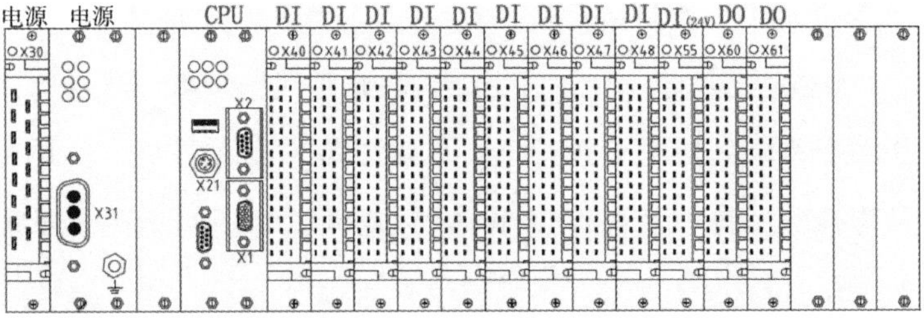

图 3-111
动车组输入输出模块（IOM）

（3）司机监控屏（HMI）。

通过司机监控屏（HMI）发布部分控制操作指令，对各子系统工作状态、故障信息和操作及维修提示信息进行集中显示。另外，通过显示屏实现牵引设备切除、空调调节温度、照明关闭、制动测试等功能，见图 3-112。

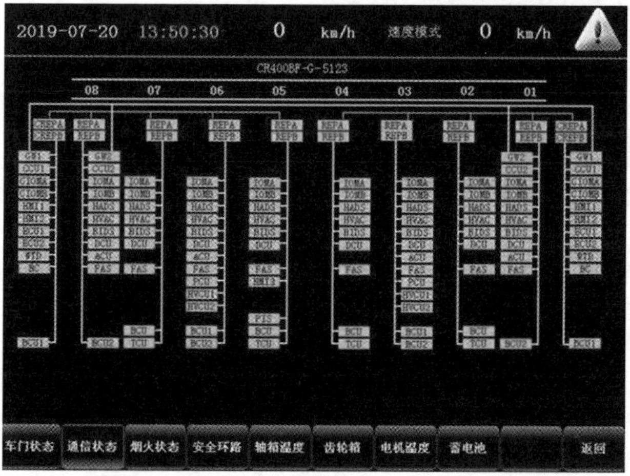

图 3-112
动车组司机监控屏（HMI）

（4）中继器（REP）。

中继器（REP）具有信号再生和整形的功能。通过中继器，可将车辆总线分为若干网段。当某个网段故障时，不会影响其他部分车辆总线的工作，见图3-113。

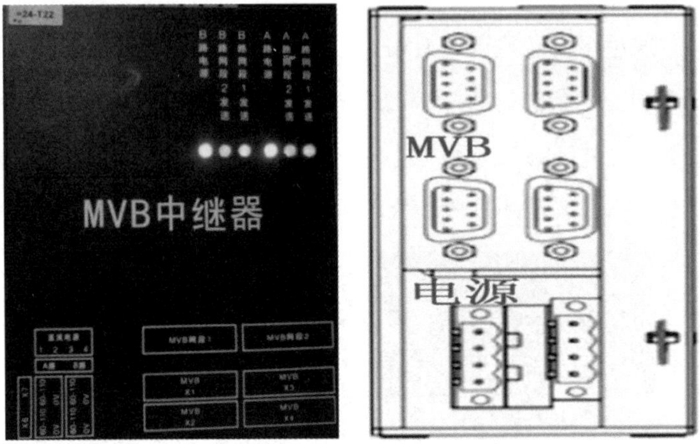

图 3-113
动车组 MVB 中继器

（5）WTB 网关。

WTB 网关集成在列车中央控制单元（CCU）机箱中，实现 WTB 列车总线和 MVB 车辆总线的通信协议转换。

（6）以太网交换机。

以太网交换机实现 MVB 总线与以太网总线数据协议转换，见图 3-114。

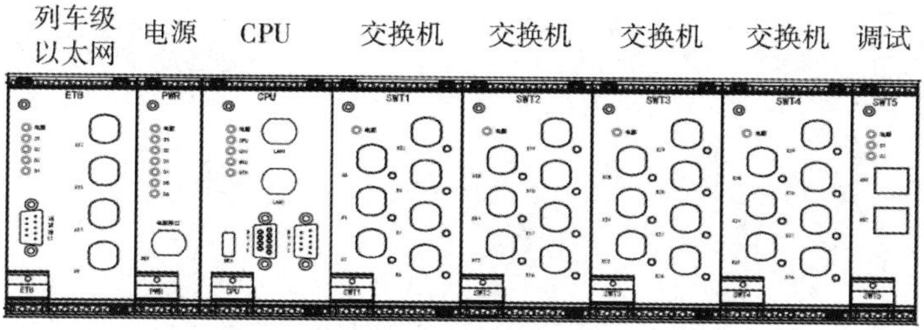

图 3-114
动车组以太网交换机

（7）高压控制单元。

高压控制单元对高压系统部件的模拟量（如网压、网流、变压器原边/副边电流信号、油温）进行采集；过流、过压时，可输出硬件保护 DO。

（8）无线传输装置（WTD）。

无线传输装置（WTD）通过其自身的 MVB 接口板与列车通信总线相连，能够采集 MVB 车辆总线的数据，对指定的端口数据接收后进行重新整理、解析、存储。将车辆信息分类为实时运行数据、实时故障数据、非实时运用数据等，并且能够提供本地数据存储和下载功能，也能通过无线传输技术将本地数据发往地面服务器，达到对列车状态进行动态跟踪监控、根据所采集的数据对运行列车上的各设备提供诊断、指导检修的目的，见图 3-115。

图 3-115
动车组无线传输装置

二、 动车组网络系统的功能

动车组由 8 辆车组成，按照动力单元设置网段。动车组网络控制系统的列车总线采用 WTB 总线和 ETB 总线，车辆总线采用 MVB 总线。为提高可靠性，重要部件采用冗余设计。

列车网络控制系统主要实现重要设备的管理、运行信息采集、运行状态的监视和故障诊断，从而保证列车安全可靠的运行，并为司机或机械师提供故障处理指南，为检修维护提供数据支持；采集与车辆运行状况有关的各种信息，并对这些数据进行逻辑判断处理后，发送到连接网络上的各子系统，从而对子系统进行控制、监视和故障诊断；主要车载设备的数据可传输到司机监控屏上，影响列车安全和性能的故障会在显示屏弹出故障信息，司机和机械师可查看故障车辆、故障内容、故障原因及操作提示等信息；可通过下载列车中央控制单元（CCU）故障记录指导维修，提高列车的性能和运营效率；通过无线传输装置将列车故障、状态信息实时传送到地面。

1. 列车级功能

（1）司机台激活。

每个司机台设有一个司机钥匙，包含两个位置，“1”位和“0”位。当司机钥匙在“1”位时，将“蓄电池开关”（自复位开关）旋转至“开”位，接通蓄电池，网络系统设备得电，网络系统进行初运行。初运行完成后，左 HMI 显示牵引主页面，右 HMI 显示制动主页面。司机钥匙在“1”位且蓄电池开关接通后，司机台激活。该司机室所在的中央控制单元定义为“主控 CCU”。TCMS 通过主控列车中央控制单元（CCU）管理和发布列车级控制指令。司机钥匙开关的触点信号通过硬线连接至 IO 模块，由网络采集其状态。当编组中有两个或两个以上司机室钥匙被同时处于激活状态时，所有司机台和网络控制功能都不起作用，同时在显示屏上提示报警信息。在两个动车组联挂的情况下，重联端的司机台即使被激活，也不能施加牵引。

（2）方向管理。

每个司机台设有一个方向开关，方向开关设有“前”位、“0”位和“后”位。方向开关的触点信号通过硬线连接至IO模块，由网络系统采集其状态。TCMS通过主控列车中央控制单元（CCU）检测方向开关的状态，识别出列车的运行方向。

（3）换端。

换端条件见图3-116。

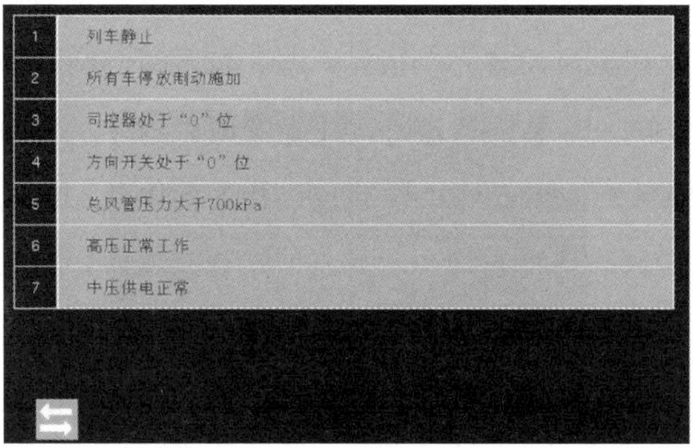

图3-116
动车组换端条件

换端操作顺序为将方向开关从“前”位或“后”位打到“0”位；拔出司机钥匙，换端模式激活；在头车插入司机钥匙并旋转，换端模式结束。

换端退出条件为施加条件不满足，自动退出换端模式，并且主断断开，受电弓降下。

按照正常的换端操作步骤完成后退出。换端过程中，高压系统、门、空调等系统保持换端之前的状态，并且显示屏显示换端图标。

（4）牵引级位设置。

将激活端司机台上的级位/速度模式开关设定为级位控制模式，将手柄提至牵引区，设定目标级位，松开手柄后手柄自复位至“保持位”，进入级位保持状态。通过车辆总线 MVB 将司机牵引/制动手柄状态信息传送至本地中央控制单元（CCU），经过换算得出牵引力百分比信息，将该信息发送至列车总线 WTB，形成列车级信息。其他牵引单元的中央控制单元（CCU）均接收来自列车总线的牵引力百分比信息，通过车辆总线 MVB 发送至每个牵引控制单元（TCU）。

当动车组由速度控制模式转换为级位控制模式时，需要先将手柄回“0”位，并将级位/速度模式开关设定为级位控制模式，见图 3-117。

（5）故障复位。

在主断路器断开、受电弓降下的情况下，激活司机台操作主断路器手柄至“断开”位 8 秒以上，可以对锁死的故障进行故障复位。

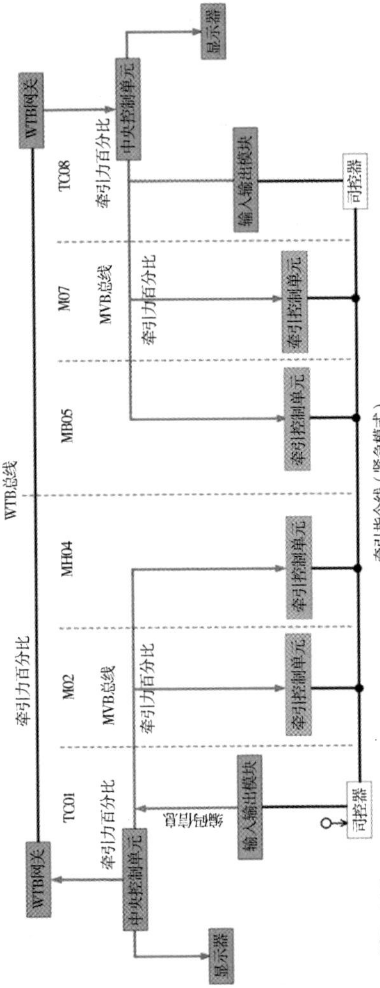

图3-117
动车组牵引级位设置

(6) 行车信息管理。

通过列车中央控制单元（CCU）识别的各子系统的软件版本信息、时间、车辆号、列车号、编组信息、轮径值可在司机监控屏 HMI 上显示，可以手动设置轮径值、控制照明和空调、启动风扇高低速。

2. 高压系统管理

见图 3-118。

（1）受电弓管理。

每列动车组装有两个受电弓。在正常模式时，仅使用一个受电弓，为了阻止两个受电弓同时升起，在软件上设置了互锁功能。两列车重联运行时升起相同位置受电弓（前前弓或后后弓）。在司机台设有升降弓开关，包含三个位置，“升弓”位、“降弓”位、“0”位。升降弓开关的位置通过硬线连接至 IO 模块，由网络采集其状态。

网络输入输出模块负责采集激活司机台升降弓开关的升弓指令信息，通过车辆总线 MVB 将该信息传送至本地中央控制单元（CCU）。

主控列车中央控制单元（CCU）将列车级升弓指令发送至列车总线 WTB。从控列车中央控制单元（CCU）按照升弓指令升起相应的受电弓。如果相应的受电弓不能升起，则反馈故障信息至列车中央控制单元（CCU）。

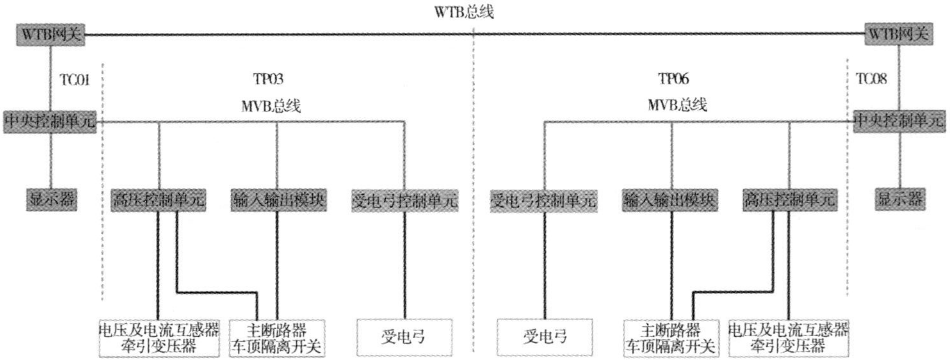

图3-118
动车组高压系统管理

网络输入输出模块负责采集司机台升降弓开关的降弓指令信息，通过车辆总线 MVB 将该信息传送至列车中央控制单元（CCU）。

列车中央控制单元主控（CCU）将列车级降弓指令发送至列车总线 WTB。从主控列车中央控制单元（CCU）按照降弓指令降下相应的受电弓。

通过操作显示屏上的按键或触摸方式，可以切除处于降下状态的受电弓，使其不能升起，同样通过操作显示屏上的按键（或者采用触摸方式），可以恢复已经切除的受电弓，该过程为在激活端司机台的显示屏上将切除按键移至（或者采用触摸方式）需要切除的受电弓图框处，操作切除按键，显示屏发出切除受电弓请求，经车辆总线 MVB 发送给主控 CCU。如果切除的是主控牵引单元的受电弓，则主控 CCU 封锁受电弓再次升起，显示屏接收到切除反馈信息后进行切除显示。

如果切除的是非主控牵引单元的受电弓，则主控 CCU 接收到显示屏请求经过逻辑处理后，将该信息发送至列车总线 WTB，形成列车级信息，相应单元 CCU 接收到来自列车总线 WTB 的切除请求后，经过逻辑处理后封锁受电弓再次升起，同时将切除信息反馈到列车总线 WTB，形成列车级切除信息反馈，显示屏接收到切除反馈信息后进行切除显示。恢复切除实现过程相同。换端前后该切除指令仍然保持、故障复位前后该切除指令仍然保持。

本地列车中央控制单元（CCU）将受电弓状态传送至列车总线 WTB，形成列车级信息，显示屏接收该信息并进行显示。

（2）网压网流管理。

网压采集设备将网压值发送至本地列车中央控制单元（CCU）和司机监控屏进行逻辑处理和显示，并通过列车总线 WTB，形成列车级信息。过流信息、过压信息、欠压信息将传送至车辆总线 MVB 和列车总线 WTB，形成列车级诊断信息，并在司机监控屏上显示故障诊断信息。

（3）主断路器管理。

在司机台设有主断路器开关，包含“闭合”位、“断开”位、“0”位。主断手柄的位置通过硬线连接至 IO 模块，由网络采集其状态。通过车辆总线 MVB 将该信息传送至本地列车中央控制单元（CCU）。CCU 将列车级闭合请求发送至列车总线 WTB。根据升起的受电弓，经过逻辑判断后，发出闭合相对应的主断路器的控制指令。网络输入输出模块采集主断路器按钮的断开指令，通过车辆总线 MVB 将该信息传送至本地列车中央控制单元（CCU）。CCU 将列车级断开请求发送至列车总线 WTB。CCU 经逻辑判断后，断开相应的主断路器。通过操作司机监控屏可以切除处于断开状态的主断，同样通过操作司机监控屏可以恢复已经切除的主断。列车监控系统 TCMS 实现对主断路器的诊断。在相应中央控制单元（CCU）存储该诊断信息，同时该诊断信息应发送至列车总线 WTB，形成列车级诊断信息，显示屏接收该信息实现报警提示。本地列车中央控制单元（CCU）将主断路器状态传送至列车总线 WTB，形成列车级信息，司机监控屏接收该信息并进行显示。

（4）车顶隔离开关管理。

动车组中央控制单元（CCU）检测车顶隔离开关或发出车顶隔离开关打开指令。

车顶隔离开关的切除和恢复以本列受电弓都处于降下的状态为前提条件。通过操作司机监控屏，切除任意车顶隔离开关，同样可以恢复已经切除的车顶隔离开关。该过程为在激活端司机监控屏上发出切除车顶隔离开关请求，经车辆总线 MVB 发送给主控 CCU。如果切除的是主控牵引单元的车顶隔离开关，则主控 CCU 形成切除命令，显示屏接收到切除反馈信息后进行切除显示。

若切除的是非主控牵引单元的车顶隔离开关，则主控 CCU 接收到显示屏请求后，经过逻辑处理再将该信息发送至列车总线 WTB，形成列车级信息，相应单元的 CCU 接收到来自列车总线 WTB 的切除请求后，经过逻辑处理后形成切除命令，同时将切除信息反馈到列车总线 WTB，恢复切除实现过程相同。

（5）牵引变压器管理。

根据牵引变压器状态（温度、油流、原边过流、油压等），列车中央控制单元（CCU）发出断开主断路器或限制牵引功率输出指令。

3. 牵引系统管理

（1）牵引变流器工作管理。

动车组中央控制单元（CCU）通过列车总线 WTB 及车辆总线 MVB 向牵引控制单元（TCU）传输指令信息，同时牵引控制单元（TCU）通过网络系统将牵引系统的状态信息、故障信息传递给列车中央控制单元（CCU），从而实现网络系统对整车牵引系统的控制、监视和诊断功能，见图 3-119。

网络输入输出模块 IOM 负责采集司机牵引/制动手柄状态，通过车辆总线 MVB 将该信息传送至本地列车中央控制单元（CCU），CCU 经过换算后得出牵引力百分比信息，将该信息发送至列车总线 WTB 形成列车级信息。其他牵引单元的 CCU 均接收来自列车总线的牵引力百分比信息，通过车辆总线 MVB 发送至每个牵引控制单元 TCU。

方向开关的指令通过网络输入输出模块采集至主控列车

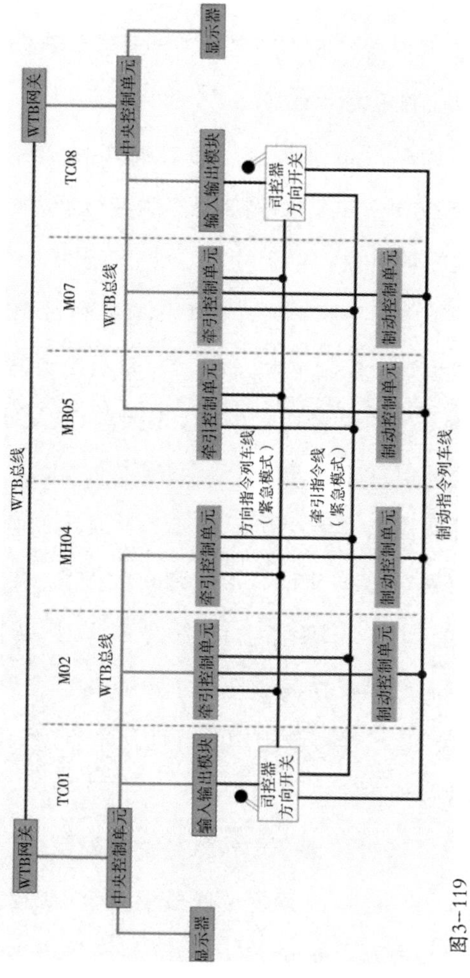

图3-119 动车组牵引系统管理

中央控制单元（CCU），CCU 将方向信息传送给其他牵引单元的 CCU，由 CCU 综合判断方向信息，再通过车辆总线 MVB 传递至每个牵引控制单元（TCU）。

在主断路器断开的前提下，通过操作显示屏上的按键（或者采用触摸方式）可以切除任意牵引变流器。如果切除激活端牵引单元的牵引控制单元（TCU），实现的方式是激活端牵引单元的列车中央控制单元（CCU）直接通过 MVB 总线将切除命令发送给牵引控制单元（TCU），牵引控制单元（TCU）执行该切除指令，同时将切除信息反馈到 CCU，司机监控屏接收到切除反馈信息后进行切除显示。

如果切除非激活端牵引单元的 TCU，实现的方式是将切除命令发送至列车总线 WTB，形成列车级信息，TCU 执行该切除指令，同时将切除信息反馈到列车中央控制单元（CCU），CCU 将切除反馈发送至列车总线 WTB，形成列车级切除信息反馈，显示屏接收到切除反馈信息后进行切除显示。恢复切除实现过程相同。

换端前后，该切除指令仍然保持；故障复位前后，该切除指令仍然保持。通过故障复位或显示上牵引辅助复位按键来实现对牵引系统故障复位。

（2）牵引变流器的保护。

非激活端牵引单元的 TCU 将故障信息通过车辆总线 MVB

发送至本地中央控制单元（CCU），并通过列车总线 WTB 发送到激活端牵引单元的 CCU 和 HMI。激活端牵引单元的 TCU 将故障信息通过车辆总线 MVB 直接发送至激活端牵引单元的 CCU 和 HMI。

4. 辅助系统管理

动车组中央控制单元（CCU）通过车辆总线 MVB 向本地牵引单元辅助控制单元（ACU）传输指令信息，同时辅助控制单元（ACU）通过车辆总线 MVB 将辅助系统的状态信息、故障信息传递给本地动车组中央控制单元（CCU），非主控端 CCU 通过 WTB 总线将本单元内辅助变流器的信息传递给主控动车组中央控制单元（CCU），从而实现网络控制系统对整车辅助系统的监视、控制、诊断和记录。

（1）辅助变流器切除管理。

通过操作显示屏上的按键（或者采用触摸方式）可以切除任意辅助变流器，同样通过操作显示屏上的按键（或者采用触摸方式）可以恢复已经切除的辅助变流器，该过程在激活端司机台的显示屏上将切除按键移动至需要切除的辅助变流器图框处（或者采用触摸方式），操作切除按键，显示屏发出切除辅助变流器请求，经 MVB 发送给主控 CCU。如果切除的是主控牵引单元的辅助变流器，则主控 CCU 形成切除命令，显示屏接收到切除反馈信息后进行切除显示。如果切除的是非主控牵引单元的辅助变流器，则主控 CCU 接收到显示屏请求后，经过逻辑处理再将该信息发送至列车总线 WTB，形成列车级信息，相应单元的 CCU 接收到来自列车总线 WTB 的切除请求后，经过逻辑处理后形成切除命令，同时将切除信息反馈到列车总线 WTB，形成列车级切除信息反馈，显示屏接收到切除反馈信息后进行切除显示。恢复切除实现过程相同。

（2）辅助变流器复位。

通过故障复位或显示上牵引辅助复位按键来实现对辅助系统故障复位。

（3）辅助变流器诊断。

对于非主控牵引单元的辅助变流器，CCU 将诊断信息发送至列车总线 WTB，形成列车级诊断信息，显示屏接收该信息实现报警提示。

对于主控牵引单元的辅助变流器，动车组中央控制单元（CCU）将诊断信息通过 MVB 总线发至司机监控屏，司机监控屏接收该信息实现报警提示。

5. 低压系统管理

当充电机控制器 BC 检测到充电机内部器件工作异常时，产生诊断信息并通过车辆总线 MVB 发送至本地动车组中央控制单元（CCU），动车组中央控制单元（CCU）将诊断信息发送至列车总线 WTB，形成列车级诊断信息，司机监控屏接收该信息实现报警提示。蓄电池组的电压值通过 MVB 总线和 WTB 总线传递到主控端 HMI 上进行显示。

6. 制动系统管理

网络控制系统对制动控制单元（BCU）与 TCMS 系统的通信状态进行监测，并在司机监控屏 HMI 上进行显示。列车网络控制系统要对列车施加的制动指令进行实时的监测及诊断。动车组制动指令包括司控器发出的制动指令、ATP 发出的制动指令、坡起制动指令、停放制动指令等。通过网络输入输出模块可以采集制动控制器发出的控制指令、ATP 发出的制动指令、坡起制动指令、停放制动指令等。通过车辆总线 MVB 发送到本地列车中央控制单元（CCU），动车组中央控制单元（CCU）通过逻辑判断后识别为动车组所要施加的制动指令，结合制动控制单元（BCU）反馈的制动状态进行诊断。

在动车组恒速控制模式下，由 CCU 来计算牵引力/电制动力的需求。除恒速控制模式之外的制动力请求，由制动系统来进行动车组制动力管理。

制动控制单元（BCU）可以通过压力传感器监测主风管压力，通过车辆总线 MVB 将压力信息发送到本地动车组中央控制单元（CCU），CCU 通过逻辑判断将计算后得到的准确压力值传送至列车总线 WTB，最终发送到显示屏用于显示主风管压力。

当停放制动施加或缓解时，停放制动缸压力开关会动作，停放制动压力开关控制车辆继电器，输入输出模块采集停放制动继电器的辅助触点状态，通过车辆总线 MVB 将信息发送到本地动车组中央控制单元（CCU），动车组中央控制单元（CCU）通过逻辑判断后将该信息传送至列车总线 WTB，形成列车级诊断信息；制动控制单元（BCU）也可以通过压力传感器监测停放制动状态，通过车辆总线 MVB 将停放制动是否施加的状态发给 CCU。

当司机台激活时，该功能被启动，并且在检测到列车速度大于要求值时开始执行监控。通过操作牵引/制动手柄及司机脚踏的动作都可以复位司机警惕功能。当 TCMS 监测到警惕功能 30 秒未动作时，开始声光报警，10 秒后，触发紧急制动。一旦紧急制动实施，速度降到 0 过后才能重新施加牵引。当动车组速度低于要求值时，司机警惕装置停止工作。列车设置旁路开关，在司机警惕装置发生故障时，可以实现旁路功能。

当制动控制单元（BCU）检测到制动系统工作异常时，产生诊断信息并通过车辆总线 MVB 发送至本地动车组中央控制单元（CCU），CCU 将诊断信息发送至列车总线 WTB，形成列车级诊断信息，显示屏接收该信息实现报警提示。

通过 MVB 将输入输出模块采集的撒砂动作信号传递给主控 CCU，该 CCU 经逻辑判断通过 MVB 将撒砂控制信号发给制动控制单元。

动车组中央控制单元（CCU）检测到方向开关处于非“0”位、速度大于要求值、轮缘润滑控制单元供电断路器闭合、低压工作正常时，可以进行轮缘润滑。

动车组中央控制单元（CCU）根据辅助风缸压力对辅助空压机的启停进行控制。

7. 轴温系统管理

轴温主机采集本车辆内的所有轴承温度传感器的模拟量信号，并对其进行计算处理。当某一个轴头的温度超过预警限值或报警限值时，轴温主机会将预报警或报警信息、位置信息通过 MVB 总线传递给本地动车组中央控制单元（CCU），CCU 负责对动车组轮轴出现的轴温预报警和报警进行处理，判断发生报警的车辆号及轴头位置。各个牵引单元的 CCU 通过 WTB 总线将本单元的预报警或报警信息传递给主牵引单元的 CCU，并通过司机台显示器、机械师室显示器及蜂鸣器将报警信息通知司机及随车机械师；若发生报警，CCU 触发限速功能。

当轴温主机内某些元器件模块出现故障，但轴温主机仍能诊断出此故障时，轴温主机应将此故障诊断信息通过 MVB 总线传递给本单元的动车组中央控制单元（CCU），CCU 负责对轴温主机故障诊断进行管理，判断故障发生的车辆号；各个牵引单元内的 CCU 通过 WTB 总线将本单元的轴温主机故障报警信息传递给其他牵引单元的 CCU，并通过司机监控屏、机械师室监控屏及蜂鸣器将报警信息通知司机及随车机械师。另外，CCU 还将存储轴温主机的故障信息，并通过 MVB 总线发送给本牵引单元内的无线传输装置。

轴温主机负责采集每个车辆的各个轴头的温度模拟量信号，并通过 MVB 总线传递给本单元的 CCU。CCU 会将温度值传给司机和机械师 HMI。司机和机械师可在司机台显示器及机械师室显示器上对温度信息进行查看。

8. 门系统管理

TCMS 监视列车所有主门控制器的状态。在某一主门控制器由于通信故障而离线后，动车组中央控制单元（CCU）将故障信息通过司机监控屏、机械师监控屏及蜂鸣器通知司机和随车机械师。当主门控制器和子门控制器之间发生通信故障时，CCU 将故障信息通过司机台显示器、机械师显示器及蜂鸣器通知司机及随车机械师。

在 TCMS 与主门控制器通信正常时，主门控制器将控制本车辆内所有车门的状态（如开门、关门、隔离、故障、释放等）。CCU 负责将这些状态信息进行管理，并发送到司机台显示器及机械师室显示器上显示。

动车组外门的开门允许命令、开/关门命令通过硬线控制。网络输入输出模块对司机的开门允许命令、开/关门命令进行采集，通过 MVB 总线传递给本地 CCU 进行诊断和监视。

9. 空调系统管理

动车组中央控制单元（CCU）对空调系统与 TCMS 的通信状态进行判断，并在司机监控屏上进行显示。通过司机监控屏 HMI 可以对客室空调进行集中或单车的开启、关闭控制及温度调节。

当辅助供电出现故障，总的输出功率不足时，本地中央控制单元通过 MVB 总线向空调控制器发出空调减载命令，空调控制器收到减载信号后进入减载运行模式，减少空调负载对辅助供电的压力。

TCMS 控制各车空调机组的顺序启动，减小空调系统启动对列车中压供电的影响。各个牵引单元内的 CCU 向本地牵引单元内的空调控制器发出顺序启动指令。

当空调控制器（HVAC）的工作模式处于“手动”模式时，CCU 可将空调手动工作模式状态通过 MVB 总线传递给 HMI 进行显示。

空调控制器负责对内部压缩机及风门等设备进行故障检测。在 TCMS 与空调控制器通信正常时，如某一车辆内空调出现故障状态，相应的空调控制器会将相应的故障信息发给 CCU，并在司机监控屏 HMI 上显示。

由压力波传感器通过检测外界压力来判断车辆是否进入

隧道，当检测到外界压力增大时，头车的空调控制单元通过硬线信号，控制列车的废排和新风风门关闭。当压力波保护失败时，空调控制器将故障通过 MVB 传输给 CCU。CCU 负责将这些故障信息进行管理和记录，在 HMI 上显示。

同一牵引单元内的每辆车的空调控制器分别采集动车组外部环境温度，通过车辆总线 MVB 将这些温度传递给本地 CCU，通过数据整合分析，进而计算出实际的动车组平均外部温度，将外部温度发送给旅客信息系统 PIS 主机，在内部显示器上显示。

10. 火警系统管理

每辆车设置一个烟火报警主机，通过 MVB 总线与 TCMS 进行通信。当车辆某部位发生火警时，火警信息通过 MVB 总线发给本单元的动车组中央控制单元（CCU），CCU 将火警信息通过显示器及蜂鸣器通知司机及随车机械师。火警解除后，可通过显示屏对报警进行复位。另外，当火灾探测器发生故障、污染等情况时，烟火报警主机通过 MVB 总线发送给 CCU，CCU 按照故障等级对火警系统的诊断信息进行报警和存储，并且通过 MVB 总线发送给本牵引单元的无线传输装置。

TCMS 对烟火控制主机的供电断路器状态进行采集及诊断。当供电断路器断开时，本牵引单元的 CCU 将诊断信息通过 WTB 总线传递给主控 CCU，并通过司机监控屏 HMI 通知司机和随车机械师。

11. 乘客报警系统管理

当乘客拉动报警拉手后，输入输出模块采集乘客报警的辅助触点状态，并通过 MVB 车辆总线将信息传递给本牵引单元的 CCU，列车 CCU 确认发生报警的车辆号，并将报警信息通过 WTB 总线传递给主控 CCU。单元 CCU 将乘客报警信息通过司机监控屏 HMI 及蜂鸣器通知司机及随车机械师。

12. 安全环路管理

对安全环路，如紧急制动（EB/UB）环路、停放制动环路、制动缓解环路、乘客紧急制动环路等监控和诊断，可发出牵引封锁、最大常用制动或紧急制动指令。

三、 动车组网络系统的调试

网络系统调试的目的是检查 MVB 的通信情况、安全回路线路的正确性。

该实验开始之前应具备外接 DC110V 电源，并将智能调试诊断装置通过适配器连接到 MVB 网络。

1. 单车试验方法

操作断路器断开和闭合，在智能调试诊断装置上显示断路器闭合和断开状态正常。检查安全环路状态：操作 46 针适配器，实现对安全环路继电器的控制，并通过智能调试装置来查看继电器在网络中的反馈信号是否正确，如图 3-120 所示。

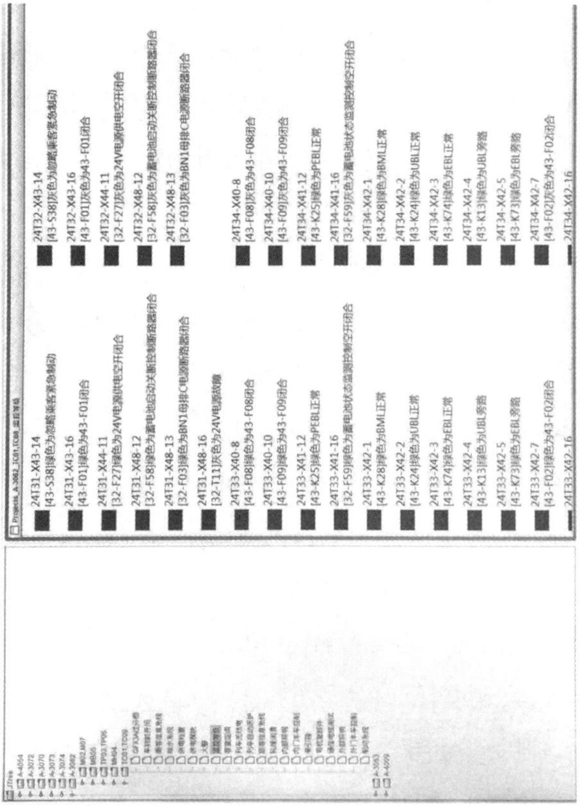

图3-120
监控等级试验中断路器和继电器状态

闭合 MVB 设备断路器，确认 MVB 终端连接正确。将 MVB 总线分析器连接到服务连接器=24-A13-X3，开启 MBA 总线分析器并运行，按照总线分析仪的表格所显示出的 MVB 地址和设备数量与通信协议要对应。

当检查传输质量时，在服务连接器上对每条 MVB 线路进行总线记录的结果进行评估。所有数据集不能超出错误公差。针对 MVB 线路 A 或线路 B 分别进行测试，都要满足技术参数要求。

2. 整列调试方法

整列调试的试验目的是检查整动车组的 MVB、WTB 和以太网通信质量。

该实验开始之前应具备送高压电条件，所有 MVB 设备都能正常工作。

试验 MVB 通信时，闭合每个控制单元的断路器。将 MVB 总线分析仪与每个牵引单元中 24-A13-X3 或 24-A09-X3 相连，启动 MVB 总线分析器。按照总线分析仪的表格所显示出的 MVB 地址和设备数量与通信协议要对应。注意设备地址应包括整个牵引单元的所有 MVB 设备，并且每个牵引单元是存在差异的。

当检查传输质量时，对每个牵引单元 MVB 线路总线记录的结果进行评估。所有数据集不能超出错误公差。针对

MVB 线路 A 或线路 B 分别进行测试，都要满足技术参数要求。

检查数据丢帧问题，选择“MVB 线路”中总线分析器线路 A 或线路 B。设置记录长度（在用户存储器中记录）、预过滤器设置为未过滤触和未触发。按照要求设置端口地址，A/B 两路分别过滤的数据集的评价 RT1≤5，并且同一端口 1 秒钟之内不能丢帧 2 次。

WTB 通信检测是使用 TCMS 调试软件进行监控，连接 CCU 并监控网络变量，观察 A 路和 B 路的网络通信状态是否正常。在显示屏上选择“牵引界面—设备状态—通信状态”，可以看到 GW1/GW2 的通信状态。

以太网通信检测是将服务电脑接入服务接口 = 24 - X1 或 = 24 - X2，启动以太网测试工具。如果所有设备的连接/中断时间均为“连接”，最后一次测试时间的颜色均为绿色，表明该车以太网设备通信正常。在所有设备以太网通信状态都正常的前提下，进行以太网的冗余检测。分别将每个车的一路通信插头拆除，保留另一路通信，通信状态都应该是正常的。

第四章 动车组调试操作法

第一节

操作法一：动车组以太网联网故障快速查找法

一、 确认以太网联网故障设备点

通过以太网测试工具 eth_service 连接以太网交换机，查看所有设备是否在线，在线显示绿色，不在线显示红色，确定不在线的设备，见图 4-1、图 4-2。

序	远端机器	IP地址	连接／中断时间	最后一次
1	TC01-CCU1	10.1.1.201	中断-[00:02:20]	2019-09-23 10:05:47
3	TC01-TCNGW1	10.1.1.203	中断-[00:02:20]	2019-09-23 10:05:47
5	TC01-HMI1	10.1.1.205	中断-[00:02:20]	2019-09-23 10:05:47
7	TC01-IOMCAB1	10.1.1.207	中断-[00:02:20]	2019-09-23 10:05:47
9	TC01-IOM1	10.1.1.209	中断-[00:02:20]	2019-09-23 10:05:47
11	TC01-HADS1	10.1.1.213	中断-[00:02:20]	2019-09-23 10:05:47
13	TC01-DCU	10.1.1.216	中断-[00:02:20]	2019-09-23 10:05:47
15	TC01-ACU	10.1.1.218	中断-[00:02:20]	2019-09-23 10:05:47
17	TC01-IS	10.1.1.221	中断 [00:00:00]	2019 09 23 10.05.47
19	TC01-ETHGW1	10.1.1.229	中断-[00:02:20]	2019-09-23 10:05:47
21	TC01-BCU1	10.1.1.211	中断-[00:02:20]	2019-09-23 10:05:47
23	M02-IOM1	10.1.2.209	中断-[00:02:20]	2019-09-23 10:05:47
25	M02-HADS1	10.1.2.213	中断-[00:02:20]	2019-09-23 10:05:47
27	M02-HVAC	10.1.2.217	中断-[00:02:20]	2019-09-23 10:05:47
29	M02-TCU	10.1.2.222	中断-[00:02:20]	2019-09-23 10:05:47
31	TP03-IOM1	10.1.3.209	中断-[00:02:20]	2019-09-23 10:05:47
33	TP03-HADS1	10.1.3.213	中断-[00:02:20]	2019-09-23 10:05:47

图 4-1
设备离线状态

序	远端机器	IP地址	连接／中断时间	最后一次
1	TC01-CCU1	10.1.1.201	连接-[00:00:20]	2019-09-23 10:02:22
3	TC01-TCNGW1	10.1.1.203	连接-[00:00:20]	2019-09-23 10:02:22
5	TC01-HMI1	10.1.1.205	连接-[00:00:20]	2019-09-23 10:02:22
7	TC01-IOMCAB1	10.1.1.207	连接-[00:00:20]	2019-09-23 10:02:22
9	TC01-IOM1	10.1.1.209	连接-[00:00:20]	2019-09-23 10:02:22
11	TC01-HADS1	10.1.1.213	连接-[00:00:20]	2019-09-23 10:02:22
13	TC01-DCU	10.1.1.216	连接-[00:00:20]	2019-09-23 10:02:22
15	TC01-ACU	10.1.1.218	连接-[00:00:20]	2019-09-23 10:02:22
17	TC01-LS	10.1.1.221	连接-[00:00:20]	2019-09-23 10:02:22
19	TC01-ETHGW1	10.1.1.229	连接-[00:00:20]	2019-09-23 10:02:22
21	TC01-BCU1	10.1.1.211	连接-[00:00:20]	2019-09-23 10:02:22
23	M02-IOM1	10.1.2.209	连接-[00:00:20]	2019-09-23 10:02:22
25	M02-HADS1	10.1.2.213	连接-[00:00:20]	2019-09-23 10:02:22
27	M02-HVAC	10.1.2.217	连接-[00:00:20]	2019-09-23 10:02:22
29	M02-TCU	10.1.2.222	连接-[00:00:20]	2019-09-23 10:02:22

图 4-2

设备正常状态

二、 查看设备指示灯

检查以太网交换机=24-AH1 是否工作正常（电源指示灯亮起）。根据以太网设备交换机指示灯状态确认设备是否工作正常，再检查干线 ETB 的 D1-D4 状态指示灯是否点亮。如果不亮，拆除对应的以太网连接器，见图 4-3、图 4-4。

以太网交换机面板上 D1 对应 X12；D2 对应 X11；D3 对应 X10；D4 对应 X9。

用电脑和以太网服务线连接拆下的连接器座，查看指示灯是否点亮，如果不亮为设备故障，如果亮则为干线另一端连接器未连接或线路故障。

查看 EVB 板卡连接插头处的状态灯是否亮，如果不亮则拆除对应的以太网连接器头；使用电脑和以太网服务线连接拆下的插头座，查看指示灯是否点亮，如果不亮为设备故障，

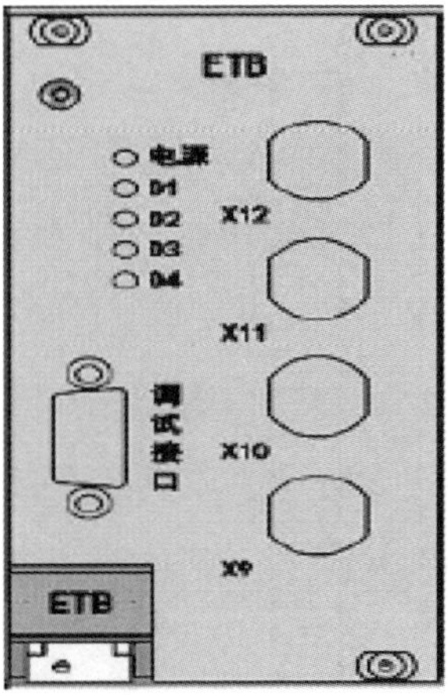

图 4-3
以太网交换机面板

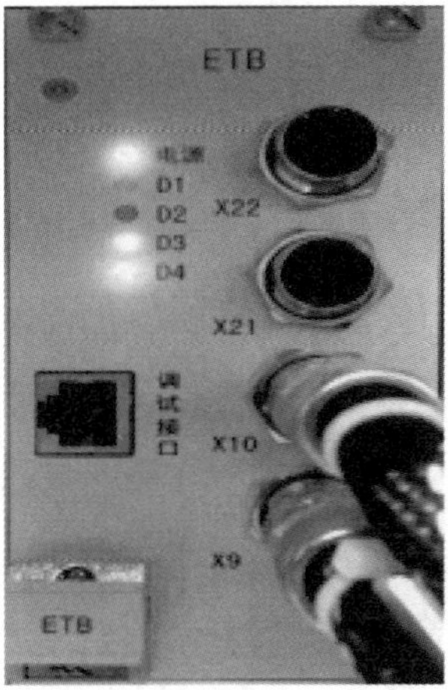

图 4-4
以太网交换机实物接线

如果亮则为干线另一端插头未连接或线路故障。连接方向见表 4-1。交换机接线见图 4-5。

表 4-1
车辆以太网交换机的连接

连接器名称	说明	连接方向	连接器型号
X9、X10	列车级以太网	连接左侧车辆	M12 D-Code Female
X11、X12	列车级以太网	连接右侧车辆	M12 D-Code Female

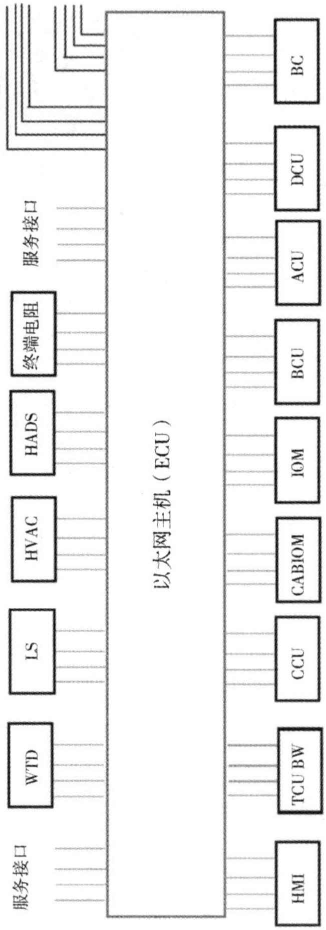

图4-5 以太网交换机接线

三、 正 Ping 设备

用电脑和 RJ45/M12 线缆连接无法联网的设备，点击电脑开始—运行—CMD-ping IP（设备）地址，检查设备是否可以与电脑建立网络连接。如果可以建立网络连接则证明设备没问题。如果无法建立网络连接，可以使用 CrhRdtService 软件进行 IP 搜索，查看设备的 IP 是多少，如果与规定的 IP 不一致，更改 IP 即可。如无法检查 IP 则为设备故障。见图 4-6、图4-7。

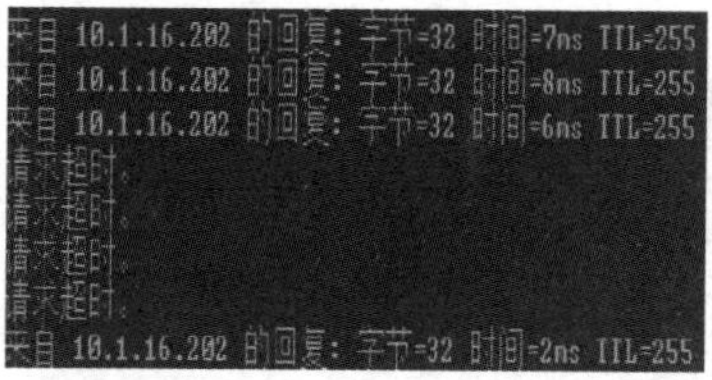

图 4-6
通信有中断的状态

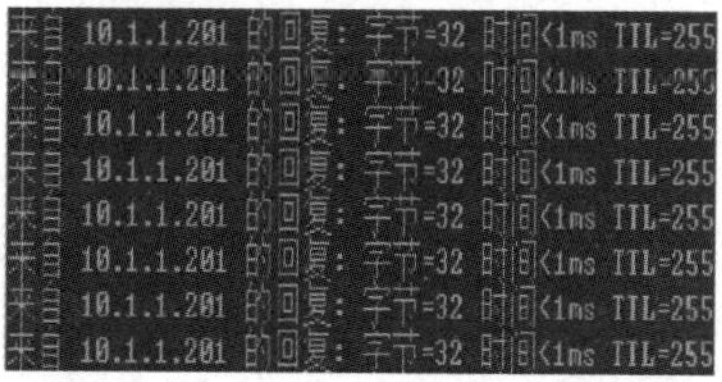

图 4-7
连续通信的状态

四、正、反 Ping 交换机

用电脑和 RJ45/M12 线缆连接交换机，点击开始—运行—CMD-ping IP（正 ping）交换机地址连检查设备是否与电脑建立网络连接，如果可以建立网络连接则证明交换机没问题；如果无法建立网络连接则交换机故障。当建立连接时，可以在无法建立的设备以太网连接器插头处连接电脑，点击开始—运行—CMD-ping IP（反 ping）交换机地址连检查设备是否与电脑建立网络连接，如果无法与电脑建立网络连接则为线路故障。

五、线路故障和设备故障处理

确认线路故障时，可以使用万用表对线路进行导通确认，也可以用线缆分析仪、网线测试仪等工具进行以太网线路确认。发现与图纸接线不符时改正线路即可。把有故障的设备或交换机进行更换，以便于消除故障。图 4-8 描述了以太网交换机与设备的连接方式。

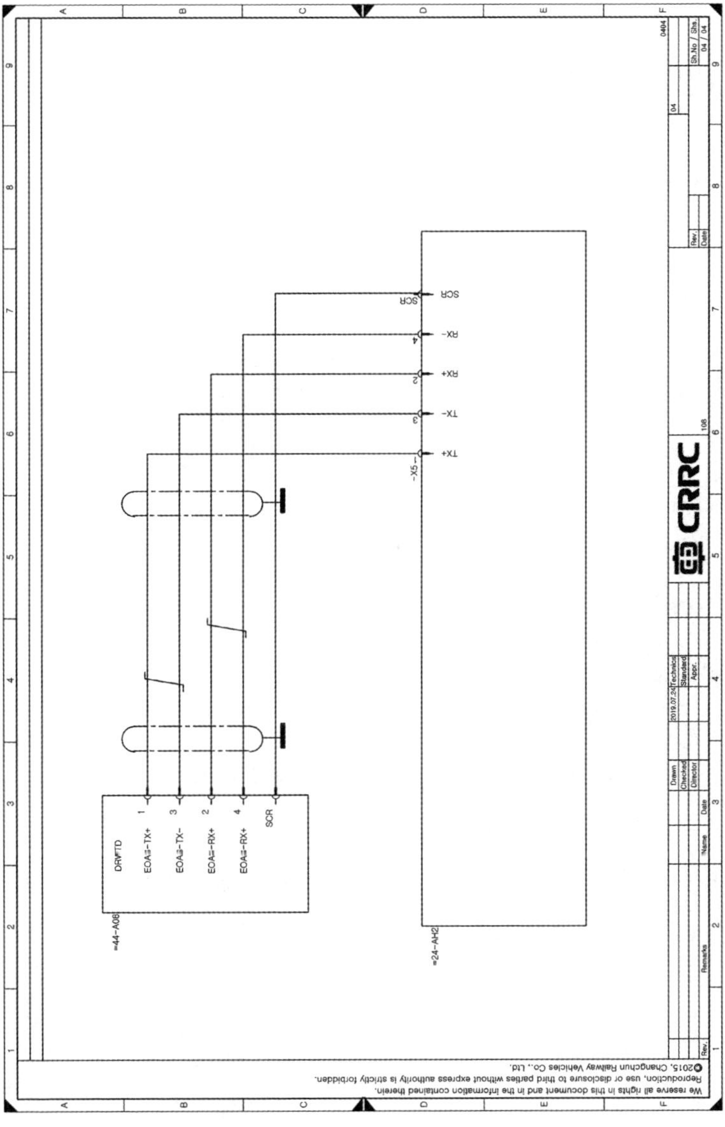

图4-8 以太网主机到ATP设备的接线

第二节

操作法二：动车组 MVB 设备通信故障检查法

一、 查看故障现象

通过司机监控屏（HMI）和列车中央处理单元（CCU）监控软件查看故障设备描述，见图 4-9，确认故障设备范围。

6355	1	已消失	运行	2017-11-30 10:54:24	2017-11-30 10:54:37	2265	MVB网段故障
6355	1	已消失	运行	2017-12-03 13:35:10	2017-12-03 13:36:51	2265	MVB网段故障
6355	1	已消失	运行	2017-12-03 13:38:19	2017-12-03 13:40:32	2265	MVB网段故障
6355	1	已消失	运行	2017-12-03 13:41:33	2017-12-03 13:43:48	2265	MVB网段故障
6355	2	已消失	运行	2017-11-30 10:50:13	2017-12-03 10:09:42	2266	MVB网段故障
6355	2	已消失	运行	2017-12-03 13:35:37	2017-12-03 13:36:54	2266	MVB网段故障

图 4-9

故障数据（1）

二、 确认故障设备和线路

检查故障设备电源是否供电正常，检查故障设备 MVB 线缆连接器插头是否连接紧固可靠。

三、 排除设备软件问题

用电脑相应设备、应用软件连接设备检查设备软件版本是否正确，观察设备通信指示灯是否正常工作（通信正常为绿色指示灯）。在司机监控屏查看列车所有设备通信状态，绿色表示通信正常，见图 4-10，图 4-11、图 4-12。

图 4-10
MVB 通信连接器

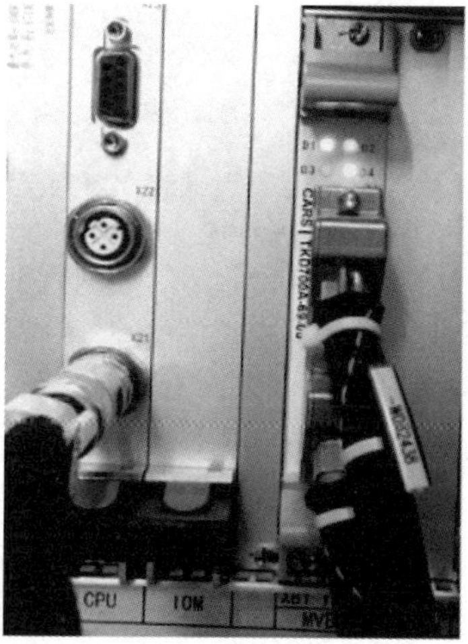

图 4-11
MVB 通信指示灯

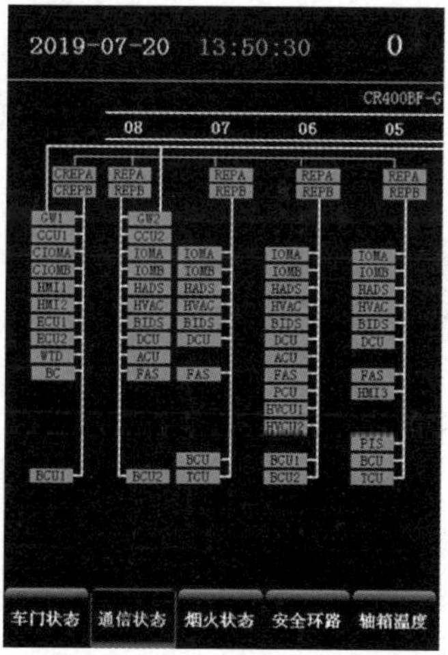

图 4-12
司机监控屏通信状态页面

四、 排除设备本身问题

用电脑相应软件连接动车组中央控制单元（CCU）进行故障数据下载分析，见图 4-13。查看各设备 MVB 通信质量，如果只是单独设备通信质量不稳定，则需要更换故障设备。

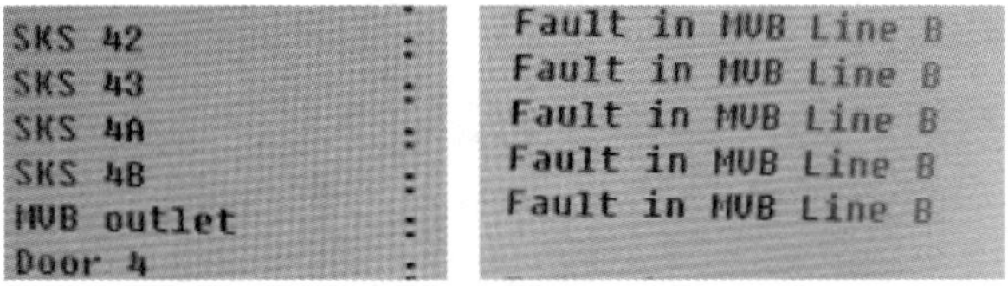

图 4-13
故障数据（2）

五、 通信线路故障排除

检查故障设备的通信线缆插头内是否有弯针和缩针现象；插头内线缆是否有破损现象；用万用表测量通信线缆是否有对屏蔽导通现象；用 FLUKE1800 线缆分析仪对问题线缆进行测验。如果通信线缆接线不对，其近端串扰 NEXT 值不合格将影响通信质量；其 HDTDR 时域发射技术值不合格时，可以通过相应值的位置判断出故障点的距离，见图 4-14。

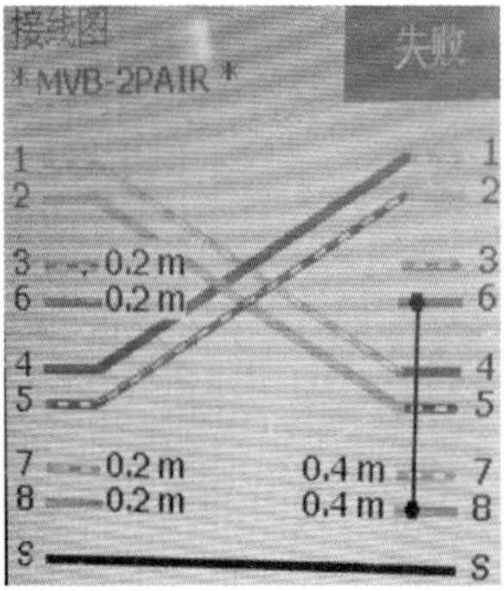

图 4-14
通信线缆接线不正确

第三节

操作法三：动车组列车自动过分相 GFX-3A 调试法

一、测量距离

见图 4-15。

（1）磁缸距离轨道面高度为 110mm±10mm。

（2）磁缸中心距轨道中心距离为 300mm±20mm。

列车共有 4 个磁缸：T1 磁缸、T2 磁缸、T3 磁缸、T4 磁缸。

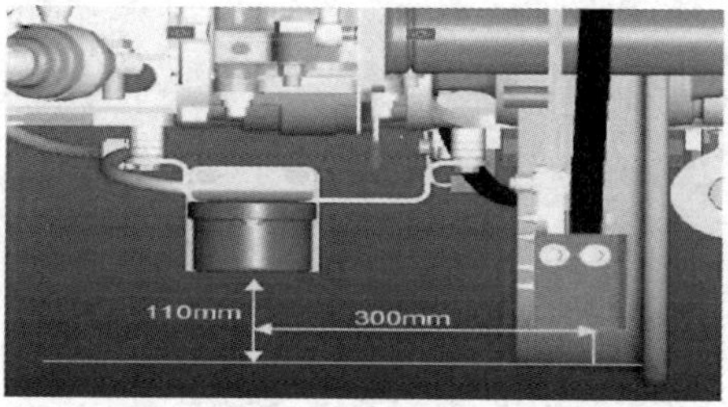

图 4-15
磁缸的空间距离

二、功能测试

如图 4-16 所示，G1 是动车组进入分相区的预告信号点，G2 是 G1 的冗余信号，如果之前 G1 信号失效，G2 信号同样可以断开主断路器，G3 和 G4 通告动车组分相区结束。

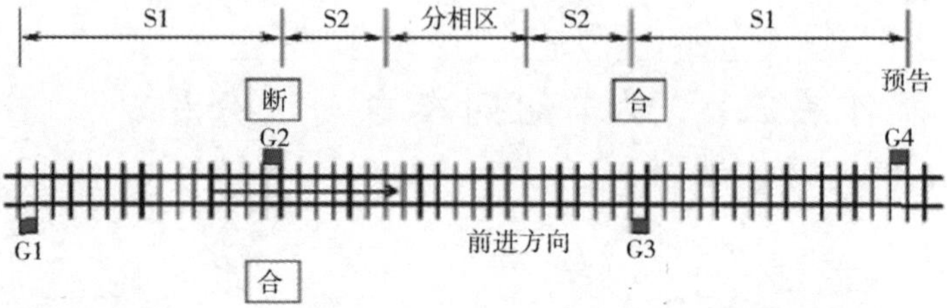

图 4-16
经过分相区过程

（1）占用司机室，升起受电弓，闭合主断路器，见图 4-17。

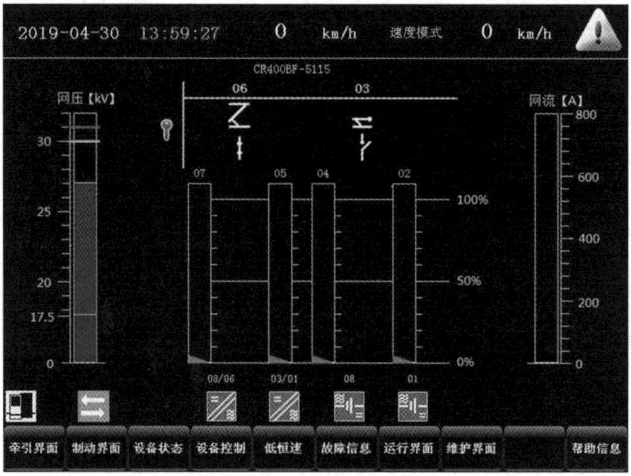

图 4-17
升起受电弓、闭合主断路器

（2）用电脑通过 Monitor 软件连接列车中央控制单元（CCU），将列车速度强制设定为 70km/h。

（3）依次用强磁铁划过磁缸（模拟列车通过分相区），顺序分别是T2、T4、T1、T3、T2。当磁铁第一次划过T2时，主断路器断开；第二次划过T2时，主断路器重新闭合；当划过对应的磁缸时，自动过分相主机指示灯亮起。见图4-18。

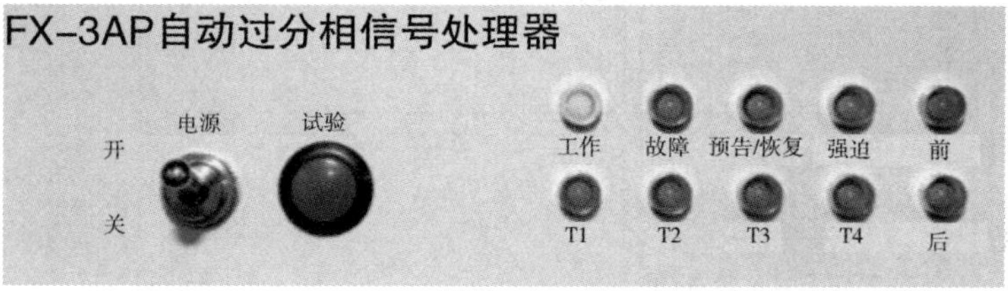

图4-18
自动过分相主机

第四节

操作法四：动车组辅助变流器功能确认工作法

一、外部供电钥匙功能检测

将动车组外部供电钥匙打至AC380V ON位、OFF位、外部供电位。只有在AC380V ON位时，用万用表测量辅助变流器的B5与B6两根针导通（R≤5Ω）。见图4-19。

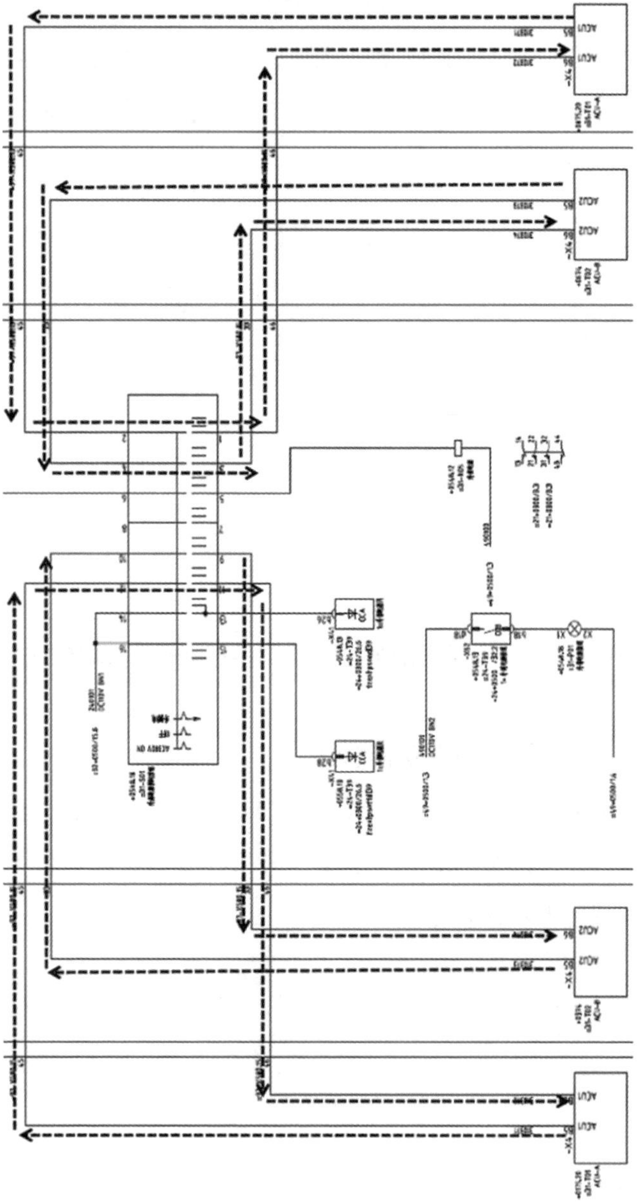

图4-19 辅助变流器外部供电钥匙测试

二、 辅助变流器工作正常

用 pyMonStd_FilePacker 软件检测辅助变流器输入、输出（电压、电流）是否正确，见图 4-20。其中 Ue 输入电压：2600~2800V。

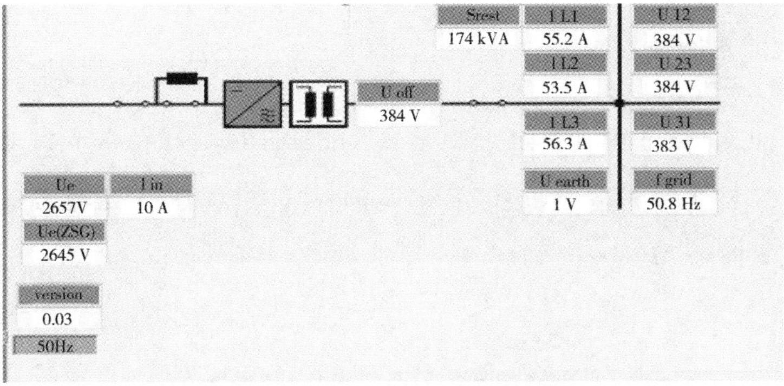

图 4-20
辅助变流器测试界面

三、 充电机工作正常

充电机版本正确，输入、输出（电压、电流）正确，无故障信息，见图 4-21。

其中，“交流电压”为 380V ± 5%；“输出电压”为 110~137.5V。

四、 AC/DC 接地故障值检测

使用 Monitor 软件连接列车中央处理单元（CCU）监控：

变量名	变量值	变量名	变量值	变量名	变量值	变量名	变量值
PM 软件版本	V0.4	输出电流（A）	80.3	散热片温度（℃）	43.8	主接触器输出	闭合
PM 时间	2018-07-05	充电电流（A）	4.1	输出功率（KW）	9.4	预充电接触器反馈	断开
交流电压（V）	380.4	负载电流（A）	76.1	系统状态	运行	主接触器反馈	闭合
中间电压（V）	497.7	占空比（%）	59.5	输出模式	恒压	BMS 通信	正常
参考电压（V）	117.9	原边电流（A）	62.3	拨码开关	0×00	CAN-A 通信	正常
输出电压（V）	117.0	主控板温度（℃）	38.0	预充电接触器输出	断开	CAN-B 通信	备用

图 4-21
充电机测试数据

cdjleakplustx91（1=正线对地）、cdjleakminustx91（1=负线对地）；Fzearfaupoivoltx71/ Fzearfaupoivoltx72 监测变量值应为 0。见图 4-22。

名称	值
/CPU1_T6/srs_bc1/cdjleakplustx91	0
/CPU1_T6/srs_bc1/cdjleakminustx91	0
/CPU1_T5/srs_aps1/fzearfaupoivoltx71	0
/CPU1_T5/srs_aps1/fzearfaupoivoltx72	0

图 4-22
变量监控

其中，如果接地故障值≥800，则表示接地故障发生，并且必须予以纠正。

第五节

操作法五：动车组远程数据分析工作法

一、 远程监控

使用远程监控软件对动车组进行实时监控，查看动车组各种状态信息及故障情况。保证动车组一直处于监控状态，及时发现各种故障。见图 4-23。

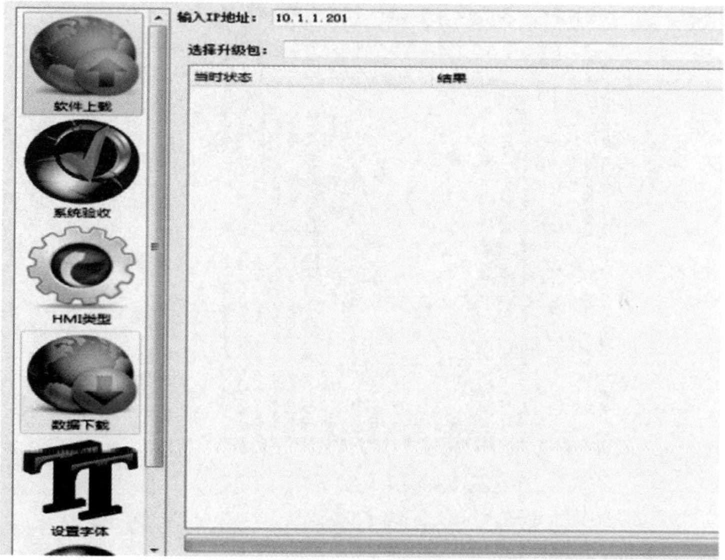

图 4-23
远程监控软件

二、 下载数据

使用远程 CrhRdtService 服务软件下载故障或误操作发生区间的 MVB 数据并进行保存，全部进行解压缩并放在一个文件夹内，见图 4-24。

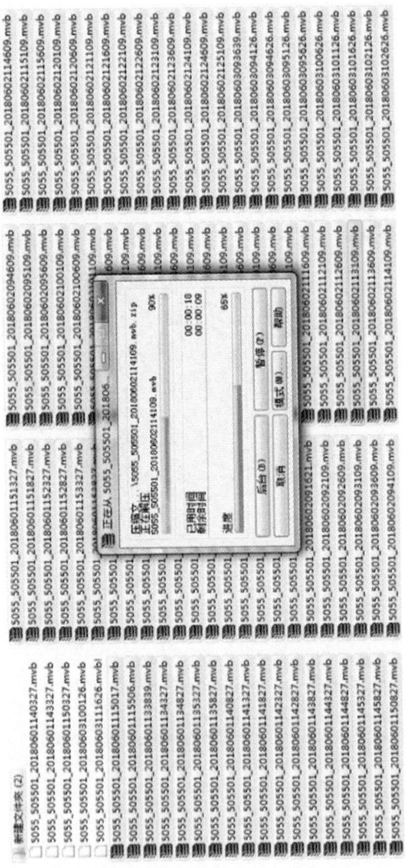

图4-24 下载数据并保存

三、 下载故障

使用Monitor服务软件下载动车组中央处理单元（CCU）故障记录，见图4-25。查看故障及误操作确认故障代码及记录，以便于确认故障发生位置、次数和时间等信息。确定故障点。

1	disappeared normal	2018-06-03 09:59:28	2018-06-03 09:59:30	3830	43-...不一致
1	disappeared normal	2018-06-03 10:00:01	2018-06-03 10:00:04	3830	43-...不一致
1	disappeared normal	2018-05-28 18:07:48	2018-05-29 21:07:55	3835	43-...不一致
1	disappeared normal	2018-05-29 21:07:58	2018-06-02 12:52:00	3835	43-...不一致

图4-25
下载CCU故障记录

四、 解析数据

根据远程监控软件监控的故障数据及动车组中央处理单元（CCU）故障记录确定具体范围故障点，根据逻辑协议涉及的与故障有关的变量编写配置文件，使用远程CrhRdtService服务软件进行数据解析，见图4-26。

五、 处理故障

根据解析出来的数据及故障代码发生的时间和故障内容确定异常变量和与故障系统单元的数据记录进行分析，确认故障点及误操作原因，把有问题的设备及闪报故障的或变量有波动的设备进行维修或更换，并对线路进行再次确认，以便于消除故障，见图4-27。

选择数据目录： C:/Users/Administrator/Desktop/新建文件夹 (2)/新建文件夹 (2)
选择配置文件： C:/Users/Administrator/Desktop/隔离开关.ucfg
指定输出文件： C:/Users/Administrator/Desktop/11111.csv
输出间隔(0.1-100秒)： 10
导出数据
每个文件最大记录数量 100000
隔离开关 - 记事本
文件(F) 编辑(E) 格式(O) 查看(V) 帮助(H)
#端口,#偏移,#变量名,#数据类型,#单位,#公式,#中文名称,#速度限制
1128,16,NICK_SPEED,UNSIGNED16,km/h,*0.01,速度,
1393,32,qyhptrmsaiG1,UNSIGNED16,,,网压有效值,
1393,48,qyhptrmsaiG1,UNSIGNED16,,,网压峰值,
1425,32,qyhptrmsaiG1,UNSIGNED16,,,网压有效值,
1425,48,qyhptrmsaiG1,UNSIGNED16,,,网压峰值,
880,120,qyvcbauxncldi37,BOOLEAN1,,,主断闭合,
896,120,qyvcbauxncldi38,BOOLEAN1,,,主断闭合,
1297,192,qyinvacpowtx,INTEGER16,,,牵引变流器逆变器交流侧功率,
1313,192,qyinvacpowtx,INTEGER16,,,牵引变流器逆变器交流侧功率,
1393,0,qyct1rmsaiG1,UNSIGNED16,,,网侧电流有效值,
1425,0,qyct1rmsaiG1,UNSIGNED16,,,网侧电流有效值,
1393,64,qyct2rmsaiG1,UNSIGNED16,,,变压器原边电流有效值,
1425,64,qyct2rmsaiG1,UNSIGNED16,,,变压器原边电流有效值,
1393,0,qyct1rmsaiG1,UNSIGNED16,,,网侧电流有效值,
1393,8,qyct1pekaiG1,UNSIGNED16,,,网侧电流峰值,
1425,0,qyct1rmsaiG2,UNSIGNED16,,,网侧电流有效值,
1425,8,qyct1pekaiG2,UNSIGNED16,,,网侧电流峰值,
1393,32,qyhptrmsaiG1,UNSIGNED16,,,网压有效值,
第1行，第1列

图4-26
解析数据

	A	B	C	D	E	F	G	H	I
1	时间	车号	速度	网压有效值	网压峰值	网压有 编辑栏	压峰值	主断闭合	主断闭合
2	2018-06-(	505501	0	43	60	57	80	1	1
3	2018-06-(	505501	-7.5E+07	43	60	53	74	1	1
4	2018-06-(	505501	0	43	60	53	74	1	1
5	2018-06-(	505501	0	43	60	53	74	1	1
6	2018-06-(	505501	0	43	60	57	80	1	1
7	2018-06-(	505501	0	40	56	57	80	1	1
8	2018-06-(	505501	0	43	60	53	74	1	1
9	2018-06-(	505501	0	50	70	53	74	1	1
10	2018-06-(	505501	0	43	60	53	74	1	1
11	2018-06-(	505501	0	43	60	53	74	1	1
12	2018-06-(	505501	0	40	56	59	83	1	1
13	2018-06-(	505501	0	43	60	57	80	1	1
14	2018-06-(	505501	0	36	50	57	80	1	1
15	2018-06-(	505501	0	43	60	57	80	1	1
16	2018-06-(	505501	0	43	60	57	80	1	1
17	2018-06-(	505501	0	43	60	57	80	1	1
18	2018-06-(	505501	0	46	65	53	74	1	1
19	2018-06-(	505501	0	40	56	53	74	1	1
20	2018-06-(	505501	0	43	60	57	80	1	1
21	2018-06-(	505501	0	43	60	53	74	1	1
22	2018-06-(	505501	0	43	60	53	74	1	1

图 4-27
筛选数据

第六节

操作法六：动车组通过网络变量查找硬线故障排除法

一、看

检查动车组的司机监控屏（HMI）故障信息，各子系统故障信息会通过列车组成网 MVB 通信传给司机监控屏（HMI）显示屏，并在显示屏上报故障。见图 4-28。

编组	车号	代码	等级	故障描述
5074	3	3359	2	压力不足导致高压系统无法工作
5074	1	6379	2	主断打开而退出换端模式
5074	6	9001	2	蹲便器不可用
5074	6	9000	2	坐便器不可用
5074	1	6379	2	主断打开而退出换端模式
5074	1	3379	2	从控单元操作主断开关导致主断打开

图 4-28
司机监控屏故障信息

二、找

用笔记本电脑 Monitor 软件监控功能找到图中所要监控的 do 或 di 变量，看是否为正常状态。当 do 控制的器件动作后，但 di 没有反馈时，就可以判断是 di 的接线有问题，导致故障出现。

见图 4-29，动车组在整列调试过程中，当遇到故障时，由于司机室空间比较小，器件安装相对紧凑，并且都已经施加力矩和涂打防松标记，以往的方式是测量电压或导通，这样会造成不必要的拆卸。例如 =43-S22 开关的反馈有故障时，可以用 Monitor 软件监控前一个开关 =43-S23 的状态，反馈正常，说明线路没有问题，见图 4-30。该操作避免了大量的拆动过程，有效地解决了由于处理故障，导致耽误调试周期的现象。

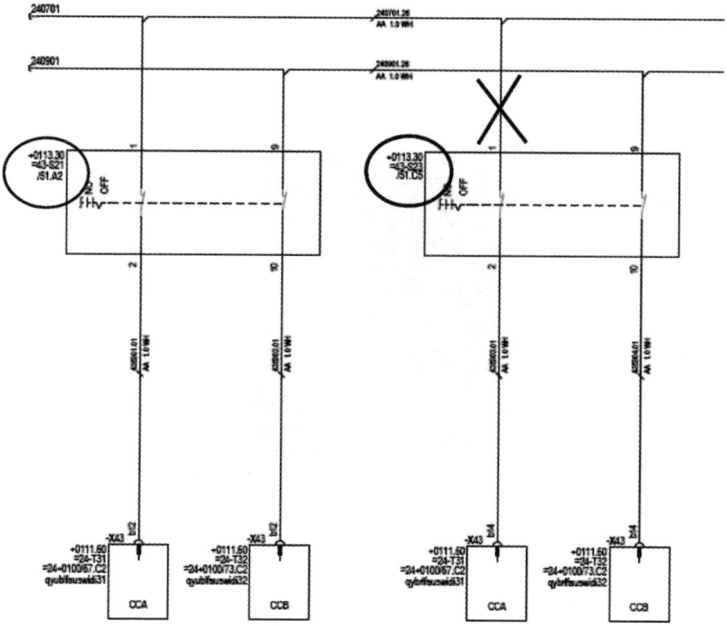

图 4-29
输入端接线断线模拟

名称	分类	类型	大小	地址	值
/CPU1_T6/srs_safeloop1/safeloop_function1/...	input	BYTE	0	156514	1

图 4-30
输入变量监控

三、拆

拆开对应 di/do 的接线，查看反馈的接线情况，若有问题，重新压接，见图 4-31。

图 4-31
实物故障点

四、复

重新操作，用电脑监控 di 的反馈情况，问题得到快速有效解决，见图 4-32。

名称	分类	类型	大小	地址	值
/CPU1_T6/srs_safeloop1/safeloop_function1/...	input	BYTE	0	156514	0

图 4-32
变量反馈正常

第七节

操作法七：动车组 Wireshark 软件针对列车以太网数据包状态分析法

一、连

通过电脑 Wireshark 软件连接以太网，监控每秒的传输数量（Packets/s）。当数量在 0~50 时，网络正常；当数量很大时，说明有故障现象，见图 4-33。

二、解

通过软件详细解析，查找故障。当网络不正常、不稳定时，或出现数据风暴时，特别是以太网内部环网风暴时，容易造成以太网瘫痪，这样就很难查找，风暴故障时，传输时间是微秒级，但传输的数量非常巨大，核对故障设备的 MAC 地址，对应 IP 地址，可以找到故障设备。

三、查

找到故障设备，继续处理故障设备，消除网络数据风暴。见图 4-34。问题原因是两个端口被短接。

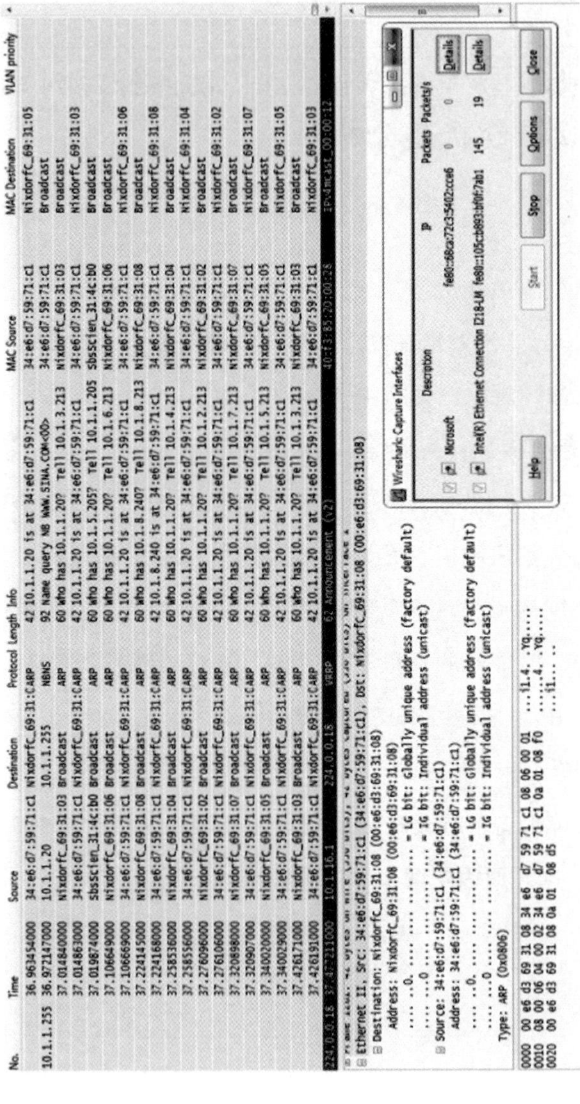
No. Time Source Destination Protocol Length Info MAC Source MAC Destination VLAN priority
36.963454000 34:e6:d7:59:71:c1 Nixdorfc_69:31:CARP 42 10.1.1.20 is at 34:e6:d7:59:71:c1 34:e6:d7:59:71:c1 Nixdorfc_69:31:05
10.1.1.255 36.972147000 10.1.1.20 10.1.1.255 NBNS 92 Name query NB WWW.SINA.COM<00> 34:e6:d7:59:71:c1 Broadcast
37.014840000 Nixdorfc_69:31:03 Broadcast ARP 60 Who has 10.1.1.20? Tell 10.1.3.213 Nixdorfc_69:31:03 Broadcast
37.014863000 34:e6:d7:59:71:c1 Nixdorfc_69:31:CARP 42 10.1.1.20 is at 34:e6:d7:59:71:c1 34:e6:d7:59:71:c1 Nixdorfc_69:31:03
37.019874000 Sbsscien_31:4c:b0 Broadcast ARP 60 Who has 10.1.5.205? Tell 10.1.1.205 Sbsscien_31:4c:b0 Broadcast
37.106649000 Nixdorfc_69:31:06 Broadcast ARP 60 Who has 10.1.1.20? Tell 10.1.6.213 Nixdorfc_69:31:06 Broadcast
37.106669000 34:e6:d7:59:71:c1 Nixdorfc_69:31:CARP 42 10.1.1.20 is at 34:e6:d7:59:71:c1 34:e6:d7:59:71:c1 Nixdorfc_69:31:06
37.224145000 Nixdorfc_69:31:08 Broadcast ARP 60 Who has 10.1.8.240? Tell 10.1.8.213 Nixdorfc_69:31:08 Broadcast
37.224168000 34:e6:d7:59:71:c1 Nixdorfc_69:31:CARP 42 10.1.8.240 is at 34:e6:d7:59:71:c1 34:e6:d7:59:71:c1 Nixdorfc_69:31:08
37.258536000 Nixdorfc_69:31:04 Broadcast ARP 60 Who has 10.1.1.20? Tell 10.1.4.213 Nixdorfc_69:31:04 Broadcast
37.258556000 34:e6:d7:59:71:c1 Nixdorfc_69:31:CARP 42 10.1.1.20 is at 34:e6:d7:59:71:c1 34:e6:d7:59:71:c1 Nixdorfc_69:31:04
37.276096000 Nixdorfc_69:31:02 Broadcast ARP 60 Who has 10.1.1.20? Tell 10.1.2.213 Nixdorfc_69:31:02 Broadcast
37.276106000 34:e6:d7:59:71:c1 Nixdorfc_69:31:CARP 42 10.1.1.20 is at 34:e6:d7:59:71:c1 34:e6:d7:59:71:c1 Nixdorfc_69:31:02
37.320898000 Nixdorfc_69:31:07 Broadcast ARP 60 Who has 10.1.1.20? Tell 10.1.7.213 Nixdorfc_69:31:07 Broadcast
37.320907000 34:e6:d7:59:71:c1 Nixdorfc_69:31:CARP 42 10.1.1.20 is at 34:e6:d7:59:71:c1 34:e6:d7:59:71:c1 Nixdorfc_69:31:07
37.340020000 Nixdorfc_69:31:05 Broadcast ARP 60 Who has 10.1.1.20? Tell 10.1.5.213 Nixdorfc_69:31:05 Broadcast
37.340029000 34:e6:d7:59:71:c1 Nixdorfc_69:31:CARP 42 10.1.1.20 is at 34:e6:d7:59:71:c1 34:e6:d7:59:71:c1 Nixdorfc_69:31:05
37.426171000 Nixdorfc_69:31:03 Broadcast ARP 60 Who has 10.1.1.20? Tell 10.1.3.213 Nixdorfc_69:31:03 Broadcast
37.426191000 34:e6:d7:59:71:c1 Nixdorfc_69:31:CARP 42 10.1.1.20 is at 34:e6:d7:59:71:c1 34:e6:d7:59:71:c1 Nixdorfc_69:31:03
224.0.0.18 37.472111000 10.1.16.1 224.0.0.18 VRRP 62 Announcement (v2) IPv4mcast_00:00:12
Ethernet II, Src: 34:e6:d7:59:71:c1 (34:e6:d7:59:71:c1), Dst: Nixdorfc_69:31:08 (00:e6:d3:69:31:08)
Destination: Nixdorfc_69:31:08 (00:e6:d3:69:31:08)
Address: Nixdorfc_69:31:08 (00:e6:d3:69:31:08)
.... ..0. .... = LG bit: Globally unique address (factory default)
....0 .... = IG bit: Individual address (unicast)
Source: 34:e6:d7:59:71:c1 (34:e6:d7:59:71:c1)
Address: 34:e6:d7:59:71:c1 (34:e6:d7:59:71:c1)
.... ..0. .... = LG bit: Globally unique address (factory default)
....0 .... = IG bit: Individual address (unicast)
Type: ARP (0x0806)
0000 00 e6 d3 69 31 08 34 e6 d7 59 71 c1 08 06 00 01
0010 08 00 06 04 00 02 34 e6 d7 59 71 c1 0a 01 08 f0
0020 00 e6 d3 69 31 08 0a 01 08 d5
Wireshark: Capture Interfaces
Description IP Packets Packets/s
Microsoft fe80::68ca:72c3:5402:cce6 0 0 Details
Intel(R) Ethernet Connection I218-LM fe80::105c:b893:bf0f:7ab1 145 19 Details
Help Start Stop Options Close

图4-33
数据风暴

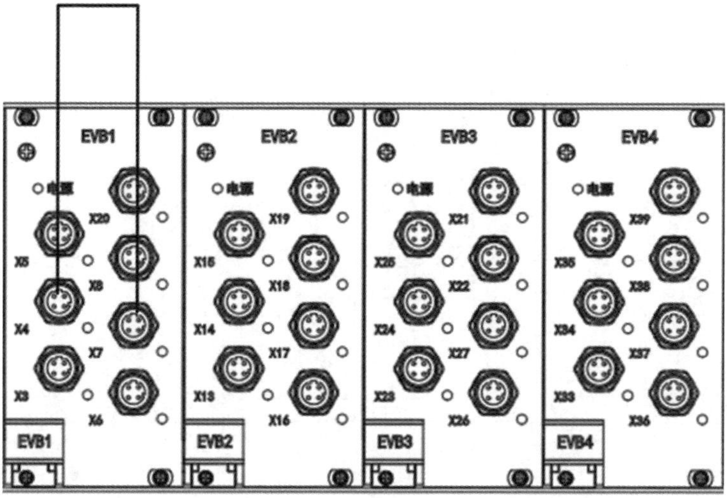

图 4-34
两个故障端口

第八节

操作法八：某型动车组主断路器反馈故障查找法

一、 线路确认

在主断路器断开时，分别测量本单元主断路器插头与 2、4、5、7 车牵引控制单元（TCU）线缆之间是否导通，如果没有对地导通现象，以及连接器插头上的针没有缩针情况，则正常进入下一步，见图 4-35。

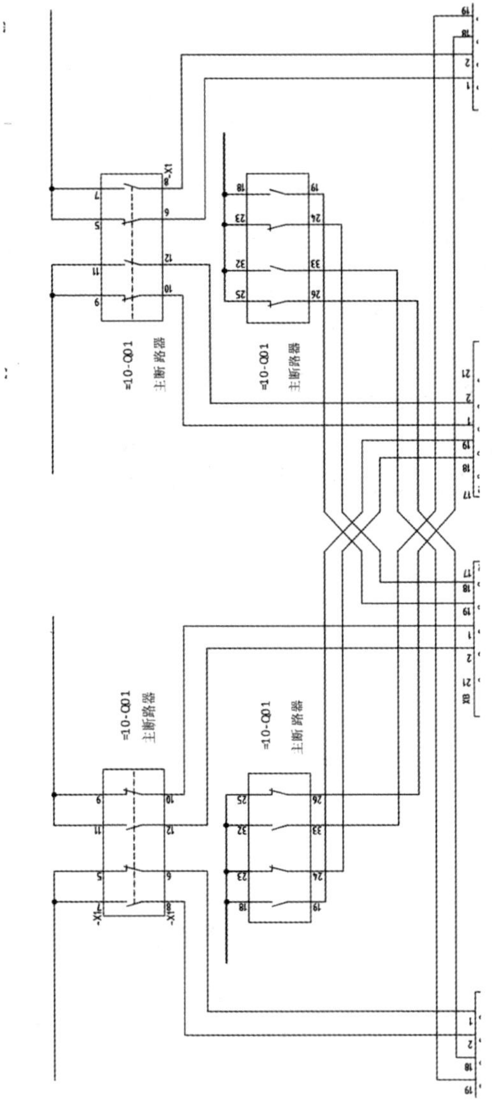

图4-35 主断路器状态反馈

二、 变量监控

在主断路器断开时，通过TDKMON软件连接牵引控制单元（TCU），检测主断路器反馈状态。主断路器断开$BQHSACE=0、$BQHSACA=1。主断闭合时$BQHSACE=1、$BQHSACA=0。如果不是，则更换牵引控制单元（TCU）模拟输入/输出板卡（C079）。如果更换后故障还发生，进入下一步，见图4-36，其中TRUE表示主断闭合。

变量名	数据类型	长度	规模	单元	存储属性	在线值
SBNBBSBS	BOOL				Normal	FALSE
SBQHSACE	BOOL				Normal	TRUE
SBUBCMD	BOOL				Normal	FALSE
SBZSGRSR	BOOL				Normal	FALSE
SBZSGRSV	BOOL				Normal	FALSE
SUDISTG	N2		2600	V	Normal	2654.431 V

图4-36
主断路器状态监控

三、 器件排查

故障未消失需更换牵引控制单元（TCU）数字量（二进制）输入板卡ICBP1（C071），此板卡功能主要将本单元主断路器VCB、预充电开关K4、线路隔离开关Q1、无火回送A80开关的闭合开断状态反馈给CPU板卡。如果更换后故障还发生，进入下一步。

四、 器件确认

故障未消失需更换牵引控制单元（TCU）牵引输入输出

管理 IOM 板卡（C035）。此板卡作为换牵引控制单元（TCU）系统中 CPU 和其他输入/输出模块的接口，通过数据总线和地址总线与列车中央控制单元（CCU）通信。此板卡提供 23 路外部模拟信号的模拟/数字转换、64 路数字量二进制输入信号和 46 路数字量二进制输出信号。如果更换后故障还发生，进入下一步。

五、故障未消失需更换主断路器，更换后故障消失

由于消除了信号反馈等问题，故障点集中至主断路器，结论为主断路器内部反馈出现错误，更换故障主断路器保障列车安全可靠运行。

第九节

操作法九：某型动车组车上 WTB 通信故障快速判断法

一、 连接

用 Monitor 软件连接车辆的以太网进行监控变量（wl01/02fail；wlwtba/bfailall），见图 4-37。

二、 观察

当变量正常时应该为 0；动车组的 WTB 通信有故障时不为 0。

显示	名称	分类	类型	大小	地址	值
是	/CPU1_T6/srs_horn1/wl31fail	input	BYTE	0	166479	0
是	/CPU1_T6/srs_warm1/wl32fail	input	BYTE	0	166656	0

图 4-37
变量监控

三、 测试

当动车组 WTB 通信有故障时，使用线缆分析仪，对动车组 WTB 网络线路进行扫线测试，按测试标准及长度确认故障点。

四、 判断

结合分析仪的测试结果，从线缆分析仪主机开始算出长度，并参考车辆的位置长度，可以快速准确地判断故障点，见图 4-38。

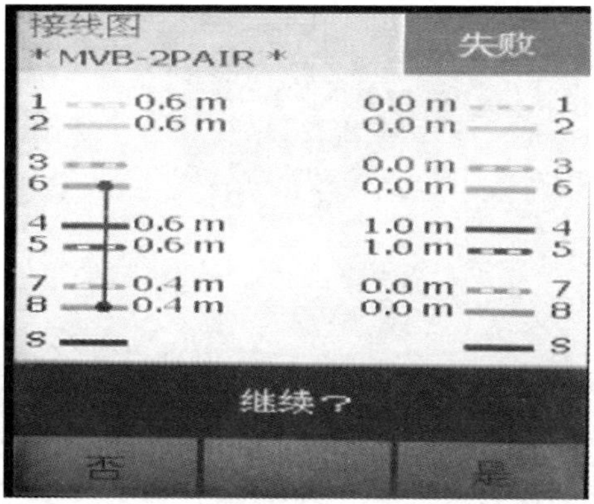

图 4-38
线缆分析仪扫线测试

第十节

操作法十：动车组单车制动力硬线控制失效故障排除法

一、进入硬线控制模式

将故障开关面板上的紧急牵引模式开关打到“开”位，见图 4-39。动车组退出网络控制模式，进入硬线控制模式。

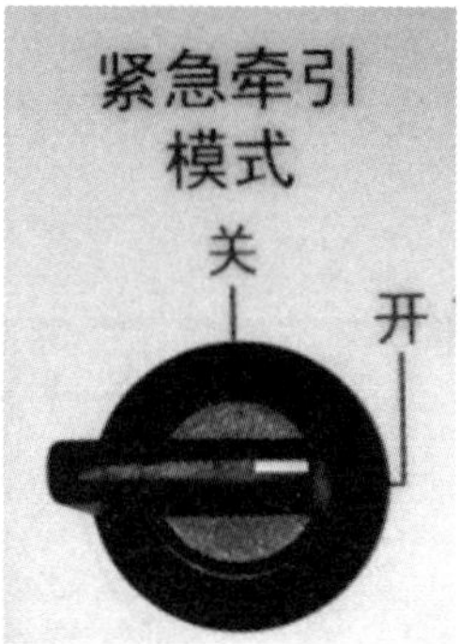

图 4-39
紧急牵引模式开关

二、分析故障车

通过占用司机室的制动手柄，将手柄移动到各个制动级位，同时在司机监控屏（HMI）观察各个车制动力变化，筛选出制动力不随制动手柄级位变化而相应变化的车即为故障车，见图 4-40。

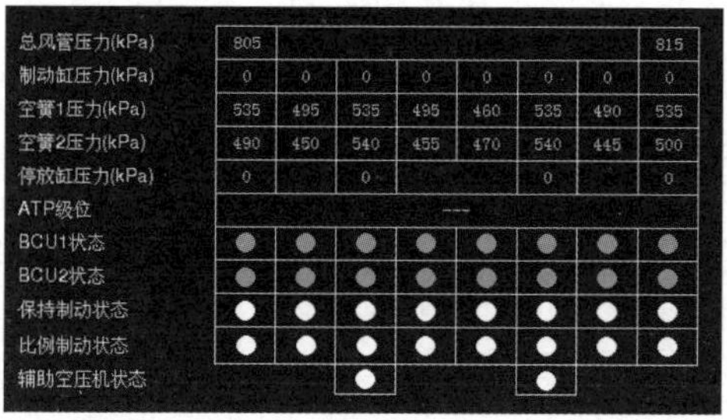

图 4-40
司机监控屏制动状态

三、 确认查找故障点方向

查看故障车继电器＝28－K31、＝28－K32、＝28－K33 是否随着手柄制动级位变化而进行二进制编码顺序变化，见图4-41。如果发现任一继电器不动作，查看继电器接线是否正确，如果接线正确，继续下一步测量继电器线圈是否有正负电压，如果电压正确，继电器未吸合，则判断继电器故障进行更换；如上述操作都已检查完毕，则进行下一步排查。

图 4-41
继电器工作状态

四、 通过制动监控软件分析数据

监控变量 CL_C_BrakeDemand1、CL_C_BrakeDemand2、CL_C_BrakeDemand3 是否跟随 = 28 - K31、= 28 - K32、= 28 - K33 继电器变化而变化，见图 4-42。如果变化不一致，则检查电器柜到制动控制单元接线，如变化一致则进行下一步排查。

制动级位	硬线状态		
	CL_C_BrakeDemand1	CL_C_BrakeDemand2	CL_C_BrakeDemand3
0	1	1	1
B1	1	0	1
B2	0	0	1
B3	0	1	1
B4	0	1	0
B5	1	1	0
B6	1	0	0
B7	0	0	0

图 4-42
监控变量状态

五、 检查制动控制单元板卡

检查制动板卡 EX02B-A8 功能是否正常，如果功能不正常则进行更换，如功能正常则更换主板卡 MC02A-A4，故障消除，见图 4-43。

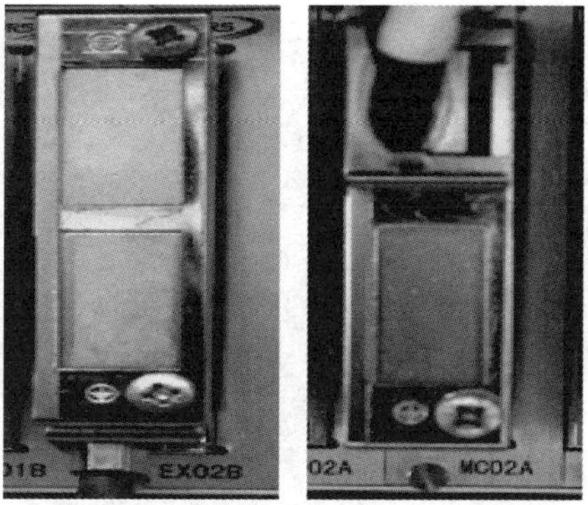

图 4-43
制动板卡

第十一节

操作法十一：动车组全列状态及故障快速检查法

一、 查看故障

通过查看司机监控屏（HMI）的故障代码确定无性能故障，使用 Monitor 服务软件下载动车组中央控制单元（CCU）故障记录，分析故障记录，确定无任何故障，见图 4-44。

二、 查看变量

使用 Monitor 服务软件监控与动车组性能有关的重要变量包，见图 4-45。保证动车组无中压对地、低压对地、风扇高低速、WTB 和 MVB 网络通信等功能正常。

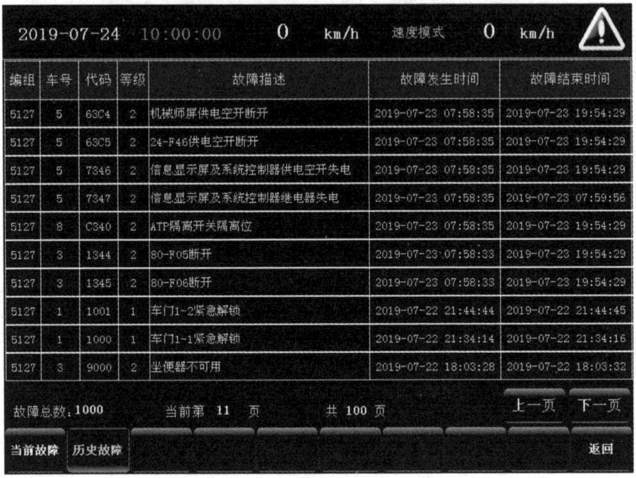

2019-07-24 10:00:00 0 km/h 速度模式 0 km/h

编组	车号	代码	等级	故障描述	故障发生时间	故障结束时间
5127	5	63C4	2	机械师屏供电空开断开	2019-07-23 07:58:35	2019-07-23 19:54:29
5127	5	63C5	2	24-F46供电空开断开	2019-07-23 07:58:35	2019-07-23 19:54:29
5127	5	7346	2	信息显示屏及系统控制器供电空开失电	2019-07-23 07:58:35	2019-07-23 19:54:29
5127	5	7347	2	信息显示屏及系统控制器继电器失电	2019-07-23 07:58:35	2019-07-23 07:59:56
5127	8	C340	2	ATP隔离开关隔离位	2019-07-23 07:58:35	2019-07-23 19:54:29
5127	3	1344	2	80-F05断开	2019-07-23 07:58:33	2019-07-23 19:54:29
5127	3	1345	2	80-F06断开	2019-07-23 07:58:33	2019-07-23 19:54:29
5127	1	1001	1	车门1-2紧急解锁	2019-07-22 21:44:44	2019-07-22 21:44:45
5127	1	1000	1	车门1-1紧急解锁	2019-07-22 21:34:14	2019-07-22 21:34:16
5127	3	9000	2	坐便器不可用	2019-07-22 18:03:28	2019-07-22 18:03:32

故障总数：1000 当前第 11 页 共 100 页 上一页 下一页

当前故障 历史故障 返回

图 4-44
司机监控屏操作和故障信息

名称	分类	类型	大小	地址	值
/CPU1_T6/srs_bc1/cdjleakplustx91	input	BYTE	0	158745	0
/CPU1_T6/srs_bc1/cdjleakminustx91	input	BYTE	0	158746	0

图 4-45
操作和故障信息

三、 性能测试

对动车组各功能进行测试，如牵引制动测试、ATP 测试、内外照明、内外门、前开闭等，保证车辆功能正常，见图 4-46。

	外部	车号	状态	模式	产生时间	消失时间	故障码	注释
2	0	1	已消失	运行	2018-05-1	2018-05-1	24	本CCU是主控
3	0	1	已消失	运行	2018-05-1	2018-05-1	24	本CCU是主控
4	0	1	已消失	运行	2018-05-1	2018-05-1	24	本CCU是主控
5	0	1	已消失	运行	2018-05-2	2018-05-2	24	本CCU是主控
6	0	1	已消失	运行	2018-05-2	2018-05-2	24	本CCU是主控
7	0	1	已产生	运行	2018-05-2		24	本CCU是主控
8	0	1	已消失	运行	2018-05-0	2018-05-0	25	CCU1上电时间
9	0	1	已消失	运行	2018-05-0	2018-05-0	25	CCU1上电时间
10	0	1	已消失	运行	2018-05-0	2018-05-0	25	CCU1上电时间
11	0	1	已消失	运行	2018-05-2	2018-05-2	25	CCU1上电时间
12	0	1	已消失	运行	2018-05-2	2018-05-2	25	CCU1上电时间
13	0	1	已消失	运行	2018-05-2	2018-05-2	25	CCU1上电时间
14	0	1	已消失	运行	2018-05-0	2018-05-0	26	CCU1是CCUM
15	0	1	已消失	运行	2018-05-0	2018-05-0	26	CCU1是CCUM
16	0	1	已消失	运行	2018-05-0	2018-05-0	26	CCU1是CCUM
17	0	1	已消失	运行	2018-05-2	2018-05-2	26	CCU1是CCUM
18	0	1	已消失	运行	2018-05-2	2018-05-2	26	CCU1是CCUM
19	0	1	已消失	运行	2018-05-2	2018-05-2	26	CCU1是CCUM
20	0	1	已消失	运行	2018-05-1	2018-05-1	27	速度大于5km/h
21	0	1	已消失	运行	2018-05-1	2018-05-1	27	速度大于5km/h
22	0	1	已消失	运行	2018-05-1	2018-05-1	27	速度大于5km/h
23	0	1	已消失	运行	2018-05-2	2018-05-2	27	速度大于5km/h
24	0	1	已消失	运行	2018-05-2	2018-05-2	27	速度大于5km/h
25	0	1	已消失	运行	2018-05-2	2018-05-2	27	速度大于5km/h
26	0	1	已消失	运行	2018-05-0	2018-05-0	60	T4超时任务
27	0	1	已消失	运行	2018-05-0	2018-05-0	63	T7超时任务

图4-46
测试数据

四、 隐性问题检查

通过分析动车组中央处理单元（CCU）故障，发现隐性故障，确认故障发生位置、次数和时间等信息，确定故障点。下载 MVB 数据，根据图纸逻辑协议所涉及的与故障有关的变量编写配置文件，使用远程 CrhRdtService 服务软件进行数据解析。根据分析出来的数据确定隐性故障点，见图 4-47。

五、 问题处理

根据司机监控屏（HMI）、动车组中央控制单元（CCU）故障记录、MVB 数据查看变量是否正常，并结合性能测试以及发现的隐性问题确定故障的设备，进行维修或更换。对线路进行再次确认，以便于消除故障。

第十二节

操作法十二： MBA 总线分析仪查找网络故障快速判断法

一、 地址排查

通过 MBA 分析仪功能中的 MVB 地址统计，检查所在网段的设备地址是否缺失。如有缺失，检查其本身问题（工作指示灯状态、软件版本、连接线路），见图 4-48。

外部	车号	状态	模式	产生时间	消失时间	故障码	注释
0	1	已消失	运行	2018-05-1	2018-05-1	24	本CCU是主控
0	1	已消失	运行	2018-05-1	2018-05-1	24	本CCU是主控
0	1	已消失	运行	2018-05-1	2018-05-1	24	本CCU是主控
0	1	已消失	运行	2018-05-2	2018-05-2	24	本CCU是主控
0	1	已消失	运行	2018-05-2	2018-05-2	24	本CCU是主控
0	1	已产生	运行	2018-05-2		24	本CCU是主控
0	1	已消失	运行	2018-05-0	2018-05-0	25	CCU1上电时间
0	1	已消失	运行	2018-05-0	2018-05-0	25	CCU1上电时间
0	1	已消失	运行	2018-05-0	2018-05-0	25	CCU1上电时间
0	1	已消失	运行	2018-05-2	2018-05-2	25	CCU1上电时间
0	1	已消失	运行	2018-05-2	2018-05-2	25	CCU1上电时间
0	1	已消失	运行	2018-05-2	2018-05-2	25	CCU1上电时间
0	1	已消失	运行	2018-05-0	2018-05-0	26	CCU1是CCUM
0	1	已消失	运行	2018-05-0	2018-05-0	26	CCU1是CCUM
0	1	已消失	运行	2018-05-0	2018-05-0	26	CCU1是CCUM
0	1	已消失	运行	2018-05-2	2018-05-2	26	CCU1是CCUM
0	1	已消失	运行	2018-05-2	2018-05-2	26	CCU1是CCUM
0	1	已消失	运行	2018-05-2	2018-05-2	26	CCU1是CCUM
0	1	已消失	运行	2018-05-1	2018-05-1	27	速度大于5km/h
0	1	已消失	运行	2018-05-1	2018-05-1	27	速度大于5km/h
0	1	已消失	运行	2018-05-1	2018-05-1	27	速度大于5km/h
0	1	已消失	运行	2018-05-2	2018-05-2	27	速度大于5km/h
0	1	已消失	运行	2018-05-2	2018-05-2	27	速度大于5km/h
0	1	已消失	运行	2018-05-2	2018-05-2	27	速度大于5km/h
0	1	已消失	运行	2018-05-0	2018-05-0	60	T4超时任务
0	1	已消失	运行	2018-05-0	2018-05-0	63	T7超时任务

图4-47
隐性故障筛查

图 4-48
MBA 分析仪

二、 网段排查

通过 MBA 分析仪分析 MVB 通信质量可以逐网段、逐设备排查；重点关注新近被操作过的设备，可以判断是设备影响通信还是线路及其连接器接线导致故障，见图 4-49。

三、 确认故障点

通过 MBA 分析仪监控网络数据、旁路问题设备，判断故障点；排查故障干扰源、更换板卡或设备。

Topology

Nu..	Address	SP	BA	GW	MD	AX0	AX1	ACT	MAS	LAT	OLD	SSD	SDD	ERD	FRC	DNR	SER
1	0016	✗	✓	✗	✓	✗	✗	✓	✓	✗	✗	✗	✗	✗	✗	✗	✗
2	0017	✗	✗	✗	✓	✗	✗	✗	✗	✓	✗	✗	✗	✗	✗	✗	✗
3	0020	✗	✗	✓	✓	✗	✗	✗	✗	✗	✗	✗	✗	✗	✗	✗	✗
4	0024	✗	✗	✗	✓	✗	✗	✗	✗	✗	✗	✗	✗	✗	✗	✗	✗
5	0025	✗	✗	✗	✓	✗	✗	✗	✗	✗	✗	✗	✗	✗	✗	✗	✗
6	0056	✗	✗	✗	✗	✗	✗	✗	✗	✗	✗	✗	✗	✗	✗	✗	✗
7	0057	✗	✗	✗	✗	✗	✗	✗	✗	✗	✗	✗	✗	✗	✗	✗	✗
8	0070	✗	✗	✗	✗	✗	✗	✗	✗	✗	✗	✗	✗	✗	✗	✗	✗
9	0112	✗	✗	✗	✓	✗	✗	✗	✗	✓	✗	✗	✗	✗	✗	✗	✗
10	0113	✗	✗	✗	✓	✗	✗	✗	✗	✓	✗	✗	✗	✗	✗	✗	✗
11	0114	✗	✗	✗	✓	✗	✗	✗	✗	✗	✗	✗	✗	✗	✗	✗	✗
12	0115	✗	✗	✗	✓	✗	✗	✗	✗	✗	✗	✗	✗	✗	✗	✗	✗
13	0116	✗	✗	✗	✓	✗	✗	✗	✗	✓	✗	✗	✗	✗	✗	✗	✗
14	0117	✗	✗	✗	✓	✗	✗	✗	✗	✓	✗	✗	✗	✗	✗	✗	✗
15	0118	✗	✗	✗	✓	✗	✗	✗	✗	✓	✗	✗	✗	✗	✗	✗	✗
16	0119	✗	✗	✗	✓	✗	✗	✗	✗	✓	✗	✗	✗	✗	✗	✗	✗
17	0122	✗	✗	✗	✓	✗	✗	✗	✗	✓	✗	✗	✗	✗	✗	✗	✗
18	0123	✗	✗	✗	✓	✗	✗	✗	✗	✓	✗	✗	✗	✗	✗	✗	✗
19	0544	✗	✗	✗	✗	✗	✗	✗	✗	✓	✗	✗	✓	✗	✗	✗	✗
20	0560	✗	✗	✗	✗	✗	✗	✗	✗	✗	✗	✗	✓	✗	✗	✗	✗
21	0576	✗	✗	✗	✗	✗	✗	✗	✗	✓	✗	✗	✓	✗	✗	✗	✗
22	0592	✗	✗	✗	✗	✗	✗	✗	✗	✓	✗	✗	✓	✗	✗	✗	✗
23	0608	✗	✗	✗	✗	✗	✗	✗	✗	✓	✗	✗	✓	✗	✗	✗	✗
24	0640	✗	✗	✗	✗	✗	✗	✗	✗	✗	✗	✗	✓	✗	✗	✗	✗
25	0656	✗	✗	✗	✗	✗	✗	✗	✗	✓	✗	✗	✓	✗	✗	✗	✗
26	0672	✗	✗	✗	✗	✗	✗	✗	✗	✓	✗	✗	✓	✗	✗	✗	✗
27	0736	✗	✗	✗	✗	✗	✗	✗	✗	✗	✗	✗	✓	✗	✗	✗	✗
28	0752	✗	✗	✗	✗	✗	✗	✗	✗	✓	✗	✗	✓	✗	✗	✗	✗
29	0768	✗	✗	✗	✗	✗	✗	✗	✗	✓	✗	✗	✗	✗	✗	✗	✗
30	0784	✗	✗	✗	✗	✗	✗	✗	✗	✗	✗	✗	✗	✗	✗	✗	✗
31	0800	✗	✗	✗	✗	✗	✗	✗	✗	✗	✗	✗	✗	✗	✗	✗	✗
32	0816	✗	✗	✗	✗	✗	✗	✗	✗	✗	✗	✗	✗	✗	✗	✗	✗
33	1280	✗	✗	✗	✗	✗	✗	✗	✗	✓	✗	✗	✗	✗	✗	✗	✗
34	1288	✗	✗	✗	✗	✗	✗	✗	✗	✗	✗	✗	✗	✗	✗	✗	✗
35	1296	✗	✗	✗	✗	✗	✗	✗	✗	✓	✗	✗	✗	✗	✗	✗	✗
36	1304	✗	✗	✗	✗	✗	✗	✗	✗	✓	✗	✗	✗	✗	✗	✗	✗
37	1408	✗	✗	✗	✗	✗	✗	✗	✗	✓	✗	✗	✗	✗	✗	✓	✗
38	1536	✗	✗	✗	✗	✗	✗	✗	✗	✗	✗	✗	✗	✗	✗	✗	✗
39	1824	✗	✗	✗	✗	✗	✗	✗	✗	✗	✗	✗	✗	✗	✗	✗	✗
40	1840	✗	✗	✗	✗	✗	✗	✗	✗	✗	✗	✗	✗	✗	✗	✗	✗
41	2080	✗	✗	✗	✗	✗	✗	✗	✗	✓	✗	✗	✗	✗	✗	✗	✗
42	2096	✗	✗	✗	✗	✗	✗	✗	✗	✗	✗	✗	✗	✗	✗	✗	✗
43	2112	✗	✗	✗	✗	✗	✗	✗	✗	✗	✗	✗	✗	✗	✗	✗	✗
44	2128	✗	✗	✗	✗	✗	✗	✗	✗	✓	✗	✗	✗	✗	✗	✗	✗
45	2144	✗	✗	✗	✗	✗	✗	✗	✗	✓	✗	✗	✗	✗	✗	✗	✗
46	2176	✗	✗	✗	✗	✗	✗	✗	✗	✗	✗	✗	✗	✗	✗	✗	✗
47	2192	✗	✗	✗	✗	✗	✗	✗	✗	✗	✗	✗	✗	✗	✗	✗	✗
48	2288	✗	✗	✗	✗	✗	✗	✗	✗	✗	✗	✗	✗	✗	✗	✗	✗
49	3088	✗	✗	✗	✓	✗	✗	✗	✗	✗	✗	✗	✗	✗	✗	✗	✗
50	3104	✗	✗	✗	✓	✗	✗	✗	✗	✗	✗	✗	✗	✗	✗	✗	✗
51	3120	✗	✗	✗	✓	✗	✗	✗	✗	✗	✗	✗	✗	✗	✗	✗	✗
52	3136	✗	✗	✗	✓	✗	✗	✗	✗	✗	✗	✗	✗	✗	✗	✗	✗
53	3152	✗	✗	✗	✓	✗	✗	✗	✗	✓	✗	✗	✗	✗	✗	✗	✗
54	3184	✗	✗	✗	✓	✗	✗	✗	✗	✗	✗	✗	✗	✗	✗	✗	✗
55	3200	✗	✗	✗	✓	✗	✗	✗	✗	✗	✗	✗	✗	✗	✗	✗	✗

图 4-49
MBA 通信质量分析

第十三节

操作法十三：动车组牵引变压器故障快速判断法

一、判断故障方向

通过司机监控屏（HMI）可以监控牵引变压器电流互感器故障保护、电流互感器过流保护、空载保护；差流保护的故障信息可以判断是否是牵引变压器电流传感器的问题或者是牵引变压器连接线路问题。

二、判断原因

通过检查牵引变压器车上电气柜内=10-K01、=10-K02、=10-K03、=10-K04、=10-K05 状态判断牵引变压器的故障原因。

其中，=10-K01 继电器激活代表牵引变压器油流正常；=10-K02 继电器激活代表牵引变压器油压力故障；=10-K03 继电器激活代表牵引变压器油压力正常；=10-K04 继电器断电代表牵引变压器油位低；=10-K05 继电器断电

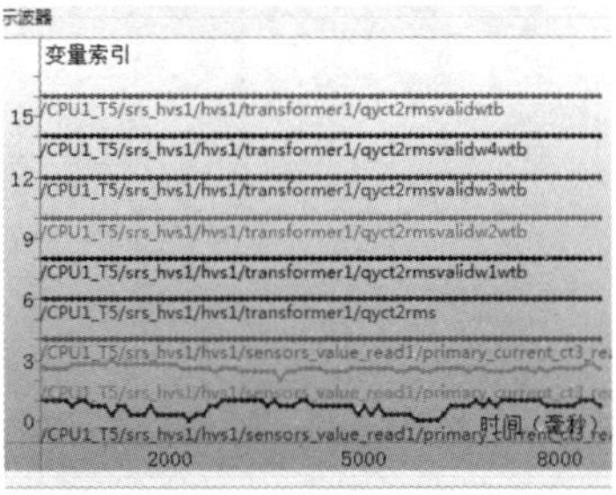

图 4-50
监控软件示波器方式集中监控变量

代表牵引变压器油位很低。列车正常送高压后，牵引变压器保护中，=10-K01、=10-K03、=10-K04、=10-K05 继电器都得电吸合，=10-K02 继电器是断电状态，见图 4-50。

三、 变量监控

通过笔记本电脑用 Monitor 软件监控变量，监控电流值变化，通过牵引变压器入口电流 qyct 2rm 和变压器回流电流 qyct 3rm 的值判断故障；监控牵引变压器温度变量 qytranstemp 判断牵引变压器的温度保护，见图 4-51。

qytranstemp	input	INT	0	120376	39

图 4-51
牵引变压器温度变量检测

第十四节

操作法十四：动车组外部照明调整操作法

一、 放置测量板

在轨道上距离车头灯规定位置选取位置，放置测量面装置，见图 4-52。

图 4-52
动车组车头与测量面

二、 司机室占用

占用司机室主控钥匙为司机室占用位（1 位），见图 4-53。

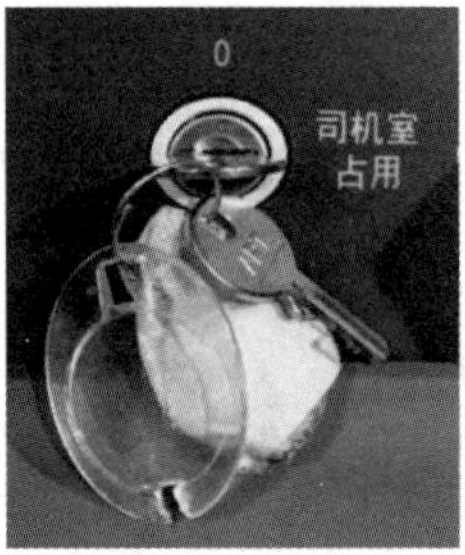

图 4-53
司机室占用

三、 点亮照明

闭合外部照明供电断路器 = 51-F01、前照灯开关 = 51-S11，选择远光灯位置，外部照明灯亮起，见图 4-54。

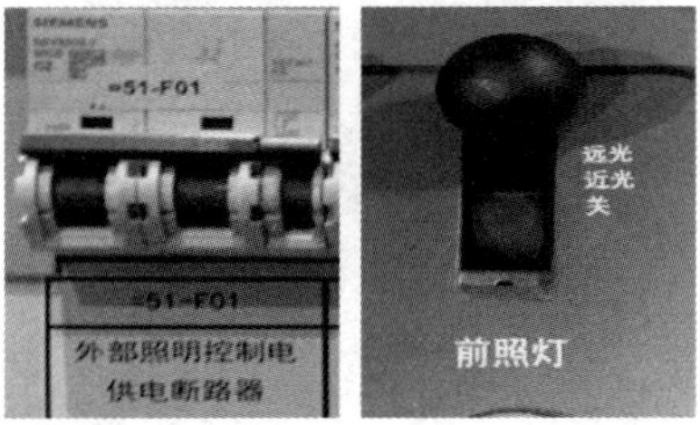

图 4-54
外部照明控制

四、 机械调节

使用棘轮套筒扳手对照明灯调节旋钮进行调节。以右侧照明灯为例，左侧调节旋钮顺时针（逆时针）调节时，照明灯向上（向下）运动；右侧调节旋钮顺时针（逆时针）调节时，照明灯向左（向右）运动，左侧照明灯反之，见图 4-55。

五、 确定最终位置

在调整过程中，边调整边观察测量面上照明灯光圈，把左右照明灯光圈调整到测量面上相应的十字交叉点上，视为调整完毕，见图 4-56。调整完毕后，前照灯开关 = 51-S11 选择关闭位，外部照明灯关闭。

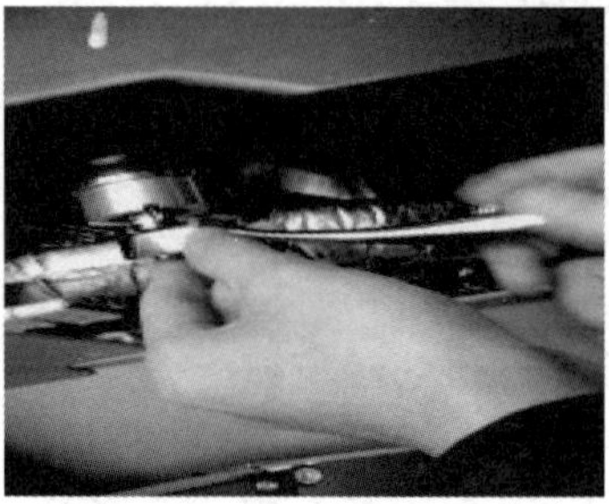

图 4-55
外部照明调节

图 4-56
调节完毕后的光圈位置

第十五节

操作法十五：动车组闪报故障精确处理操作法

一、 看：确认闪报故障

通过查看司机监控屏（HMI）的故障代码和使用 Monitor 服务软件下载列车中央控制单元（CCU）故障记录，查看故障确认闪报的故障代码及记录，以便于确认故障发生位置、次数和时间等信息，确定故障点，见图 4-57。

0	1	disappeared	normal	2016-08-04 22:50:42	2016-08-04 22:50:45	25	CCU...电时间
1000	1	disappeared	normal	2016-08-04 22:51:22	2016-08-05 07:45:49	100	门1-...被操作
1001	1	disappeared	normal	2016-08-04 22:51:22	2016-08-04 22:51:23	104	门1-...被操作
23A8	1	disappeared	normal	2016-08-04 22:51:22	2016-08-06 16:02:46	983	轮辋...器故障
D34C	4	disappeared	normal	2016-08-04 22:51:22	2016-08-06 22:56:15	2759	火警旁路激活
A200	1	disappeared	normal	2016-08-04 22:51:22	2016-08-06 22:36:29	2558	插座空开断开
A200	4	occurred	normal	2016-08-04 22:51:22		2561	插座空开断开
A341	1	disappeared	normal	2016-08-04 22:51:22	2016-08-11 01:43:51	2572	风挡玻...断开
C0A0	1	disappeared	normal	2016-08-04 22:51:22	2016-08-05 18:43:47	2601	ATP...开断开
C344	1	occurred	normal	2016-08-04 22:51:22		2608	GFX-...开断开
C346	1	occurred	normal	2016-08-04 22:51:22		2610	地震...隔离位
C350	1	disappeared	normal	2016-08-04 22:51:22	2016-08-13 00:40:00	2614	地震预...断开
4804	1	disappeared	normal	2016-08-04 22:51:22	2016-08-11 01:43:51	3425	32F5...不一致
4805	1	disappeared	normal	2016-08-04 22:51:22	2016-08-04 23:22:45	3426	32k0...不一致
4831	1	disappeared	normal	2016-08-04 22:51:22	2016-08-04 23:34:08	3485	电开水...故障
5704	1	disappeared	normal	2016-08-04 22:51:22	2016-08-06 14:44:10	3527	EBC...讯故障

图 4-57

CCU 操作和故障数据下载

二、 查：对故障点的线路进行排查

根据故障信息内容进行故障线路和所涉及设备状态确认，检查线路接线是否正常，有无接触不良或绝缘不良对地等现象，保证线路正确，通过查看设备状态指示灯和设备服务软件确认设备状态是否正常。

三、 下载：下载 MVB 数据并使用与该故障相关的配置文件进行过滤

使用 CrhRdtService 服务软件下载故障发生区间的 MVB 数据并进行保存，使用 CrhTestAssist 软件及相关配置文件进行数据解析，把与故障有关的信息解析出来，见图 4-58。

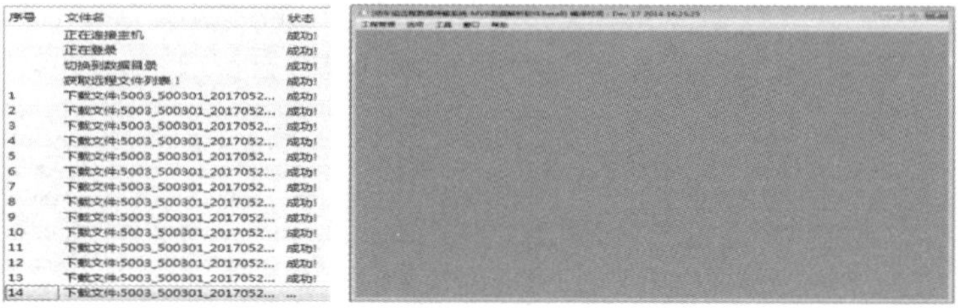

图 4-58
解析故障发生期间的数据

四、 确认：确认故障点

根据故障代码发生的时间和故障内容确定异常变量，并与故障系统单元的数据记录进行分析，确认故障点，见图 4-59。

图 4-59
状态异常变量

五、 处理故障

把有闪报故障或变量有波动的设备进行维修或更换。线路进行再次确认，以便于消除故障，见图 4-60。

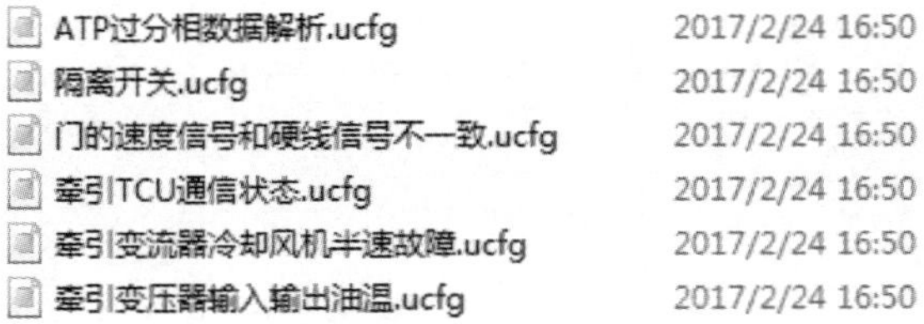

图 4-60
闪报故障

第十六节

操作法十六： 动车组网关上载软件操作法

烧写配置和软件需要使用以太网，使用网线连接网关和 PC 机，可以根据 1 车/8 车，网关 1/网关 2 选择相应的 IP 地址，其他情况可手动输入。需要将 PC 的 IP 地址设置为与网关的 IP 在同一个网段。

一、 烧写配置——步骤 1

确认 IP 后，点击“连接网关”按钮，会提示“连接网关成功”或者“连接网关失败”，见图 4-61。只有连接成功才能进行步骤 2。连接网关成功，会显示网关当前的数据版本和应用版本。

二、 烧写配置——步骤 2

点击“选择数据文件”按钮，如图 4-62 所示。

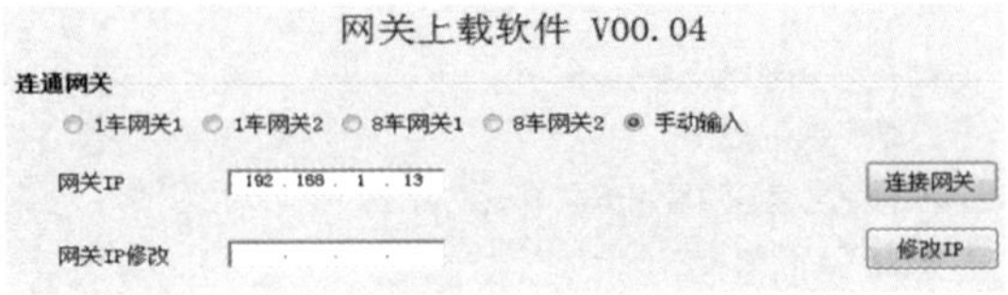

图 4-61
连接网关

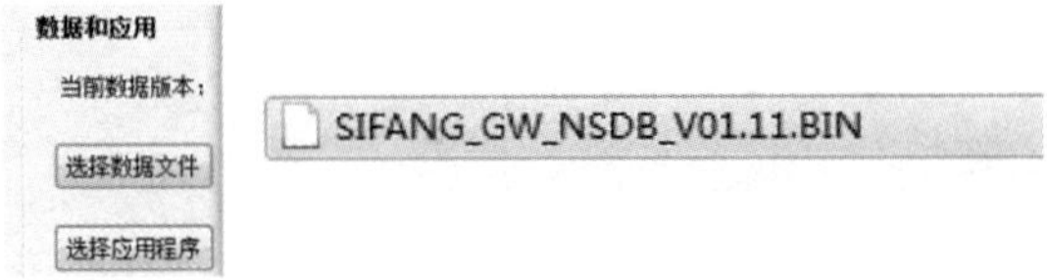

图 4-62
选择数据文件

三、 烧写配置——步骤 3

点击“烧写数据”按钮进行烧写，烧写成功后，网关会自动重启，见图 4-63。

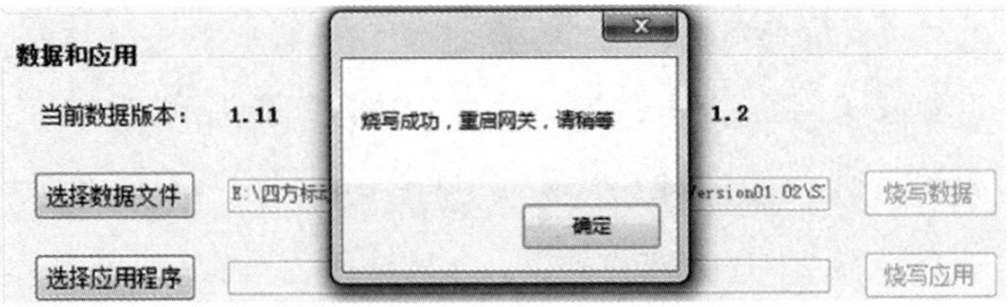

图 4-63
烧写数据

四、 网关 IP 配置——步骤 1

点击“连接网关”按钮，会提示“连接网关成功”或者“连接网关失败”，只有连接成功才能进行步骤 2。

五、 网关 IP 配置——步骤 2

在 IP 地址修改框内，输入需要配置的 IP 地址，点击“修改 IP”按钮，修改成功后，网关会自动重启，见图 4-64。

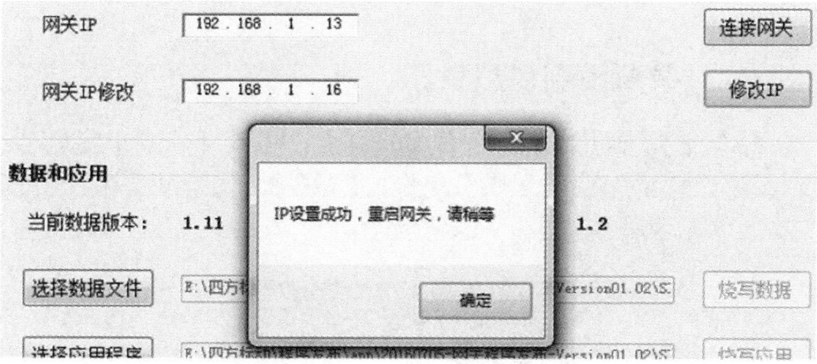

图 4-64
修改 IP 地址

第十七节

操作法十七： 动车组比例阀调整法

一、 检查雨刷气动管路供风状态和车辆状态

车辆具备供电及雨刷管路供风正常，见图 4-65。

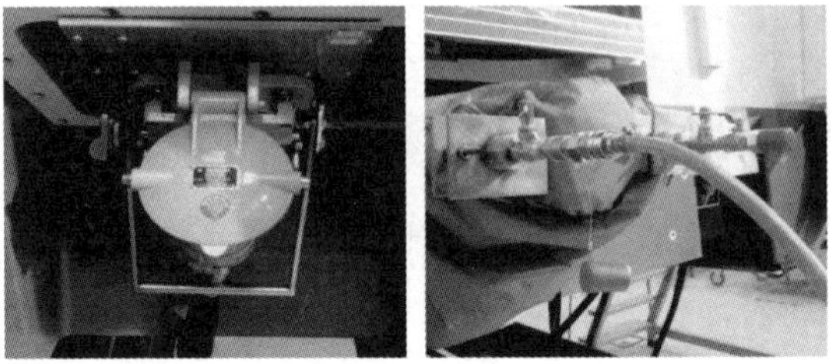

图 4-65
调试阶段车辆外接电源和气源

二、 截断雨刷供风管路

将车下雨刷供风管路截断塞门，见图 4-66。旋转至截断位。

图 4-66
雨刷供风管路截断塞门截断位

三、 断开雨刷供电

将司机室一位侧座椅（+115.10）下的电气控制柜中雨刷供电断路器=71-F01断开，保证雨刷控制电路无电，见图4-67。

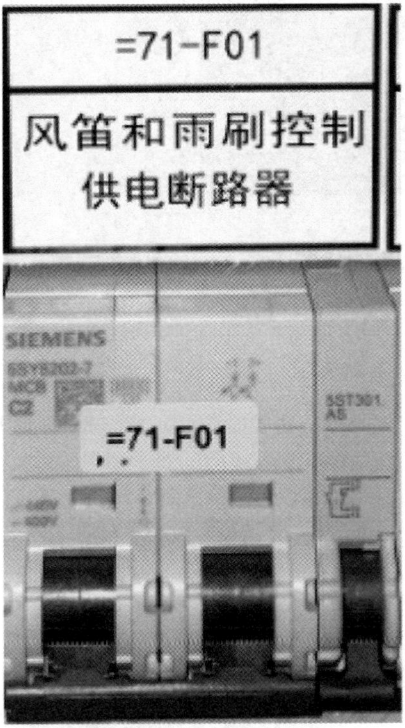

图 4-67
风笛和雨刷控制供电断路器

四、 拆下雨刷电磁阀板比例阀

用十字花螺丝刀拆下比例阀供电连接器插头，再用六角扳手拆下比例阀，见图 4-68。

图 4-68
拆卸比例阀

五、 调整雨刷比例阀

用六角扳手调整比例阀，顺时针搬动比例阀，雨刷刮雨速度变慢，逆时针搬动比例阀，雨刷刮雨速度变快，见图 4-69。

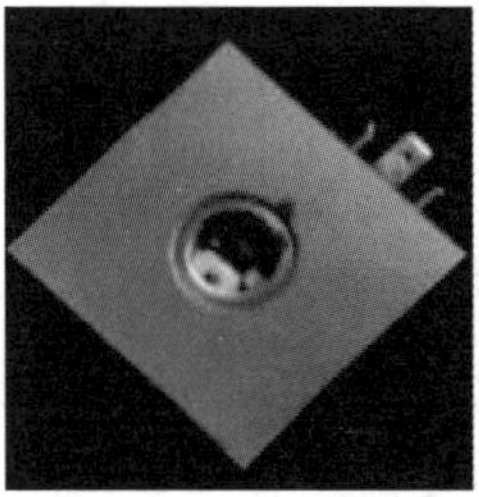

图 4-69
调整雨刷比例阀

六、 恢复比例阀

用六角扳手将比例阀恢复到雨刷电磁阀板上，再用十字花螺丝刀恢复供电连接器插头。

七、 恢复雨刷供电断路器

将雨刷器供电断路器=71-F01 闭合。

八、 恢复雨刷供风截断塞门

把雨刷器供风截断塞门由截断位旋转到接通状态，见图4-70。

图 4-70
雨刷供风管路截断塞门接通位

比例阀调整后，再次对雨刷器进行测试，会发现雨刷器在连续工况下速度有明显的变化，高速、低速均满足试验要求。

第五章

动车组典型故障案例分析

第一节

案例一：某动车组牵引变压器电流检测失效

一、 故障现象

某动车组在更换完牵引变流器冷却单元后，送电后发现列车中央控制单元（CCU）报故障代码 6348，牵引变压器电流检测失效，见图 5-1。故障无法清除，但各高压设备工作正常。

6348	CCU	Transformer current detection defective

图 5-1
故障代码

二、 故障分析

通过对该故障的描述，用 Moni32 软件监控动车组中央控制单元（CCU）中的数据，结合数据与功能图，发现牵引变压器原边电流互感器=10-T04 检测值偏小。

三、 故障排查

根据功能图进行校线、测量，将线号为 100122.01 和 100123.01 的一端从端子排上拆下，用万用表分别测量其对地电阻，见图 5-2。其阻值为 2.6 欧姆，实际应该为无穷大。因此可以判断这部分导线到车顶电流互感器 = 10-T04 有对地导通现象。

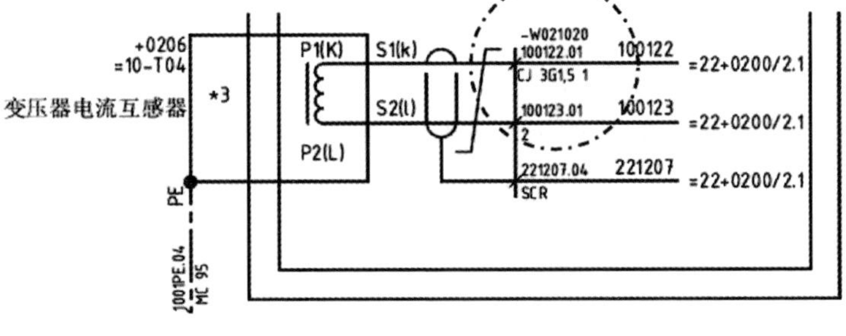

图 5-2
测量位置

登顶后，拆开电流互感器 = 10-T04，经检查发现线号为 100122.01 的线缆有磨损的痕迹，见图 5-3。

进一步分析原因，应为盒盖上的紧固钉与线缆干涉并产生摩擦，导致车辆在高速运行中线缆发生磨损，见图 5-4。

四、 故障处理

该工序责任人将磨损的线缆进行处理后，并重新压接端子，按要求重新安装，车辆送电后，进行观察，故障现象

图 5-3
磨损线缆位置

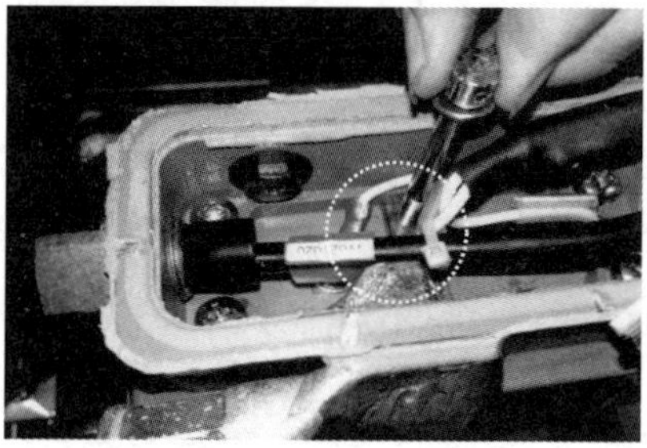

图 5-4
线缆与螺钉干涉

消除。

五、 故障影响

此故障在动车组运行时会报差动电流故障，导致牵引变切除，影响车辆运行。

第二节

案例二：某动车组断路器=34-F51自动断开故障

一、 故障现象

某动车组2车牵引变压器启动高速冷却时，变压器冷却风扇1空开=34-F51自动断开。

二、 故障分析

通过该故障现象分析，导致空开、断开的原因有以下几点：

（1）断路器下方设备冷却风机=10-E01启动时短路过流。

（2）中压三相电源缺相。

（3）冷却风机相间电阻值不平衡。

三、 故障排查

根据功能图进行测量，见图5-5。断路器=34-F51的三相输入电压到接触器=34-Q21上口1、3、5的针位，AC380V电压正常；冷却风机=10-E01-X20的4、5、6三相电阻值平衡，说明冷却风扇电机绕组正常，没有故障。

断开=10-E01-X20的4、5、6的针位，投入中压AC380V电源，发出命令将接触器=34-Q21吸合，测量接触器=34-Q21的2、4、6电源正常，接触器吸合正常，没有虚接的情况，但测量=10-E01-X20的4、5、6时，电压缺相，

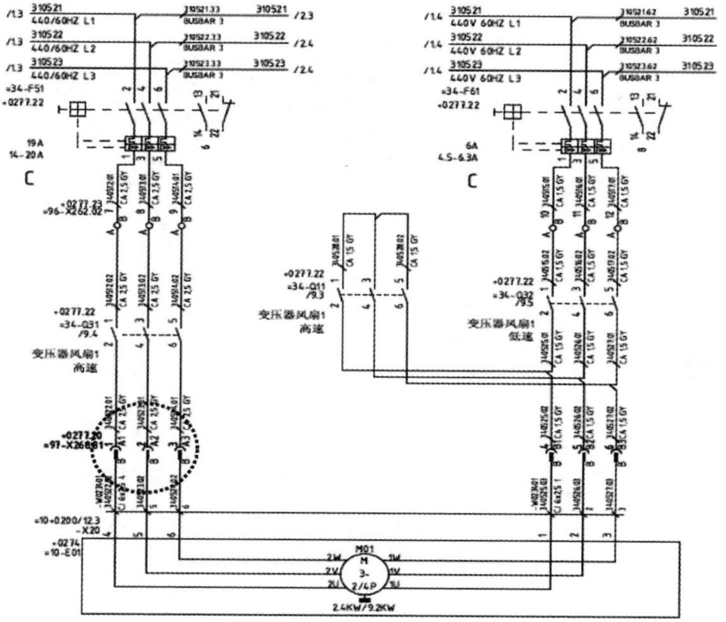

图 5-5
测量位置

据此判定=97-X268.81有缩针现象。

打开车下车载电源箱进行线路测量，发现连接器插头=97-X268.81B的A模块的3针缩针，见图5-6。

四、 故障处理

将连接器拆开，发现连接器A模块内部损坏，导致3针卡固不牢，重新更换连接器A模块，压接线缆后，送电确认故障消除。

五、 故障影响

此故障在动车组运行时牵引变压器冷却风扇1高速无法启动，导致牵引变压器过热，可能触发温度保护导致牵引变压器切除，影响动车组运行。

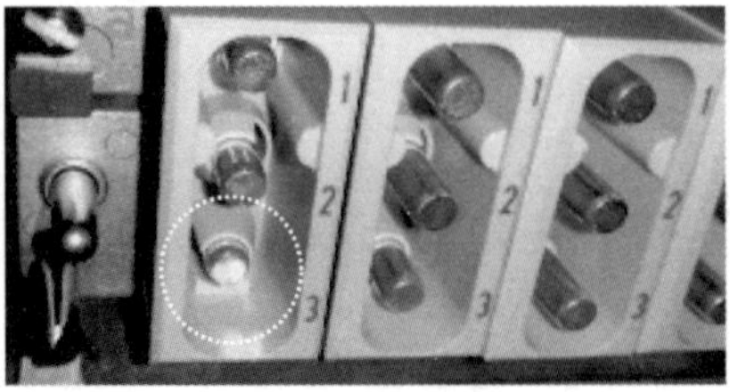

图5-6 缩针位置

第三节

案例三：某动车组过压阀故障导致牵引变压器自动切除

一、 故障现象

在整列静态调试过程中，6车主变压器自动切除。从8车MPU LT下载故障如下：Traction transformer automatically cut out 。

二、 故障分析

导致牵引变压器切除的主要原因有：

(1) 网络系统通信不良。

(2) 高压接触器-KSAZ11/12打开失败。

（3）牵引变压器油位低。

（4）牵引变压器油流开关干涉。

（5）温度传感器故障或油温大于150℃。

（6）牵引变压器风机半速和全速故障。

（7）过压阀干涉。

（8）牵引变压器原边电流互感器TAP故障或峰值干涉。

（9）牵引变压器原边短路、绝缘干涉。

（10）牵引1、牵引2或牵引3绝缘干涉等。

三、故障排查

（1）通过查找逻辑图变量，查找导致牵引变压器自动切除的指令tzestrafocltaco，见图5-7。

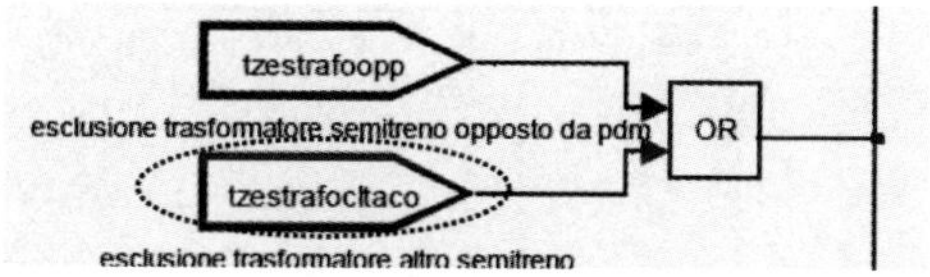

图5-7
牵引变压器自动切除指令

（2）使用监控软件，对牵引变压器自动切除故障变量及其相关变量进行监控，发现tzaplacvalv=1（过压阀干涉导致牵引变压器切除）是导致牵引变压器切除的故障原因。

（3）为进一步确认故障点，对相关变量进行监控发现tzlacclocdi36 = 1、tzlacclocdi37 = 1、tzlaccloc1di36 = 0、tzlaccloc1di36=0，见图 5-8。这四个变量位于 DJ 环路中，用于监控 DJ 环路中过压阀的触点状态。可以判断，过压阀辅助触点状态不对 DJ 断开，从而导致牵引变压器切除。

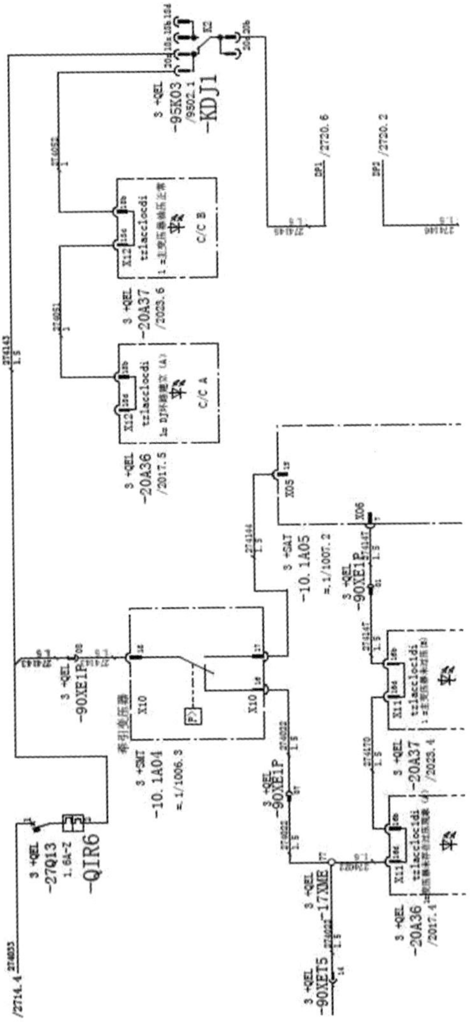

图5-8 DJ环路相关输入变量

四、 故障处理

经过对过牵引变压器过压阀进行参数整定，送电确认，故障现象消除。

五、 故障影响

此故障影响高压设备正常工作，严重影响调试周期。

第四节

案例四：某动车组 DC110V 正线对地导通故障

一、 故障现象

某动车组低压 DC110V 正线对地导通，DC110V 正极与地线之间无电势差，测量无电压，正常应为+55V 左右。

二、 故障分析

通过该故障现象分析，车辆有低压设备或低压线路存在对地导通现象。此故障现象涉及元件众多，查找难度较大，需多用切除法缩小故障范围。

三、 故障排查

通过断开全列低压设备断路器发现，当断开 8 车电器柜内=61-F30 时，故障消失。然后对断路器=61-F30 控制的设备进行排查，发现=61-K02-2X1 的 1 针对地导通，并进入空调控制柜内。

对空调控制柜内设备进行排查发现=61-K02-2X1 的 27 针对地导通。对后续设备进行排查发现=61-E08-X2 的 1 针对地导通，此设备为 8 车二位端右侧门廊加热器，1 针接的是该加热器的温度传感器，将温度信号传递给空调主机，见图 5-9。

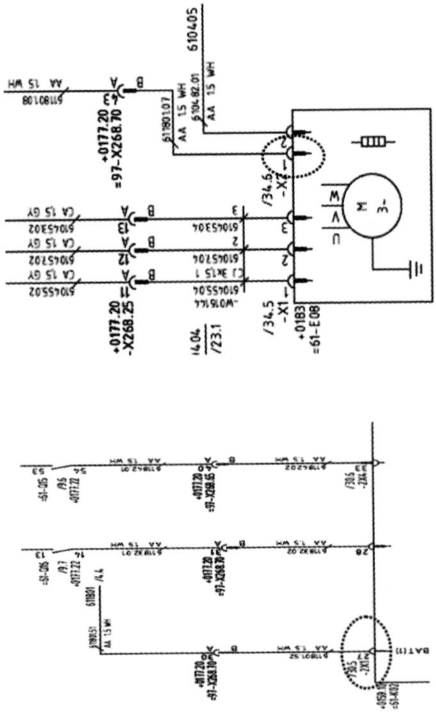

图 5-9
测量位置

四、 故障处理

由于是门廊加热器的内部插头对地，更换门廊加热器后，故障现象消除。

五、 故障影响

此故障影响 DC110V 电势的分配，导致低压 DC110V 回路控制的不可确定性，同时导致门廊加热器的温度传感器检测值受影响。

第五节

案例五： 某型动车组闪报正漏电故障

一、 故障现象

车辆在送电后，12 车、13 车多次闪报正漏电，接地故障漏电值为 46%、45%。

二、 故障分析

经过断开低压设备断路器发现，当 10 车电器柜内断路器=23-F04 断开后，故障消失。对断路器=23-F04 控制的设备进行检查发现，10 车车下牵引变压器油流继电器接线盒=10-T01-X4 里面有积水，电器元件已经被严重腐蚀，见图 5-10。

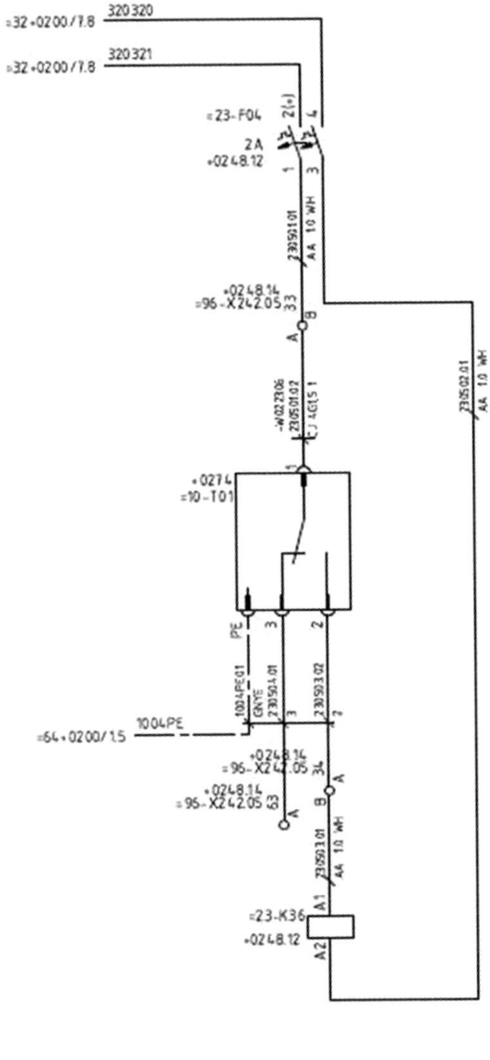

图 5-10
故障点在功能图中的位置

分析原因为牵引变压器工作时冷却管路附近温度比较高，接线盒内空气受热会膨胀，若接线盒有微小缝隙，会有空气流出；当主变压器停止工作后，温度降低，接线盒内空气体积变小，在大气压强作用下，有空气进入接线盒，空气中的水蒸气遇冷凝结成小水珠，长此以往会有积水出现，腐蚀电器元件，见图 5-11。

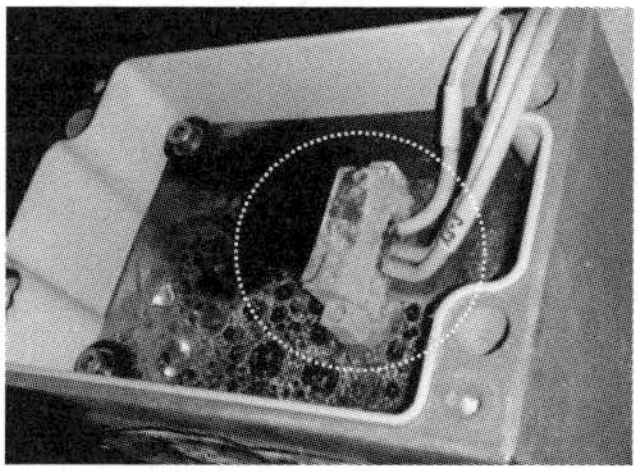

图 5-11
故障点

三、 故障处理

确认是牵引变压器油流继电器内潮湿导致的，更换 10 车主变压器油流继电器后，故障现象消除。

四、 故障影响

严重影响牵引变压器正常工作，导致油流继电器失效，动车组监控系统报故障。

第六节

案例六：某动车组主空压机无法启动故障

一、故障现象

某动车组 3 车主空压机在总风管压力低于 7.5bar 时无法启动，但是在制动控制单元（BCU）使用软件赋值时可以启动。

二、故障分析

通过该故障现象分析，导致问题发生的原因有以下几点：

（1）制动控制单元（BCU）箱内总风管压力传感器 F06.10 故障。

（2）制动控制单元（BCU）内 MB04B 板卡故障。

（3）压缩机控制接触器 =34-Q12 辅助触点故障。

三、故障排查

根据制动控制单元（BCU）报故障代码 1781 和 1784。使用制动控制单元（BCU）软件监控总风管压力，若正常，可以初步断定为 =34-Q12 控制接触器反馈给制动控制单元（BCU）的信号错误。

打开车载电源箱后发现 =34-Q12 控制接触器的整个辅助触点模块已脱落，其原因是在安装时没卡装到位，接触器反复动作后，导致辅助触点模块脱落，见图 5-12、见图 5-13。

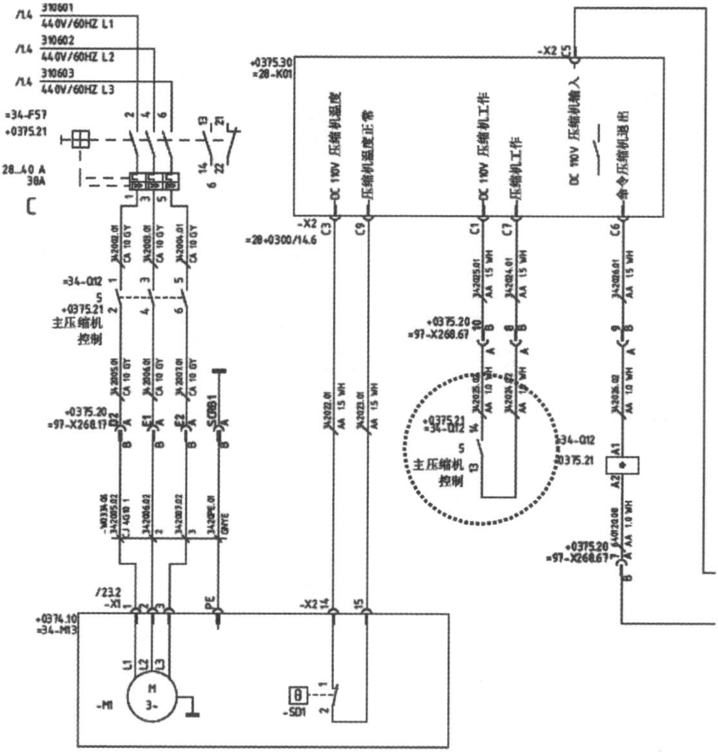

图 5-12
故障点在功能图中的位置

四、 故障处理

由于控制接触器 = 34 - Q12 的主触点与辅助触点是安装在一起的，重新将辅助触点模块安装在主触点，确认安装牢固，车辆重新送高压后，故障现象消除。

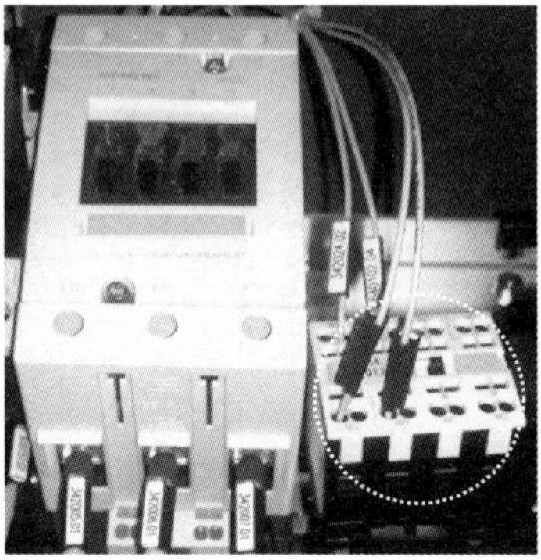

图 5-13
故障点

五、 故障影响

此故障空压机无法启动，导致影响动车组运行，动车组监控系统报故障，只能另一单元空压机工作（单台工作亦可满足运行需要）。

第七节

案例七：某动车组-KSAZ21不能打开导致牵引变压器切除

一、 故障现象

某动车组在升 6 车受电弓时发现 6 车牵引变压器切除，5 车

DJ1 不闭合，小复位后仍不闭合，后做断蓄电池复位仍不闭合。

二、 故障分析

导致牵引变压器切除的主要原因有：

（1）网络系统通信不良。

（2）高压接触器-KSAZ11/12 打开失败。

（3）牵引变压器油位低。

（4）牵引变压器油流开关干涉。

（5）温度传感器故障或油温大于 150℃。

（6）牵引变压器风机半速和全速故障。

（7）过压阀干涉。

（8）牵引变压器原边电流互感器 TAP 故障或峰值干涉。

（9）牵引变压器原边短路、绝缘干涉。

（10）牵引 1、牵引 2 或牵引 3 绝缘干涉等。

三、 故障排查

（1）升 3 车受电弓，主断路器闭合正常，证明故障出在 6 车。

（2）下载 8 车 MPU 故障记录，报故障：No opening of KSAZ21 CLT（6 车-KSAZ21 未打开），见图 5-14。

（3）按照功能图，查找 6 车控制线路，线路正常，未发现故障，检查-KSAZ21 接触器运动机构，发现接触器动作不灵活，手动动作几次后做复位，该故障消除，见图 5-15。

四、故障处理

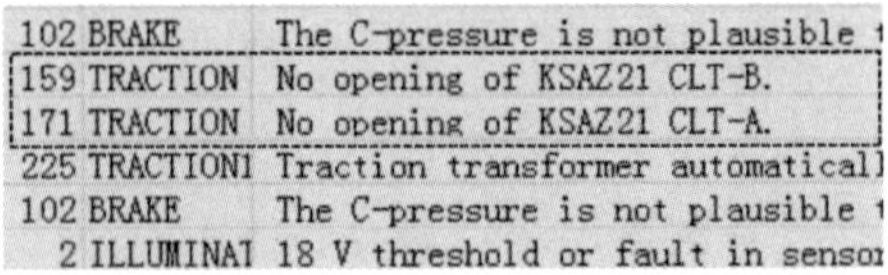

102	BRAKE	The C-pressure is not plausible t
159	TRACTION	No opening of KSAZ21 CLT-B.
171	TRACTION	No opening of KSAZ21 CLT-A.
225	TRACTIONI	Traction transformer automaticall
102	BRAKE	The C-pressure is not plausible t
2	ILLUMINAI	18 V threshold or fault in sensor

图 5-14
故障记录数据

由于接触器卡滞，不允许继续使用。更换故障接触器，然后做升弓试验，6 车牵引变压器工作正常，下载 MPU 故障记录，显示故障已消除。插头恢复后，确认故障消除。

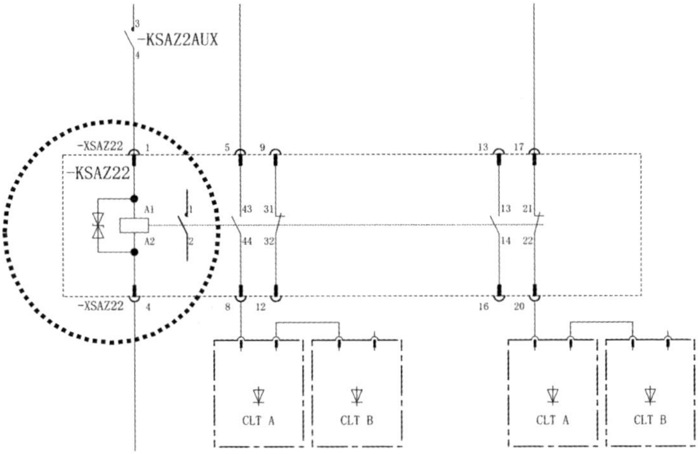

图 5-15
故障点在功能图中的位置

五、 故障影响

此故障影响动车组升弓送高压，致使其他调试工序无法进行，影响调试周期。在运行中出现此故障导致牵引变压器切除，丢失动力。

第八节

案例八： 某动车组火警环路状态接触器=43-K29 无法闭合

一、 故障现象

司机室监控屏故障界面 1 车、8 车都报“672F 火灾报警环路状态接触器 =43-K29 无法闭合（maint）”。将任意头的火警旁路开关=43-S26 打到旁路位故障消失。

二、 故障分析

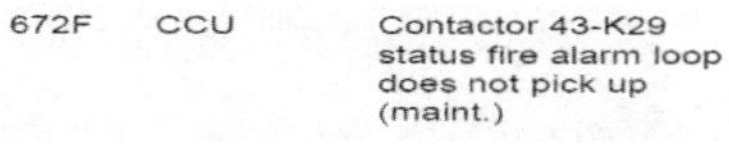

图 5-16
故障点在功能图中的位置

由于当时动车组处于各系统试验进行阶段，司机监控屏（HMI）中存在很多其他故障，所以根据故障现象分析，造成此问题有两方面可能：

（1） 火灾报警线路问题。

（2）网络影响。

三、 故障排查

首先，对火灾报警=43-K29继电器的控制线路进行确认。其次，发现火灾报警线路、功能都没有问题，所以排除线路问题。最后，通过逻辑图从网络方面查找，见图5-16、图5-17。

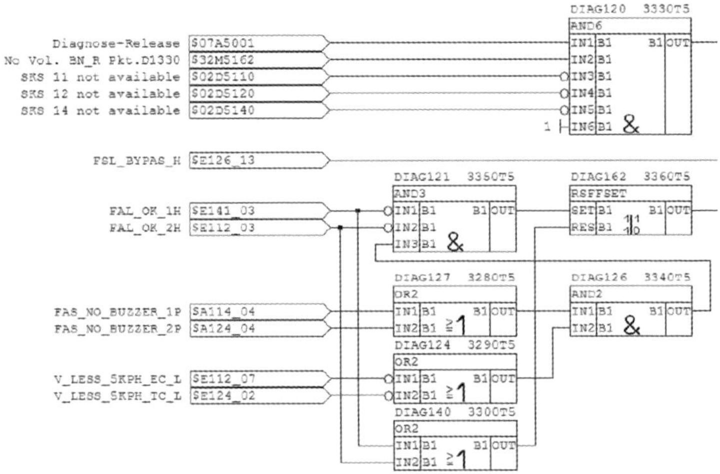

图5-17
输入变量对比

由于此故障代码涉及的输入变量过多，为了节省时间，分析此逻辑左侧的变量之前，读取代码的状态，通过比对，两列车的区别为B_ST_TE1变量、BMS_STAT变量和$01M4034变量不同。其中，$01M4034是占用端信号，模拟头在哪端，哪端CCU的此变量便为“1”，与此故障无关。接下来分析 B_ST_ET1 与 BMS_STAT。

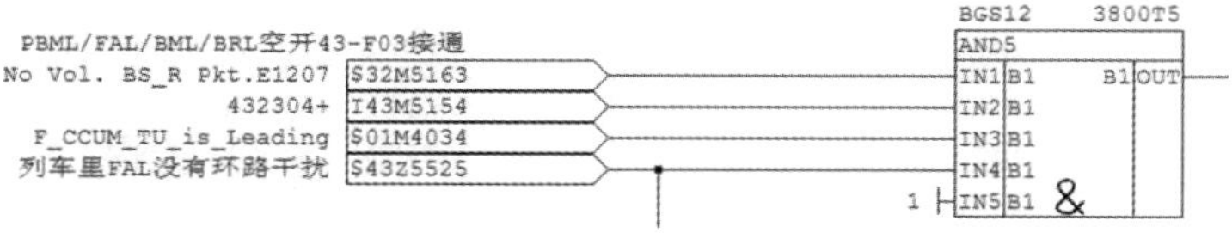

图 5-18
$ 43Z5525 变量

通过分析此逻辑，判断出影响 B_ST_TE1 和 BMS_STAT 最主要的因素为变量“ $ 43Z5525 列车 FAL 没有环路干扰”，此变量为 0，见图 5-18。由此判断出火警系统报故障很有可能是由于其他网络故障影响，这直接就联系到了司机监控屏（HMI）中报的关于 3 车 = 32-F41、 = 32-F42、 = 34-F09 断路器反馈故障，三个断路器的闭合信号都是给同一个 KLIP 站模块 24-T02. 12。随后，对 3 车 KLIP 站上三个断路器的反馈线进行测量，能够测量到高电平输入，判断出 KLIP 站 24-T02. 12 模块故障。

四、 故障处理

确认故障是由于 KLIP 站模块导致的，更换 KLIP 站模块 24-T02. 12 之后，断路器故障消除，火警故障也消除。

五、 故障影响

此故障影响导致火灾报警环路无法建立，从而影响紧急制动环路无法建立，动车组触发紧急制动，无法运行。

第九节

案例九：某型动车组网络 WTB 通信故障

一、 故障现象

动车组司机监控屏（HMI）显示屏闪报故障代码 6213：WTB B 路故障。

二、 故障分析

由于是闪报故障，只有在报故障时对车辆进行查找，才可以发现问题。在没有故障时，动车组是没有问题的，所以怀疑是线路结点虚接或接触不良导致的。

三、 故障排查

当动车组司机监控屏（HMI）上没有故障时，对车上与 WTB 相关连接器进行检查并用线缆分析仪进行测量，未发现问题；之后对车下终端箱内连接器插头进行外观检查，未发现问题，但是在恢复该连接器后此故障再次出现；由于仅对车下终端箱内的连接器进行过拆装，导致故障复现，所以怀疑该连接器出现问题的可能性较大，通过用线缆分析仪对整个线路进行测量发现，在距离 9 车列车中央控制单元（CCU2）的 X14 插头 36.4m 处和距离 16 车列车中央控制单元（CCU2）

的 X14 插头 155. 8m 处存在断点。见图 5-19。

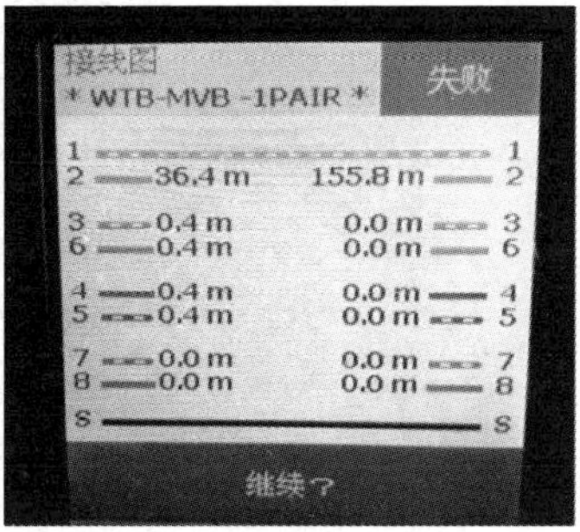

图 5-19
线缆分析仪扫描结果

通过计算，断点在 10 车与 11 车之间，再次拆下终端箱内连接器插头进行测量，发现 11 车 1 位端左侧终端箱内连接器插座距离 16 车列车中央控制单元（CCU2）的 X14 插头正好是 155. 8m，因此判断问题就发生在该连接器插头和插座连接部位，连接器插头号为 = 97 - X580. 12。但是接下来对插头和插座外观进行检查仍旧没有发现问题，插头的公针没有弯针和缩针，插座没有缩针，也没有杂物，并且再次恢复后故障消失，见图 5-20。

四、 故障处理

经测试 = 97-X580. 12 连接器插座的 EF3 母针在插接时阻力较小，与连接器插头公针未能紧密接触，将母针退出后与正常的母针作对比。左侧为正常针，右侧为问题针，很明显可以看出正常针的中间部位是向内凹陷，这样连接时才有夹紧力，并使其紧密贴合。故障针未做向内凹陷的处理，所以安装时不能紧密接触，动车组运行时有震动就会产生虚接。最后更换 11 车一位断左侧终端箱内 = 97-X580. 12 插座的 EF3

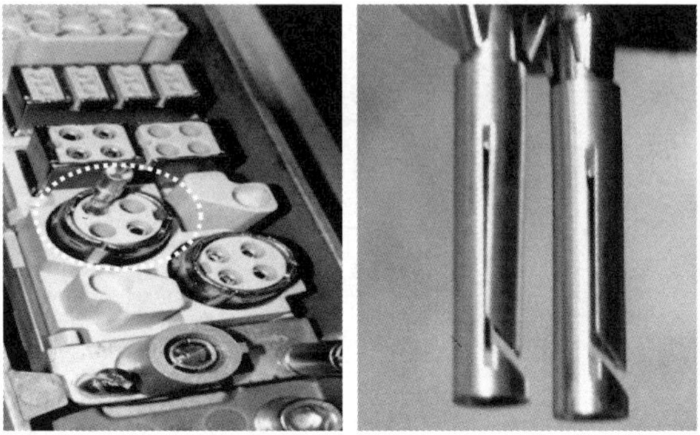

图 5-20
=97-X580.12 连接器插头及针位

针后，故障消除。

五、故障影响

此故障为隐性故障，在动车组调试阶段不易显现。在动车组运行中由于震动等原因导致列车骨干网（WTB）通信 B 路不正常，动车组监控系统报故障，影响车辆的正常运行。

第十节

案例十：某动车组集成仪表箱不工作

一、故障现象

某动车组 7 车、8 车牵引变流器在司机监控屏（HMI）上报红，无牵引力输出，断路器-27Q05 跳开。

二、 故障分析

根据现象分析，由于断路器-27Q05跳开，其所带线路6车集成仪表箱到7车、8车的通信线短路故障。

三、 故障排查

测量6车车上-10.1A21-X1的Q针对地，说明有对地现象。建议用户更换了6车车顶的集成仪表箱后，牵引变流器在HMI上还是报红，但断路器-27Q05不再跳开，7车、8车牵引变流器在司机监控屏（HMI）上报红，测量-90XTT7M的14针与-10.1A21-X1的E针不通，测量-90XSE9的14针有电，但测量到-90XTT7F的14针无电压，说明有两处断线的情况，见图5-21。

四、 故障处理

该故障是由于线缆不通导致的，将断线的线缆重新进行布线，压接，故障消失。

五、 故障影响

在运行中将导致7车、8车牵引报红，无PWM输出，导致牵引力不足。

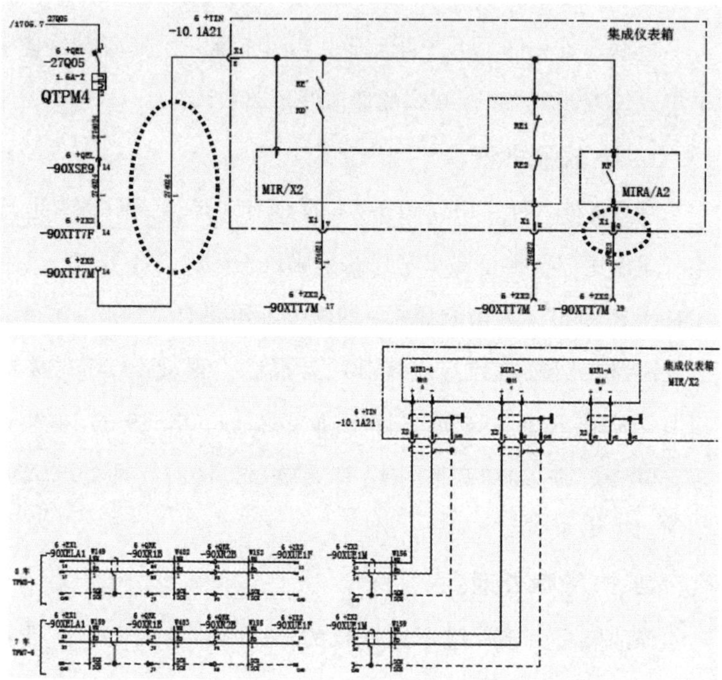

图 5-21
故障点在功能图中的位置

第十一节

案例十一：某动车组45-T71/T72 GSM转发器故障

一、 故障现象

司机室监控屏（HMI）故障界面“维护显示”上报691B“45-T71/T72 GSM转发器故障”，使用监控软件删除后故障消失，但车辆送高压后又会再次出现，见图5-22。

691B	CCU	Repeater 45-T71/-T72 - GSM repeater defective

图5-22
故障代码

二、 故障分析

根据故障现象分析，造成此问题有两方面可能：

（1）动车组中央控制单元（CCU）软件问题。

（2）线路故障。

三、 故障排查

对动车组中央控制单元（CCU）软件以及Buffer（因为Buffer可以屏蔽车辆误报的故障）进行版本确认，确认CCU软件和Buffer无问题，则造成此问题的原因极有可能是车辆线路故障，查找方向集中在功能图中的GSM转发器部分，见图5-23。

由于GSM转发器在动车组升级之后被取消，导致KLIP站24-T01.11的B15、B7和B17接收不到GSM转发器的反馈，造成网络监控系统报故障，所以取消后应将图5-22中线缆240101.98与451505.02用PIS柜端子排96-X245.03的50A和50C进行短接，240101.97与451506.02用PIS柜端子排96-X245.03的51A和51C进行短接，240101.96与451507.02用PIS柜端子排96-X245.03的52A和52C进行短接，从而让KLIP站能够接收到反馈信号。

在对KLIP站上的反馈进行确认后发现，$E611_14无反馈，确认此问题为线路故障。然后使用万用表，对图中线缆进行校验。校验之后发现，PIS柜端子排=96-X245.03的50A的240101.98到电器柜端子排=96-X242.06的41C的240101.98不通。PIS柜端子排=96-X245.03的50C的451505.02到电器柜连接器=97-X242.96的24B不通。在对端子排其他空位核对之后，判断出这两根线并非压错，而是断开。

四、故障处理

对动车组的线缆进行重新压接，此故障现象消除。

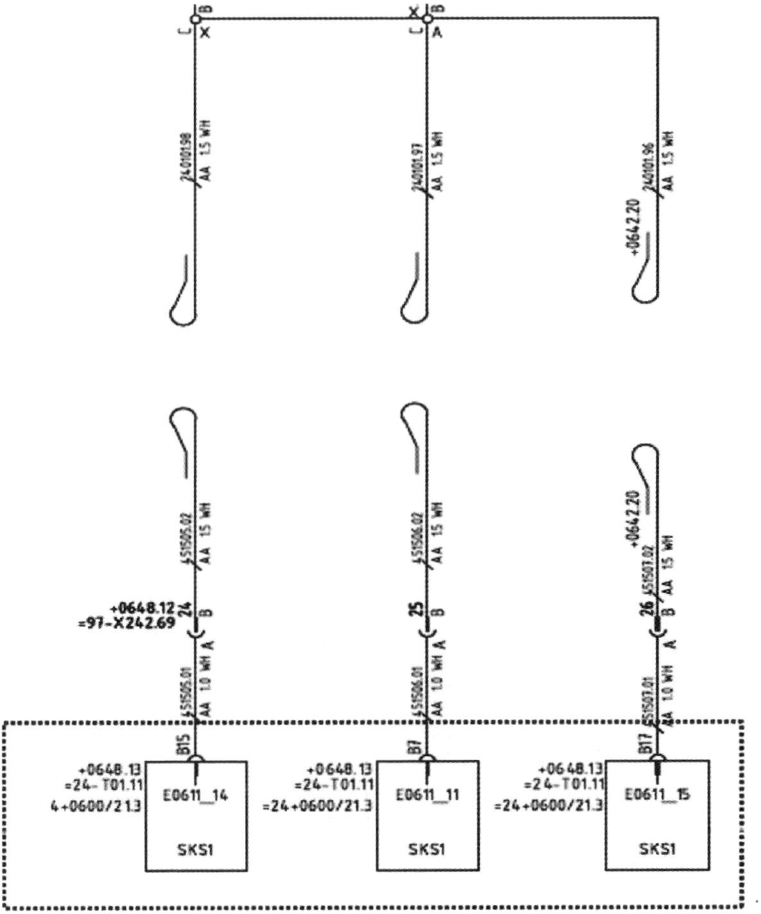

图 5-23
GSM 转发器反馈信号

五、 故障影响

此故障现象是线缆断开导致，动车组出厂后将影响产品质量及车辆正常运行。

第十二节

案例十二：某动车组调试时-KSAZ3无法闭合

一、 故障现象

在调试过程中，通过 CLT 来控制闭合-KSAZ3 命令，发现-KSAZ3 无法实现闭合功能。KSAZ 接触器实物见图 5-24。

二、 故障分析

当高压箱内控制-KSAZ3 电机的控制线圈 K2 得电时，控制电机将会正向旋转，将-KSAZ3 接触器带到闭合位置。造成-KSAZ3无法闭合的原因可能为：

（1）K2 线圈的供电线路出现故障。

（2）控制电机的供电线路故障。

（3）控制电机故障。

（4）控制模块故障。

三、 故障排查

（1）通过 USDR 模块模拟 CLT 闭合-KSAZ3 命令，测量-XSAZ3 的 4 针电位，发现该针位具有 24V 电压，说明 K2 线圈

图 5-24
KSAZ 接触器

的上口存在 24V 电压，见图 5-25。

（2）测量-XSAZ3 的 5 针与地线之间的导通性，发现-XSAZ3 的 5 针与地线之间不导通，说明造成此故障的原因为 K2 线圈供电线路没有对地线形成有效回路，见图 5-26。

（3）进一步对 K2 线圈下口线路进行检查，发现-95K03 继电器的辅助触点 14b-16b 导通，与功能图状态不一致，正常情况下应为 16b-16z 导通，见图 5-27。

（4）通过逻辑图分析高压箱内部控制正常，确认控制-95K03 线圈并没有得电，见图 5-28。

（5）可以判定是-95K03 继电器板故障。

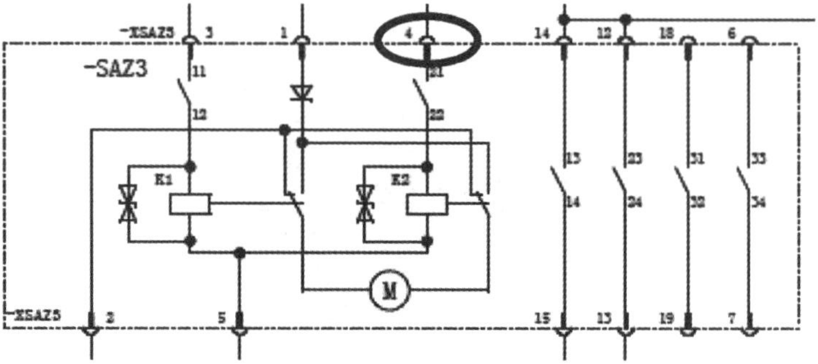

图 5-25
-KSAZ3 闭合电源正极

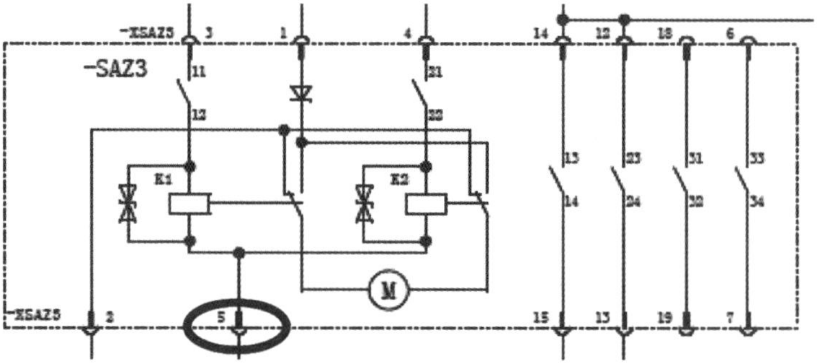

图 5-26
-KSAZ3 闭合电源负极

四、 故障处理

经过确认，是-95K03 继电器板损坏导致此故障的出现，更换-95K03 继电器板，送电确认，故障现象消除。

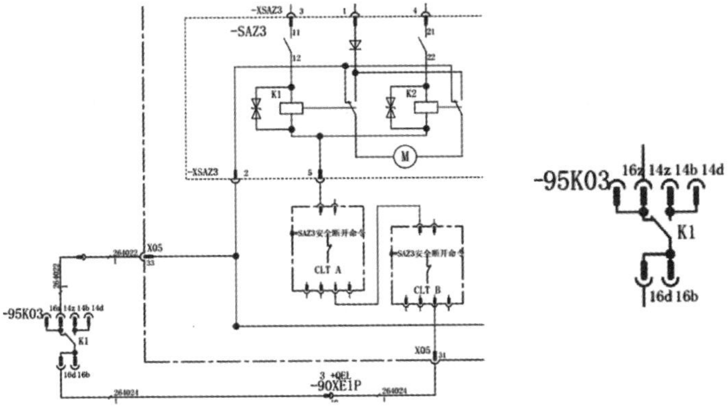

图 5-27
-95K03 继电器状态

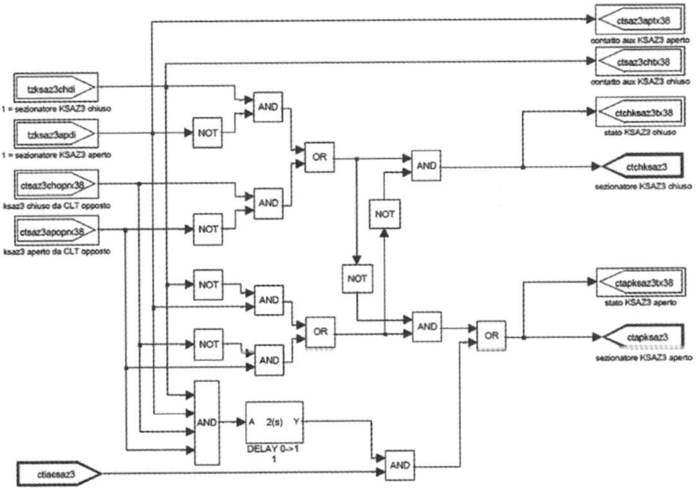

图 5-28
高压箱控制

五、 故障影响

此故障影响高压设备工作，致使-KSAZ3 接触器无法闭合。在运行时，导致在一个牵引单元工作时 M4 车牵引变流器无法得到主变压器供电。

后记

《罗昭强工作法——动车组调试》是我多年来对高速动车组各系统原理的分析和调试方法进行的总结。书中的每一个原理和方法都力求用最简练的语言来描述高速动车组这一庞大的技术体系，相关领域内的操作人员掌握这些原理和方法后，能提高工作效率和安全生产水平。

随着中国高铁事业的快速发展，要保持领跑水平，就会不断应用新设备、新技术，而我一个人的力量是有限的。因此，为了进一步提高本书写作水平，同时能够更好地为中国高铁这张“金名片”服好务，我愿与大家共同进一步探索，积极践行“劳模精神”“劳动精神”“工匠精神”，争取在未来总结出更多贴近前沿技术的经验和技能。

这本书的顺利出版，离不开中国中车集团公司、中车长春轨道客车股份有限公司等领导的关怀和鼓励，也离不开团队中韩东宁、姜航、尚大为、金冲等好友和同事的指导和大力支持，在此我深表感谢。

由于自己水平有限，加上时间仓促，书中难免错误和不足之处，望大家批评指正。

罗昭强

2019年8月